大学生创新创业基础

主　编　田　丰　胡剑英　尹晓伟
副主编　包　妍　刘　琼　魏　来
王　爽　彭　胡　赵柏达

中国人口出版社
China Population Publishing House
全国百佳出版单位

图书在版编目（CIP）数据

大学生创新创业基础 / 田丰，胡剑英，尹晓伟主编
.—北京：中国人口出版社，2023.2
ISBN 978-7-5101-8208-2

Ⅰ．①大… Ⅱ．①田… ②胡… ③尹… Ⅲ．①大学生
—创业 Ⅳ．① G647.38

中国版本图书馆 CIP 数据核字 (2021) 第 249753 号

大学生创新创业基础

DAXUESHENG CHUANGXIN CHUANGYE JICHU

田　丰　胡剑英　尹晓伟　主编

责任编辑　杨秋奎
责任印制　林　鑫　任伟英
出版发行　中国人口出版社
印　　刷　廊坊市广阳区九洲印刷厂
开　　本　787 毫米 × 1092 毫米　1/16
印　　张　12.75
字　　数　317 千字
版　　次　2023 年 2 月第 1 版
印　　次　2023 年 2 月第 1 次印刷
书　　号　ISBN 978-7-5101-8208-2
定　　价　49.80 元

电子信箱　rkcbs@126.com
总编室电话　（010）83519392
发行部电话　（010）83510481
传　　真　（010）83538190
地　　址　北京市西城区广安门南街 80 号中加大厦
邮政编码　100054

前言

创业以其特有的魅力促进了一个又一个国家或地区的经济发展，已成为时代的主旋律和最强音。英雄式创业人物也不断催人奋进。当今世界，创业活动比以往任何时候都更为活跃，国家和地区之间的竞争日益聚焦在创业水平和创业成果上，创新和创业已经成为科学技术转化为现实生产力的桥梁，成为经济发展和社会进步重要的推动力。

但对多数人来说，创业仍是充满未知与挑战的险途，创业需要激情的涌动，更需要理性的思考。我国创业实践活动的现状是：创业愿望强烈但创业技能比较低，创业实践的发展快于创业理论和创业教育。早在 20 世纪 80 年代改革开放初期，就有很多人开始了创业实践活动，由此产生了中国第一次创业浪潮。近年来，我国的创业实践活动逐渐由稚嫩期迈入成熟期，创业者自发创业活动的种种不足日益凸显出创业教育的薄弱。

创新是国家经济社会发展的核心驱动力。早在 2005 年，我国即做出了“加快建设国家创新体系”和“建设创新型国家”的重大战略决策。此后，我国不断推进这一战略实施，在 2016 年 5 月中共中央、国务院发布的《国家创新驱动发展战略纲要》中，进一步强调了创新驱动发展是面向未来的一项重大战略，科技创新必须摆在国家发展全局的核心位置。党的十八大提出要实施创新驱动发展战略，强调科技创新是提高社会生产力和综合国力的战略支撑，必须摆在国家发展全局的核心位置。党的十八届五中全会把创新作为五大发展理念之首，提出创新是引领发展的第一动力，必须把发展基点放在创新上，塑造更多依靠创新驱动、更多发挥先发优势的引领型发展。习近平总书记多次对实施创新驱动发展战略做出系统阐述，强调要把创新驱动发展作为面向未来的一项重大战略，抓好顶层设计和任务落实，找准世界科技发展趋势，找准我国科技发展现状和应走的路径，提出切实可行的发展方向、目标、工作重点。李克强总理多次强调，要依靠创新驱动，推动经济保持中高速增长、迈向中高端水平。

在建设创新型国家这一伟大历史进程中，高等教育起着基础性、战略性的作用。高等教育历来是知识创新传播和应用的重要基地，也是培育创新精神和创新人才的摇篮。纵观我国高等教育的发展史，经历了从创建之初的单纯以传授“高深学问”为己任，发展到教学与科研相统一，再拓展到利用人才、智力、设备、信息等优质资源为社会经济发展服务，在国家创新体系中的作用不断增强。因此，高等学校应承担起社会赋予的历史责任，全面发挥在人才培养、科技创新、社会服务、引领文化等多方面的作用。

国内经济社会发展的战略转型与世界经济政治格局的深刻变革，也对高等教育改革提出了新的挑战和更高要求，特别是在培养大学生创新创业能力方面，这种要求显得更为迫切。对于这种形势，高等院校应该有回应、有担当，而且应视为一种机遇。现代高等教育与社会关系日益密切，社会对大学生的期望值日益提高，而高等院校始终肩负着重大的历史使命和社会责任。

建设创新型国家需要创新型人才，培养具有创新素质的人才，必须进行创新和创业教育。在此形势下，我们编写了《大学生创新创业基础》一书。本书共分为九章，内容包括大学生创新创业概述、创新思维与创新方法、创业者的素养、大学生的创业资本、创业机会与创业模式、创业前的准备、创业团队的组建与管理、创办新企业、初创企业的成长与风险管理。通过对这些知识点的讲述，大学生能够较为系统地学习创新创业知识，为以后的创业做好准备工作。

尽管编者本着严谨的治学态度和高度的工作热情编写本书，但由于时间仓促，加之编者水平有限，疏漏与错误之处在所难免，恳请广大师生予以批评指正。

编　者

目
CONTENTS
录

第 一 章

大学生创新创业概述

案例导读

陈欧：26岁白手起家创业，32岁身家47亿元

作为中国电商界的黑马，年轻创业者陈欧带领聚美优品仅用3年时间，就完成单月销售额从10万元到6亿元的突破，并晋级与天猫、京东、亚马逊等比肩的B2C电商第一阵营，牢固地占据中国美妆类电商第一站的领航地位。

学生时代

陈欧出生于1983年，家乡在中国芍药之乡——四川省中江县。少年时代的陈欧便天资过人，小学拿过不少奥数奖。因为成绩太好，小学毕业直接跳级读初二，被誉为“天才少年”。陈欧的中学时代和大多数孩子一样，读书、成长，日复一日地过着寻常人家的生活。16岁时，机缘巧合，陈欧遇到了当年德阳的全额奖学金留学项目。资质过人的陈欧，依靠自身的努力成功考取了新加坡南洋理工大学并拿到全额奖学金。

“这是一块很好的跳板。”陈欧说。他大学读的是计算机，业余爱好是挣钱。怎么挣？打游戏比赛。颇有天赋的陈欧在大学期间经常参加游戏比赛。但有所不同的是别的参赛选手把打魔兽当成生活，而陈欧只是在参赛前的三四天才抽空练习一下。那时，他的最好成绩是进入新加坡“魔兽争霸”前三名。虽说取得了很好的成绩，但玩游戏并没有让他过瘾，洞察敏捷的陈欧反而通过参加游戏比赛很快就发掘到了巨大的商机，这也就成就了陈欧打造全球领先的在线游戏平台GGgame。

第一桶金

2006年，他还在新加坡南洋理工大学读大四，仅靠着一台笔记本，创办了在线游戏对战平台GGgame。当时盛大浩方想进东南亚市场，但是版本做得很差。作为一名资深游戏玩家兼程序员，陈欧思量，既然市场并不成熟，盛大浩方的产品及本地化也做得很糟糕，不如自己来做。GGgame迅速风靡世界，短时间内吸引了数量庞大的游戏玩家。

在GGgame发展得不错时，不甘于现状的陈欧决定去斯坦福大学读MBA，以扩充自己的知识储备。去斯坦福大学深造，陈欧对此并不后悔。因为在他看来，创业中难免会遇到各种各样的问题，这段创业经历更多是留给陈欧一个警醒，如果一个公司没有健康的股权组织架构，只是凭借对人单纯的信任感，很难保证未来不出问题。与此同时，留学斯坦福让陈欧还结识了第二位创业伙伴戴雨森。

二次创业

陈欧在毕业后的第三天便回国，开始第二次创业。他带着一个全新的项目，找到了已经两年没有联系过的天使投资人徐小平。早在两年前的一天，还是斯坦福大学学生的陈欧飞回北京，为创业项目融资。经朋友介绍，陈欧在北京翠宫饭店结识了未来最重要的创业恩师——天使投资人徐小平（新东方教育集团创始人之一）。两人在北京翠宫饭店喝了一次茶，徐老师便决定投资他的GGgame。但陈欧这一次没有接受徐老师的投资。因为他当时正面临毕业后是继续读书还是回国的抉择，“如果拿了徐老师的钱又继续读书，就很不好意思了。”

两年后，26岁的陈欧从美国斯坦福大学毕业再次回国进行创业时，陈欧在中国大饭店又一次遇到了徐小平。这一次，陈欧仅用了5分钟就将自己筹划的项目解释了一遍，徐小平并没有提出太多疑问，很快达成了投资协议。徐小平向陈欧的项目投资了18万美元，顺便还给陈欧的团队一套房子作为办公场地。志同道合的斯坦福大学的师弟戴雨森也放弃学位，回国追随陈欧。

这次，陈欧选择的还是游戏行业，成立了Reemake公司，创业项目是在社交游戏中内置广告。“当时有个东西在美国很火，就是网页游戏通过内置广告获利。例如你是游戏用户要买游戏币，以前是花钱去买，现在可以去注册账户或者安装软件，我们会送你游戏币。”但他很快发现，他们搬来的国外模式在中国行不通。当初意气风发的年轻人被现实泼了一桶冰水，剩下的是无助和焦虑。折腾数月之后，陈欧发现方向、资源、团队，这些创业的基本要素几乎一无所有，转型的方向亦不明确。

成功转型

作为一个善于观察生活的男人，陈欧发现中国的广大女性消费者对于线上购买化妆品的信心不足，线上化妆品行业没有领头羊般的企业存在。对于他来说，化妆品就是新大陆。他总结出了三个“可行条件”。首先，电子商务在中国正在高速发展是不争的事实；其次，化妆品需求很大，但市场上还没有一个可信的化妆品网站；最后，做这个别的男人不好意思做的行业反倒给了自己机会。

公司想要转型，就必须和投资人有个交代，还得告诉团队新的同事。问题是，陈欧对自己即将要做的事也没底。合伙人之间有了激烈的争吵，陈欧要做电商，戴雨森提议做社区。“我和他说，社区不靠谱，因为需要长时间培育市场。”而戴雨森觉得电商环节太复杂，“没做过采购，又不懂零售，大老爷们还要做化妆品。”他们这边争执不休之际，国内掀起了团购热。陈欧提议先借着团购的方式做着玩，凭感觉一步一步来。由于公司的流动资金只剩下30万元，他们只好一方面继续着游戏广告业务，一方面用了两天时间，在技术上让团美网（聚美优品前身）上了线。

这是一次依靠直觉的商业冒险。陈欧将代理商的化妆品买断，存放在仓库，以限时团购的形式卖出，价格比专卖店低了4成。同年5月，陈欧全面停掉了之前的游戏内置广告业务，同时再次获得了来自徐小平的200万元投资。

团美网上线后，业绩出人意料地好，不到5个月注册用户突破10万。戴雨森说："2010年基本没有投广告，全部都是用户的口头传播。"同年9月，团美网更名为聚美优品，有"聚集美丽、成人之美"的含义，同年销售额达到2 000万元。次年3月，公司成立不到一年总销售额突破1.5亿元，同时也获得了来自红杉资本千万美元级别的投资。5月，聚美优品转型为团购外表的化妆品B2C网站。至此大老爷们的"女人生意"也就算步入正轨。

为自己代言

2011年，满世界都在寻找明星代言时，地铁里，大街上，突然有个人站出来说，我为自己代言。

当董事会要求陈欧出来为他创办的聚美优品做代言时，他非常犹豫。陈欧想低调一点，并不希望自己站出来。陈欧的天使投资人徐小平鼓励他，最终他决定舍身一试。徐小平还给他举了张朝阳的例子，这位互联网第一代创业者，通过打个人品牌，以极低的代价成功带动了搜狐的知名度。

"CEO是企业的天然代言人，他的形象也代表企业形象和价值观。因此我自己就站出来了。"2011年夏天，陈欧和韩庚双代言的地铁广告一推出后就受到热烈追捧，尤其是那句"我是陈欧，我为自己代言"，一度成为风靡网络的"陈欧体"，各种改编的版本层出不穷，这也进一步提高了聚美优品的知名度。在电商推广费用高昂的冷峻行规之下，创业者摇身变为明星代言人的打法，为聚美优品节省了很大一笔广告费。几次广告营销下来，聚美优品的销量几乎翻了十几、二十倍。

——资源来源：创业故事网

思考

1. 陈欧成功创业的关键是什么？
2. 陈欧是如何在激烈的市场竞争中进行创新的？

第一节　创新与创新精神

一、创新的概念与意义

（一）什么是创新

创新是以新思维、新发明和新描述为特征的一种概念化过程。起源于拉丁语，它的原意包含三层意思：改变；更新；创造新的东西。创新是人类特有的认识能力和实践能力，是人类主观能动性的高级表现形式，是推动民族进步和社会发展的不竭动力。

美籍奥地利经济学家熊彼特于1912年提出创新的基本内涵，总结为两方面：一是探索未知领域；二是获得创造性成果。

（二）创新的意义

1. 创新，产生新事物

创新是人类实践活动的社会本性，推动人类社会从低级形态向高级形态不断地演进。人们通过创新，造就出崭新形态的物质价值和认识成果。作为改造客观世界和主观世界的一种基本途径，人类所进行的创新永无止境。在当代，科学技术突飞猛进，新的发明、新的技术、新的材料、新的工艺层出不穷，社会在科技的带动下飞速发展，而创新又使这个速度不断加快。毫无疑问，科技创新已经成为当代的主旋律，创新已经成为国家的需要、社会的需求和时代的主题。

2. 创新，富国强民

社会变革和社会生产力的发展依赖于科学知识及技术上的创造和发明。一个民族称雄于世界，依赖于一大批创造型人才的培养；一个人要成才，必须具有创新意识和创造能力。现代国际竞争的核心是知识创新，而知识创新的关键是培养出具有创造能力的创造型人才。人才的培养是现代社会最迫切的任务，对于创造力研究的重要意义在于使人类创造力的发展从自发走向自觉，从而尽可能地挖掘出人类的创新潜力。不断培养年青一代的知识水平和创造性能力，是继承中国先进知识成果的首要条件，也是不断创造新发现并赶超世界先进生产力的不竭动力。唯有不断发扬创新精神才能保持民族事业的顺利开展，实现国富民强的目标，因此积极思考并主动参与创新活动，有其重要的历史意义。

二、创新与成功

（一）成功的三种新诠释

1. 成功就是一种心态

成功是什么？它是一种心态。不良的心态，崩溃的心理，再健康的身体也难以抵挡命运的打击，再坚强的意志也耐不住苦难的磨砺。因为自我否定，即便最后硕果累累，自己也会轻视所得到的一切。心态不好，自己的世界又怎么能够五彩缤纷，充满欢笑？很多时候，失败的原因并不是力量薄弱，智力低下，而是面对逆境失去了平和的心态。有句话说得好："阻碍骆驼的不是漫漫黄沙，而是心中没有了绿洲。"同样，使雄鹰绝望的并非电闪雷鸣，而是看不到可以休憩的树枝。

蓦然想起"时间太瘦，指缝太宽"这句话。滔滔江水，急急流年，十几年弹指飞过，回首前尘，恍如一梦。尚在青春年少的我们，是否在为区区琐事停住成功的脚步？都知道中国人口超过 14 亿，其中富贵的、事业有成的，占满一个城市都不够！有时候人们必须知道自己就是沙滩上的一粒沙，要想卓尔不群，就要有鹤立鸡群的资本。如果有一天，你这一粒沙跌进沙滩，想要被找到，只有经过磨砺成为一颗价值连城的珍珠才行！

怎么磨砺呢？爱因斯坦或许能给你答案：成功=艰苦劳动+正确方法+少说空话。例如，在美国有这样一个人，他每天醒来便开始他每日如一的工作——写作。他，就是著名的小说家史蒂芬·金。他自认为他的成功来自他的坚持，虽然他的财富已经极为可观，但他的写作从未间断，这就是秘诀。他说每天的重复工作带给他永不枯竭的灵感，正如季羡林老先生说的："勤奋出灵感。"有人否认过这个观点。物理学家卢瑟福问他的学生，在一整天里做了什么。学生答：全在做实验。卢瑟福大声斥责道："把时间全部拿来做实验，拿什么时间来思考呢？"

有的人宁可让岁月淹没在仿佛很有价值的忙碌中，也不愿思考，以至于思维只能停留在低层面，最终毫无寸进、一无所获。拥有自己的思想而不是盲目重复同一个动作，这才叫勤奋，否则就是愚钝了。

成功，或许还差一步；成功，也许只差一步。选择、放弃也是必经之路。有这样一位女人，她一生生了八个孩子，三个聋，两个瞎，还有一个智障，她自己还有梅毒。如果让你决定，她该不该生下这八个孩子呢？很多人的答案是否定的，那么你就生生扼杀了伟大音乐家贝多芬的生命。因此，一个能够成功的人面对一切，都不会轻易下定论。理智地考虑，成功的机会才多。人生如棋，一着不慎，满盘皆输。

一个人勤奋地学习，拥有好方法，并且照做，步步为营，沉着细心地面对一切，他什么都做到了，却依然没有成功，这是很正常的。不能忘记自己是一粒沙，不可能满满一海滩都是珍珠，真正有价值的珍珠甚至是需要千万年的沉淀方能修成正果的。每多一次练习，每添一次锻炼，都离成功近了一步。如果你想凭借1%的聪明才智战胜别人99%的努力，不可谓不是妄想！对于进取的人来说，这就是自暴自弃。马克思说："自暴自弃，这是一条永远腐蚀和啃噬着心灵的毒蛇，它吸走心灵的新鲜血液，并在其中注入厌世和绝望的毒汁。"

例如，有一位父亲觉得儿子十几岁了总是唯唯诺诺的，没有一点男子汉气概，便把他送到禅师那儿学习武术。几个月后，禅师说儿子变得强大了。父亲去看，儿子在教练的攻击下一次次被击倒又一次次站起来，禅师告诉父亲：这才是真正有勇气和毅力的人。

成功，也许只是一种心态。今天的我们也许难以成功，但那又怎么样呢？当你站起来的次数比你倒下的次数多一次，你就成功了。趁现在，年少轻狂，还有那个勇气去挑战去面对失败，盛年不重来，一日难再晨，及时宜自勉，岁月不待人。成功，就是一种敢于进取，坚持不懈接受人生磨砺的心态。拥有它，下一个成功的人，就是你。

2. 成功就是简单的事情反复做

在这个世界上，成功的人只有3%，平凡的人占到了97%。这些人的区别在哪里？很关键的一点就是他们是否愿意简单的事情反复做。

案例分享

达·芬奇画鸡蛋的故事

达·芬奇是欧洲文艺复兴时期，意大利的一位卓越的画家。他从小就很有绘画才能，于是，在达·芬奇14岁的时候，父亲送他到意大利名城佛罗伦萨，拜名画家弗罗基奥为师。弗罗基奥不仅是一名画家，还是一名雕刻家、艺术家，第一课老师便让达·芬奇画鸡蛋，老师拿来了一个鸡蛋，往桌子上一放，就出去了，刚开始达·芬奇还乖乖地照着画，久了就不耐烦了，问老师为什么总是让他画鸡蛋，这种看起来毫不费劲的东西。老师很严肃地告诉他："画鸡蛋是锻炼一个人的手法和基本功，要学会从不同的角度观察它，画好它，如果一个人的基本功还没打牢就想着奔跑，那怎么可能成功呢？"达·芬奇羞愧地低下了头，从此刻苦画画，光画鸡蛋用的草纸就堆得非常高，老师对他这种刻苦的精神非常满意。

有了坚实的基础，达·芬奇的绘画水平也如虎添翼。一次，老师让达·芬奇在自己的作品《基督爱洗图》上画一个天使。达·芬奇拿起笔来就画，只两三笔，一个可爱的小天使就跃然纸上了。看着学生有如此好的技艺，弗罗基奥笑了。自那时起，弗罗基奥毅然弃笔，不再绘画，专心搞雕刻去了。

经过长期艰苦的艺术实践，达·芬奇终于创作出《最后的晚餐》《蒙娜丽莎》等许多名画。哪一位成功的人不是把简单的事反复做才取得成功的？

——资源来源：百度文库

思考

达·芬奇的成功秘诀对你有什么启示？

任何伟大的事业都有一个微不足道的开始。成功并不难，就是把简单的事情反复做，你也可以。例如，全国著名的推销大师，即将告别他的推销生涯，应行业协会和社会各界的邀请，他将在该城中最大的体育馆做告别职业生涯的演说。在会场上，主持人请了两位年轻人用大铁锤去敲打那个在舞台中央吊着的铁球，直到把它荡起来，结果，大铁锤接二连三地砸向铁球，可是铁球仍旧一动不动，很快这两位年轻人就放弃了。而这位推销大师用了一个小锤子反复“咚”地敲一下，然后停顿一下，就这样持续地做了 40 分钟。最后，铁球动起来了。

很多人以为成功很难，成功要付出太多，成功会很痛苦，就不去想，也不去追求。事实上，不成功才真的更难。有的人不肯付出精力去反复做简单的事情来博取成功、换取一生的幸福，却甘愿用尽一生的耐心去面对失败的痛苦。正如一位老者说的，在成功的道路上，你没有耐心去等待成功的到来。那么，你只好用一生的耐心去面对失败。你可以不思成功，但你的生活并不会因此而轻松。每个人都应耐心追逐成功，你会因此而品尝到成功的果实。简单的事情反复做，那么成功迟早会光顾你。

3. 成功就是再坚持一下

坚持，是通向成功的不可缺少的条件。成功就意味着要坚持。坚持，顾名思义就是遇到困难不放弃。例如，《功夫熊猫》中的阿宝虽然贪吃，爱玩，懒惰，又有点笨拙，但他凭借自己的努力和坚持，成功地打败了沈王爷。因为他的坚持，不怕困难，救出了朋友；因为他的坚持，他能在战斗中，使出绝招，打败对手。而这些绝招，其实是阿宝通过坚持，在了解所有的真相后，想着师父的动作，静下心来，用心领悟到的。

在生活中，做什么事情，只要坚持，就能做好。例如，美国第 16 任总统——林肯。他的一生并不是一帆风顺的，也有许多曲曲折折——企业的倒闭，竞选的失败，结婚前未婚妻的病逝等。一次次的努力、一次次的失败、一次次的坚持，最后，他终于成功地当上了美国总统。

当然，爬山爬到一定时间时，你会感到筋疲力尽，再也不想往上爬一步，但只要咬紧牙关坚持，过一会儿你就会感到全身开始舒服起来，爬山的乐趣油然而生；跑步跑到一定时间时，你也会感到筋疲力尽，但只要咬紧牙关坚持，过一会儿你就会感到呼吸顺畅起来，两条腿也好像有劲了，继续跑下去的勇气会转变成一种轻松地向前跑的惯性，你会因此而跑出很远。不管是爬山，还是跑步，在你咬紧牙关的那一刻，就是你做一件事情的临界点。如果你坚韧不拔地坚持下去，就会挺过临界点，进入一种新的境界，不再害怕将要面对的更长、更困难的挑战，并且在迎接挑战的过程中会得到一种乐趣、一份成就感和一份自信。

如果想在工作和事业中取得成功，也需要我们有挺过临界点的勇气和坚持到底的耐力。很多人在工作中十分浮躁，总觉得自己做的是小事，其实连小事都做不好的人绝对不可能做出大事来。能否坚持把一件事情做完是一个人能否取得成功的重要前提条件。

万事皆容易开始，但很难有圆满的结局。因为圆满意味着必须走完全程，意味着必须历经千难万险，意味着即使遍体鳞伤也绝不放弃，意味着在到达临界点时咬紧牙关继续迈着疲劳的双腿向前奔跑，直到最后肉体和精神为了同一个目标合二为一。如果不能跨越生命的临界点，我们就会吃尽失败的苦头；而要想跨越生命的临界点，我们就可能要经受更多的考验。但是，只要你能够忍受黎明前最黑暗的那一刻，太阳一定会带着满天的朝霞为向着东方奔跑的你灿烂升起。

坚持，是对梦想追求过程中的汗水与拼搏；坚持，是对自己爱人呵护一生的承诺；坚持，是莘莘学子为了自己的目标每天在题海中的奋斗。坚持了，成功就在你的脚下。一个困难就是一次挑战，一次机遇，持之以恒地接受困难，你就会获得成功。在成功以后，再回首，你会发现：能否成功关键只在那最后的一小步你是否坚持跨过去！在人生的道路上，永远不要在终点之前放弃，要告诉自己，再坚持一下。

（二）大学生成功的一般规律

1. 顺势发展规律

春秋战国时期，新兴地主阶级锐意改革，广揽人才，导致思想家、科学家、军事家、政治家、文学家等各类人才的大批涌现。欧洲文艺复兴时期，商品经济的发展，资本主义生产关系的形成，促成思想的大解放和人才的大批涌现，如科学家哥白尼、布鲁诺、伽利略，诗人但丁，剧作家莎士比亚，画家达·芬奇等。恩格斯称颂说：“这是一次人类从来没有经历过的最伟大、进步的变革，是一个需要巨人而且产生了巨人——在思维能力、热情和性格方面，在多才多艺和学识渊博方面的巨人的时代。”

这说明，人才的成长和发展，在很大程度上取决于社会能否为他们提供一定的实践机会和发挥才能的必要条件。没有这样的机会和条件，纵然天资禀赋很高，也难以发展成才。历史大转折、大变革的时期，除旧布新，继往开来，问题如山，百废待兴。它迫使人们去思考和研究问题，去潜心创造，以顺应社会的发展。积极参加社会变革活动，使人们得到更广泛的实践机会和更多方面的锻炼，各个领域的大批人才便应运而生。他们或为追求科学真理而磨炼成才，或为救国救民坚持不懈的斗争而崛起。正如法国启蒙思想家爱尔维修说的：“每一个社会时代都需要有自己的伟大人物。如果没有这样的人物，它就要创造出这样的人物来。”

今天，国家正处于社会转型期，国家特别关注科学和教育事业的发展，把它们放在我国发展战略的首要位置，千方百计地培养各级各类人才。大学院校培养不出杰出人才，国家发展就会受到方方面面的制约。当代大学生应担负起创新的责任，顺应社会潮流成才。

2. 德才兼备规律

时势造英雄，但时势不能把每个人都造成英雄。一个人没有崇高的生活目标和高尚的人生追求，就不能产生强大的精神力量，自觉地为社会的发展和人类的进步去献身；同样，没有超

群的才能，也不能成为社会的有用之才。成才者的经验告诉我们："天才是由于对事业的热爱感而发展起来的。"（高尔基）"当一个人整个的道德力量前进着时，他的智慧也在前进。"（果戈里）司马光说："才者，德之资也；德者，才之帅也。"只有具有崇高的生活目的，才能产生伟大的精神力量，最大限度地发挥自己的聪明才智，为人类文明和社会进步做出贡献。爱迪生抱定"要揭开大自然的奥秘，并以此为人类创福"的人生目标，才使他一生中取得了1 000多种获专利权的发明；诺贝尔在科研实践中树立了"我是世界的公民，应为人类而生"的伟大思想，使他成了人类历史上最杰出的化学家；具有"为人类服务"的崇高人生追求，才使马克思成为无与伦比的推动社会发展和人类进步的巨人；抱定"为改造中国与世界"这一宏图大略的毛泽东，领导中国人民坚决抵抗侵略者，解放全中国；怀有"为中华之崛起"这一伟大抱负而读书和奋斗的周恩来，用自己的伟大实践，铸成了中国人民最敬仰的伟人之一。

许许多多有志之士，都在特定的历史条件下，产生了与时代相应的人生目标和时代追求，做出了杰出的贡献。屈原在"路漫漫其修远兮，吾将上下而求索"的执着追求中，开创了民族爱国主义诗人的先河；范仲淹在"先天下之忧而忧，后天下之乐而乐"的思想指引下，树立了以天下为己任的风范；抱定以变法图强、甘愿以身殉难的谭嗣同，树立了为民族自强不怕流血牺牲的楷模。

人的智慧与潜在的能力需要高尚的品德去开发和驾驭，只有高尚的品德和智慧达到了高度和谐，才能成就一番伟大的事业。爱因斯坦就是高尚品德和智慧高度和谐统一的典范。

3. 名师指导成才规律

名师出高徒。名师指导是人才迅速成长、脱颖而出的最重要的因素。诺贝尔经济学奖获得者保罗·安·萨缪尔森说，获得诺贝尔奖的诀窍之一就是要有名师指点。生物化学家汉斯·克雷布斯在获得诺贝尔奖后说，我之所以有这个机会，得归功于在我科学生涯的关键阶段里有一位杰出的老师。

据统计，美国的诺贝尔奖获得者，一半以上的人跟曾经的诺贝尔奖获得者学习过。他们比没有这种学习经历的人所用的获奖时间几乎平均提前7年。巴甫洛夫获诺贝尔奖前曾得到著名生物学家齐昂和海登汉的指导；杨振宁和李政道一起获得诺贝尔物理学奖后，传出了"万里追名师"的佳话；吴有训引导学生动脑筋想问题使钱伟长等人懂得如何学习与思考，终于成了科学家；苏步青指点一些后来者如谷超豪等迅速成才，产生了"苏步青效应"；在著名希腊数学家和天文学教授巴罗的赏识和荐举下，26岁的牛顿就当上了数学教授；汉罗斯教授荐举达尔文参加环球科学考察，是达尔文踏上了成才之路的关键一步；汤姆逊培养出物理学家卢瑟福；唐代诗人顾况提携白居易；名师推荐华罗庚，华罗庚又指点陈景润；等等，都说明名人的成长和发展，与名师指导教育有着重要的关系。

我国各高等院校，特别是那些重点大学或名牌大学，都聚集着许多知识渊博、才能卓越的专家学者。有的在世界上享有极高的威望，有的在国内享有盛名，有的在本校、本地区、本系统享有较高的威信。他们不仅在学术上有很深的造诣，而且还有丰富的治学经验。有他们的指点，能为大学生的学习发展与成才创造最好的条件；有他们的指教，能使大学生树立起崇高的理想，产生远大的抱负，培养坚强的性格，激励起奋力拼搏的精神；有他们的指导，能使大学生尽早确立主攻目标，选择最易获得成功的突破口；有他们传授知识和技能，能使大学生的智力发展得到优化。特别是当学生们沾沾自喜于一得之功、一孔之见时，老师会提醒他们戒骄戒躁；当他们走到错误的边缘时，老师会提醒他们免入歧途；当他们在科技革新的浪潮中感到迷惘时，名师会以渊博的科技知识和丰富的实践经验，为他们指出光明前景，并提供最新的科技信息和学术动态。总之，名师指点是大学生顺利发展、迅速成才的重要因素，也是大学生成才的规律之一。

4. 勤奋努力成才规律

每个人才的成长道路往往是不同的。然而，人才的任何天赋如果想得到发挥，成为有高度价值的东西，都必须依靠勤奋和努力。“才能和智慧不会像馅饼一样从天上掉下来”，辛勤的劳动才能得到硕果。

一个大学生，不勤奋学习、刻苦地训练，就不能成为一个潜在人才，步入社会后，也就不可能成才。“业精于勤荒于嬉”，只有深刻认识勤奋在成才中的重要作用，才能勤奋学习、努力钻研，也才有可能实现个人成才的愿望。

（1）勤奋是攀登科学高峰的阶梯。古今中外，凡成就一番事业、有所作为的人无一不是脚踏实地、艰苦攀登的结果。他们那渊博的知识、卓越的才能和闪光的智慧，都是通过勤奋学习、刻苦钻研得来的，是战胜挫折和失败后取得的。达尔文说：“我坚持奋战55年，致力于科学的发展。用一个词可以道出我最艰辛的工作特点，这个词就是失败。”法拉第也说：“就是最成功的科学家，在他每10个希望和最初的结论中，能实现的也不到一个。”可见，在科学研究中，失败将多于成功。因此，对搞科学的人来说，勤奋就是成功之母。正如马克思所指出的：“在科学上没有平坦的大道。只有不畏劳苦，沿着陡峭山路攀登的人，才有希望到达光辉的顶点。”不仅如此，还要站在巨人的肩上攀登。牛顿说：“我之所以看得远，是因为我站在巨人的肩膀上。”在牛顿时代是这样，在科学技术迅猛发展的今天，更应该是这样。只有勤奋努力继承人类创造的知识财富，站在巨人的肩膀上，并刻苦地钻研，才能创造前人没创造出的成绩，攀登前人没有攀登过的高峰，成为充满创造活力的人才。

（2）勤奋能造就人才。天才出于勤奋，但是否需要很高的智力呢？一个普通的大学生能不能通过勤奋努力成才甚至成为天才呢？美国的约瑟夫·S. 伦米利认为，天才是由三种相互影响的品质（色质）构成的，其中第一种品质就是：智力在众人之上，但不必很高。爱迪生用自己的切身体验正确地回答了这个问题。他说：“有些人以为我之所以在许多事情上有成就是因为我有什么‘天才’，这是不正确的。无论哪个头脑清楚的人，都能像我一样有成就，如果他肯拼命钻研的话。”这也就是说，一切智力正常的人，都有可能发展成为天才，只要他终身勤奋。一个大学生，比起社会上的许多青年来，学习和成才的条件是十分优越的。只要充分发挥个人的主观能动性，经过坚持不懈的努力，何愁不能成才！李时珍曾三次考举人落榜，但通过勤奋努力成了医学大师。爱因斯坦小时候，人们都说他反应迟钝，可他却创立了相对论。这些智力平凡的人创造出超群业绩的事例说明，勤奋能创造天才。

（3）扬长避短（或克短）成才规律。人的聪明才智有大小，学问有高低，各有所偏，各有所长。长于彼者或短于此；巧于此者或拙于彼。有多巧计、善谋略者，有能决断、善用人者，有多灵感、富幻想者，有多条理、善分析者，有能组织、善管理者，有手灵巧、善工艺者，有多感情、善表演者，有体矫捷、善运动者……成功人士不是十全十美者，更不是无所不知者，而是善于利用自己的长处，将其发挥到极致，从而获得了非凡成就的人。例如，田忌与齐威王赛马，但是他的马略逊一筹。孙膑给他出了个主意，说：“用您的下等马与大王的上等马去比赛，用您的上等马与大王的中等马去比赛，用您的中等马与大王的下等马去比赛。”田忌按照这个办法做了，果然获胜，赢得齐威王的千金赌注。再如，陈景润放弃教学工作而从事数学研究，经过十年的努力，终于因解开“哥德巴赫猜想”之谜而一举成名，成为我国当代数学家，这些例子都说明扬长避短（或克短）在成才中具有重要的作用。

要扬长避短（或克短）必须要有自知之明。所谓自知之明，就是不仅要知己之长，还要知己之短。首先，要认识自己的潜能和才能生长点，从而做到学习刻苦有方。其次，要“扬长”，即发挥自己的优势。在认清自身长处的前提下，努力做到勤奋好学、方法得当（包括克己之短），使自己的知识结构、智力结构不断得到优化，在德、识、才、学、体几个方面得到全面的发展。最后，要“避短”，要认识自己的短处，同时要积极、慎重地处理好避短的事。

案例分享

王美织绣社创业分析方案

一、市场需求分析

1. 政策环境

学校鼓励大学生创业，给予各项政策支持。

2. 需求环境

人们对美的追求，需要织绣产品搭配服饰，装点家居，产品市场潜力大。织绣社是一种投资小、经营灵活的创业门道，而且学校女生占80%，对织绣产品购买力旺盛，产品在校园内销路乐观。

3. 地理环境

选择合适的地段是很重要的，合适的地段可以减少房租而不减少生意。

二、开业的基本条件

1. 资金条件

资金总额约需6 000元，可逐步积累，也可以向亲朋好友借贷。

2. 设施条件

学校周边可寻租到20 m^2 的店面，陈列产品，存放原材料、配件、工具等。

3. 人力条件

本人及申报的朋友学习过织绣技术，可采取计件工资。

三、办理证照及手续

开业条件具备了，接下来是办理各种开业手续，取得合法经营资格。个体经营，首先带毕业证和身份证去当地工商所办营业执照，开业30天内到当地税务所领取发票和办理税务登记证。

四、创业成功之道

王美初期创业成功的原因在于选择市场前景好、投资风险小的投资项目。具体体现在以下几点：

1. 进入门槛低

选择进入门槛低的织绣行业是王美成功的基础。创业新手遇到的第一道难题是入门难，无论进入哪一个产业、哪一个行业，要进行自主创业，都必须有一定的资金、技术和必要的管理经验。这种资金、技术和管理经验方面的要求，就构成创业入行的门槛。大学生创业因其原有基础薄弱，通常进入门槛是最低的，往往是从一个产业中最原始、最低级的环节干起。

2. 市场前景好

王美的织绣产品销售前景乐观，是织绣社发展的动力。广阔的市场前景体现在三个方面：一是行业的新颖性。创业者选择进入的行业，应尽可能是发展中的新兴产业，其产品或服务的市场需求正在大幅度增长；或带有明显的供给创新色彩，正在引起一种新的市场需求。二是市场结构的对称性，即市场供给远远未能满足市场需求，不仅现实市场有很大空间，而且还有着广阔的待开发的潜在市场需求。三是市场竞争的非垄断性，即在该行业中尚未形成足以左右甚至完全控制市场销售的大玩家，没有形成占市场主导地位的竞争者，或者说顾客尚未建立起对某一品牌的绝对忠诚度。由于市场处于一种充分的自由竞争状态，企业完全有可能随市场一同成长。

3. 投资风险小

王美投资织绣社，风险小，保证了创业的成功。多数创业者因其经济实力薄弱，只能稳扎稳打、步步为营，在风险最小、把握最大的项目上投资创业。从实践来看，要确保投资风险最小，必须把握好两个环节：一是市场需求的成长性好。任何一项产品或服务上市，都有一个开发—成长—成熟—衰退的消费需求周期。创业者必须选择处于成长期的产品或服务介入，以保证有足够的时间来熟悉和适应市场，为消费者所接纳。二是有充分而稳定的投资回报，即有较大的利润空间。创业者所选择的商机，其年回报率，应在35%以上，税后利润最低不得少于20%，这种相对较高而又持久的回报率，可以为新企业提供一个风险缓冲期，以便平稳渡过创业初期所遇到的各种风险。

4. 利用优势资源

善于利用学校的政策支持，校园内廉价的劳动力资源及市场资源是王美成功创业的条件。创业总是需要一定的条件，善于适应、利用外部条件就显得格外重要：一是要利用好环境资源。创业所在地的区位和资源优势、基础设施和市场潜力、风俗民情和文化积淀，都可以成为自主创业的起步依托和发展基础，创业者完全可以借此吸引资金、技术、设备和人才，为我所用。二是要利用好政策资源。不论是税费政策、产业政策、市场准入政策、进出口及汇率政策等，利用得当，都可以给创业者带来无限商机和利润。吃透这些政策，深刻了解政策走势，及时用足、用好这些政策，是创业成功的重要条件。

——资料来源：道客巴巴

三、创新意识与创新精神

（一）创新意识

意识是人脑对客观世界的反映。它包括人脑在客观事物的刺激下产生的思想、观点、感觉、动机和欲望。意识是行动的先导。人的意识支配人的行动。

创新意识是一种敢为人先、不断进取、求新求异的心理状态；是人脑在不断运动变化中自觉产生的积极革故鼎新、改造客观事物现状的意愿和欲望。可以认为：创新意识就是解放思想、实事求是、与时俱进、敢闯难关、敢冒风险的意识；就是以创新的观念审时度势、以创新的勇气直面难题、以创新的精神策划未来的意识。

增强创新意识具有十分重要的意义。事实证明，一切创新活动都是以创新意识为先导的，整个创新就是在创新意识支配下实现创新目标的思维活动和实践活动。同时，创新意识本身就是一种动力，是创新活动的推进器。它统摄、支配人的创新能力，对创新能力的培养和提高具有萌发性、强化性和支持性的作用。

一个人如果不了解什么是创新，不重视创新，对创新不感兴趣，或者认为自己没有必要也没有能力搞创新，那么他就缺乏创新意识，就不会投入创新活动中去。只有当一个人认识到创新的重要性、必要性和紧迫性时，他的创新意识才能得到真正的加强。事实证明，创新不断改变着我们的生产、生活和思维方式，促进了经济和社会的和谐发展。其实，大家只要看一看、想一想，我们的衣、食、住、行、用，不断随着科技创新而改善，就能深刻感受到创新与我们每一个人的命运都息息相关。

（二）创新精神

创新精神是富有强烈创新意识的人在创新活动中，勇于冲破传统思想的束缚，勇于追求真理，勇于探索、开拓，勇于攀登科学高峰的革新进取精神。马克思曾经指出："人的价值蕴藏在人的才能之中。"而人的才能的载体和杠杆，则始终在于人的创造思维和创造精神。回顾灿烂的中华文明史，从古代的四大发明到现代的杂交水稻、汉字激光照排系统等众多的杰出创造，都表现出中华民族伟大的创新精神和不竭的创新动力。正是有了这种精神，中华民族才生生不息、古老而常新，为人类文明的发展做出了伟大的贡献。

案例分享

《西游记之大圣归来》中的大胆创新

《西游记之大圣归来》拿下了超过10亿元的票房，成为本类电影中无可争议的第一名，且在当时国产电影票房排行榜中位列第6名，这也是数十年来绝无仅有的。这只猴子到底有什么神通，能超越72变，给我们如此大的惊喜呢？

剧情的创新

西游记的故事家喻户晓，齐天大圣孙悟空的冒险故事无人不知。名著中的孙大圣，着墨最多的是他崇尚自由和叛逆的性格。从鏖战群神到大闹天宫，无不彰显着他的个性。初期他和唐僧的关系也并不好，正因为其根深蒂固的本性，才被安上了个紧箍。他虽然本领非凡，但像个长不大的孩子，需要别人的指引。在这方面，《西游记之大圣归来》给了观众另一种解读。孙大圣不再是顽劣的猴，而是有人性的人，是中国的超级英雄。

孙大圣的创新

这次的改变是多方面的，孙大圣彻底摆脱了以往的脸谱化。要知道仅仅在动漫上，孙大圣就已经有了19个银幕形象，但是仔细观察，大都具有相似性。《西游记之大圣归来》中，孙大圣有了一张“刘翔脸”，同样意味着我们的孙大圣要脱胎换骨了。导演田晓鹏曾在专访中说，他尝试了各种风格的孙大圣，最终敲定了这个造型，因为这就是他心目中的孙大圣。还记得《大话西游》里周星驰扮演的孙悟空吗？当时就有人诟病说“只看到了一只大猩猩”。打破约定俗成而谋求创新，不是一件简单的事。《西游记之大圣归来》不仅做到了，而且还大受欢迎。除此以外，在孙大圣和唐僧的关系处理上，将原来的师徒间的戏剧冲突，来了一个180度大转变，变成大叔与正太的冒险故事。

唐僧的创新

江流儿确实是唐僧的乳名，在吴承恩的小说《西游记》中，唐僧的父亲在船上被坏人推入江中，母亲被逼无奈下嫁，并将刚出生的小唐僧和血书放到木盆中漂走。在漂过金山寺时，他被法明和尚所救。因为他是顺江流漂到金山寺，因此取名“江流儿”。然后唐僧长大成人，为父洗冤。这个内容主要介绍唐僧的由来，而且原作有部分血腥暴力，不适合面向广大的青少年儿童，因此大多数动画在这个情节处理上，或多或少都有所保留。

《西游记之大圣归来》的处理有些微妙，因为故事早已跳出了“西游取真经”的主体脉络，而是重点描述一个平行世界。这个江流儿其实除了是《西游记》的一个名字之外，更像是观看这部电影的大人和孩子。也就是说，大圣护送的不再是那个骑着白龙马的唐三藏，而是有着“西游情怀”的我们。

反派BOSS的创新

《西游记之大圣归来》的反派妖王原型为《山海经》中的混沌，这点让人惊讶。作为四大名著之一的《西游记》，本身就不缺少妖魔鬼怪，为什么要去“移花接木”呢？毕竟是改编，这么做是有很大风险的，很容易让人联想到“关公战秦琼”。而说起《山海经》，它最重要的价值在于保存了大量神话传说，除了我们大家都很熟悉的如夸父逐日、精卫填海、羿射九日、鲧禹治水等之外，还有许多是鲜为人知的。作为一部文学瑰宝，《山海经》给当代人带来无数的创作灵感，小说、游戏乃至影视作品，都能看到它的身影。这是一次大胆的创新，如果只是单纯地去还原《西游记》的故事，那么大家的反应或许就不会像现在这么强烈了。因为那只猴我们太熟悉，熟悉到认为不能去超越、本该如此的地步。此猴非彼猴，从《大闹天宫》到现在的《西游记之大圣归来》，从懵懂到成熟，同时也见证了国产动漫的思维转变。《西游记之大圣归来》这部作品突破的是传统认知的桎梏，让人看到的是中国动漫人的勇气和超越。

总之，在业界人士看来，《西游记之大圣归来》是相当成功的。在传承中大胆创新，做出了自己的独特风格，这也预示着国产动画电影一个崭新时代的到来。

——资料来源：闽南网

四、创新与创业的关系

全球经济一体化进程的加快及知识经济时代的到来，使得创新和创业成为当今时代的主旋律，成为实现一个国家经济发展的重要途径，并日益得到全世界的关注。

近几年，随着我国高等院校办学规模和招生人数的不断扩大，相应的毕业生人数也急剧增加。2019 年毕业生的总数大约是 834 万人，2020 年达到了 874 万人，2021 年达到 909 万人。据相关部门统计，每年我国毕业生人数占到当年新增就业岗位的一多半，显然供过于求，从而也就导致高等院校毕业生的就业形势日趋严峻。毕业生就业难也成为各高校必须面对的问题。我国大学生创新与创业教育平均水平低于全球，创新思维缺乏，创业意识较差。开展大学生创新与创业教育，以创新教育促进学生全面发展和全面成才，并以创业促进大学生就业，是各个高校亟待解决的重大课题，也是各高校面临的重要转折机遇。

创新是人类特有的认识能力和实践能力，是人类主观能动性的高级表现形式，是推动民族进步和社会发展的不竭动力。

通常意义上，创业是人类社会生活中一项最能体现人的主体性的社会实践活动。它是一种劳动方式，是一种需要创业者组织、运用服务、技术、器物作业的思考、推理、判断的行为。

虽然创业与创新是两个不同的概念，但是两个概念之间却存在本质上的契合、内涵上的相互包容和实践过程中的互动发展。

创新是创业的基础，而创业推动着创新。从总体上说，一方面，科学技术、思想观念的创新，促进人们物质生产和生活方式的变革，引发新的生产、生活方式，进而为整个社会不断地提供新的消费需求，这是创业活动源源不断的根本动因；另一方面，创业在本质上是人们的一种创新性实践活动。无论是何种性质、类型的创业活动，它们都有一个共同的特征，即创业是主体的一种能动的、开创性的实践活动，是一种高度的自主行为。在创业实践的过程中，主体的主观能动性将会得到充分的发挥和张扬，正是这种主体能动性充分体现了创业的创新性特征。

创新是创业的本质与源泉。经济学家熊彼特曾提出，“创业包括创新和未曾尝试过的技术”。创业者只有在创业的过程中具有持续不断的创新思维和创新意识，才可能产生新的富有创意的想法和方案，才可能不断寻求新的模式、新的思路，最终获得创业的成功。

创新的价值在于创业。从一定程度上讲，创新的价值就在于将潜在的知识、技术和市场机会转变为现实生产力，实现社会财富的增长，造福于人类社会。而实现这种转化的根本途径就是创业。创业者可能不是创新者或发明家，但必须具有能发现潜在的商机和敢于冒险的精神；创新者也并不一定是创业者或企业家，但是创新的成果则是经由创业者推向市场，使潜在的价值市场化，创新成果也才能转化为现实生产力。这也从侧面体现了创新与创业的相互关联。

创业推动并深化创新。创业可以推动新发明、新产品或是新服务的不断涌现，创造出新的市场需求，从而进一步推动和深化各方面的创新，因而也就提高了企业或整个国家的创新能力，推动经济的增长。

由于创新与创业的密切关系，我国高等院校的创业与创新教育应该相互渗透融合，弘扬创新创业精神，健全创新创业机制，完善创新与创业的环境，加强产学研结合，加强创新与创业的交叉渗透和集成融合，并且不断地在实践中结合，从而推动社会的可持续发展。

第二节　创业与创业精神

一、创业的定义与功能

（一）创业的定义

关于创业，不同的学者从不同的角度做出过各种解释。例如，有的学者从创业过程角度定义创业，有的学者从识别机会的能力角度去解释创业，有的学者从企业家个性与心理、创业机会、创建新组织等方面为创业下定义。

综合上述不同考虑角度和教育部大纲的要求，我们将创业定义为：不拘泥于当前资源约束，寻求机会，进行价值创造的行为过程。

创业通常具有三个要点：

第一，创业者“不拘泥于当前资源约束”，主要指创业者不甘于资源供给的现状，努力突破资源束缚，通过资源整合来达到创业目标。创业者在创业初期大都会经历资源缺乏、从无到有的过程。

第二，创业者善于“寻求机会”，主要指创业者在创业前要努力识别商业机会，发现了商业机会，就会有进一步整合资源的动力。因此，寻求机会是产生创业活动的重要一环。

第三，创业者能够“进行价值创造”，主要指创业应该伴随新价值的产生。通常是通过以产品和服务的方式满足消费者，创造商业价值和社会价值。

（二）创业的功能

目前，创业在世界范围内已经形成一种新的经济形态，这种经济形态突出强调创新创业对社会经济发展的重要作用，即通过创新和创业发现市场空白，丰富市场供需，引领人们的消费，更好地满足多样性和深层次的需求。

从某种程度上讲，21 世纪已经进入了一个全新的“创业时代”，创业正在改变社会，改变人们的生活。正是借助创业型经济的优势，许多发达国家占得了全球市场的先机。

总体来说，创业的功能主要为：

1. 创业具有促进科技进步和繁荣市场的功能

创业往往伴随着新技术、新产品、新工艺、新方法的产生，伴随着大量科研成果转化型企业的诞生。因此，创业可以促进技术进步，推动经济结构升级。创办科研成果转化型企业，可以较快促进社会科技进步，促进我国整体科技水平提高和综合国力提升。例如，华为投资控股有限公司是一家生产销售通信设备的民营通信科技公司，它的产品和解决方案已经应用于全球 170 多个国家，服务全球运营商 50 强中的 45 家及全球 1/3 的人口。2020 年 9 月 10 日，以 2019 年营业收入 8 588.33 亿元蝉联“2020 中国民营企业 500 强”榜首。2021 年 9 月，入选“2021 中国民营企业 500 强”榜单，排名第 1 位。

目前，我国技术创新水平总体不高，市场开发还不够充分，在国际竞争中优势不大。要改变这种被动状态，就要发展创业型经济，而发展创业型经济的根本，取决于拥有创新创业人才的状况。大学生是社会未来的精英。培养更多的大学生创业者，或者使更多的大学生拥有创新和创业的技能，是我国实现发展创业型经济的最重要途径，将为我国创业型经济发展提供根本性支撑。

2. 创业具有增加就业机会的功能

作为世界第一人口大国，我国有着庞大的就业人群。我国在推进城镇化和经济结构转型升级的过程中，必然伴随着诸多就业矛盾。这些年，我国的就业人数持续增加，就业总量压力不断增大，相当数量的农村富余劳动力需要转移就业。另外，就业的结构性矛盾更加突出：一方面，传统行业出现大批下岗失业人员，许多人再就业困难；另一方面，新兴产业、行业和技术型职业所需素质较高的人员供不应求，不同地区、不同行业劳动力供求的不平衡性加剧，劳动力素质与岗位需求不能适应的矛盾变得更加突出。

特别是随着高校大规模地扩招，大学毕业生的就业问题也日渐突出。据教育部统计，我国应届高校毕业生人数多年持续增长，不断创历史新高，就业形势十分严峻。因此，培育大学生创业精神和创业技能，提倡和鼓励大学生自主创业，能够有效地解决大学生就业问题。实际结果表明：一个大学生的创业成功，往往可以带动几个甚至一批大学生或社会待业人员的就业。如果社会上形成了大学生创业的良好氛围，将会有利于缓解大学毕业生的就业压力。

3. 创业具有调节社会资源配置的功能

创业企业要能够生存并获得持续发展，必须具备一定的竞争力。从行业发展来看，创业企业的成功将会影响行业已有的经营格局，加剧行业经营的竞争，形成优胜劣汰局面，激发市场的活力，有利于资源向经营良好、效率更高的企业流动，促使社会资源合理配置，产生更高的社会效益。

4. 创业具有帮助创业者实现人生价值的功能

随着社会进步，智力已经成为比土地、资金、劳动更有意义的关键性生产要素，知识、技术和管理已成为重要的生产要素并参与增值和分配。创办企业越来越需要创业者具有较高的知识水平和技术能力。因此，创业有利于知识、创新成果的产业化转化，资本借助知识又能发挥更强大的作用，从而推动整个社会生产力水平的提高。拥有专业知识和具有人力资本的大学生更有能力通过创业实现价值创造。大学生借助知识和创意去创建企业的梦想随时都有可能变为现实。创业为每个人创造了发展的机会和增加个人财富的可能性，对许多梦想着开创自己事业的人而言，创业不但是一种充分实现自我的机会，更是发挥个人潜能的舞台。例如，李彦宏创建百度，专注于搜索。这充分说明了李彦宏对技术趋势的敏锐嗅觉，经过 6 年的漫长发展，百度终于迎来了互联网史上的热搜。2021 年 8 月，百度成功在美国纳斯达克上市，一夜之间，百度股价涨幅达到 354%，创造了纳斯达克新的神话，而李彦宏本人亦因为百度的成功上市，成为身价过亿的富翁，更成为各界关注的焦点。

二、大学生创业的类型与要素

（一）创业的类型

随着创业活动的日益广泛，创业活动的类型也呈现出多样化的趋势。了解创业类型，比较不同类型创业活动的特点，有助于我们更好地理解和开展创业活动。

1. 机会型创业与生存型创业

基于创业动机的不同，创业可分为机会型创业和生存型创业。

2001年，全球创业观察（GEM）报告的撰写者雷若兹等依据创业者的创业动机最先提出了机会型创业和生存型创业的概念，并逐年对其进行丰富。在GEM报告（2003）中雷若兹等人提出，生存型创业是创业者为了生存，没有其他更好的选择而无奈进行的创业，创业具有被动性。机会型创业是创业者为抓住现有机会而进行的创业活动，虽然创业者还有其他的选择，但他们由于个体偏好而选择创业，是自动自发地开创自己的事业。

生存型创业往往是创业者受生活所迫、面对现有市场做出的较为被动的选择，由于创业资源贫乏，因此从事的行业门槛较低，以消费者服务业为主。机会型创业则是创业者为追求更大的发展空间，通过发现或创造新的市场机会而进行的创业形态，具有创业起点高、创新性强、对经济发展有积极的影响等特征。两者的比较见表1-1。

表1-1　生存型创业与机会型创业的特征比较

创业条件	生存型创业	机会型创业
创业动机	生活所迫	职业选择
成长愿望	满足现状，小富即安	把握机会，做大做强
行业偏好	消费者服务业：零售、餐饮、家政服务等	商业服务业：金融、保险、咨询等
资金状况	以独资为主，缺乏资金	以多种方式融资，资金充足
创业者受教育程度	多数初等或中等教育，少数高等教育	多数高等教育
创业者承担风险意愿	规避风险	勇于承担风险
创业所处阶段	初始创业阶段	二次创业，连续创业

2. 个体创业与公司创业

根据创业主体的不同，创业可分为个体创业和公司创业。

个体创业主要是指与原有组织实体不相关的个体或团体的创业行为，而公司创业主要是指由已有组织发起的创造、更新与创业活动。个体创业与公司创业同属创业活动，因此具有一些共同的特征，如机会导向、资源整合、价值创造、创新精神等，但是由于资源禀赋、组织形态、战略目标等方面的不同，两种创业形态在创业的风险承担、成果收获、创业环境、创业成长等方面也有很大的差异，见表1-2。

表1-2　个体企业与公司企业的特征比较

个体创业	公司创业
创业者承担风险	公司承担风险，而不是与个体相关的生涯风险
创业者拥有商业概念	公司拥有概念，特别是与商业概念有关的知识产权

续表

个体创业	公司创业
创业者拥有全部或大部分事业	创业者或许拥有公司的权益，也可能只是很小一部分
从理论上而言，对创业者的潜在回报是无限的	在公司内，创业者所能获得的潜在回报是有限的
个体的一次失误可能意味着生涯失败	公司具有更多的容错空间，能够吸纳失败
受外部环境波动的影响较大	受外部环境波动的影响较小
创业者具有相对独立性	公司内部的创业者更多受团队的牵扯
在过程、试验和方向的改变上具有灵活性	公司内部的规则、程序和官僚体系会阻碍创业者的策略调整
决策迅速	决策周期长
低保障	高保障
缺乏安全网	有一系列安全网
在创业主意上，可以沟通的人少	在创业主意上，可以沟通的人多
至少在初期存在有限的规模经济和范围经济	能够很快地达到规模经济与范围经济
严重的资源局限性	在各种资源的占有上都有优势

3. 独立创业和合伙创业

基于创业者数量的不同，创业可分为独立创业和合伙创业。

独立创业是指创业者独立创办自己的企业。其特点在于产权归创业者个人所有，企业由创业者自由掌控，决策迅速，但创业者要独自承担风险，创业资源整合比较困难，并且受个人才能限制。合伙创业是指与他人共同创办企业，其优势和劣势正好与独立创业相反。

4. 传统技能型创业、高新技术型创业和知识服务型创业

基于创业项目性质的不同，创业可分为传统技能型创业、高新技术型创业和知识服务型创业。

传统技能型创业是指使用传统技术、工艺的创业项目。例如，生产饮料、中药、工艺美术品、服装与食品加工等。这些独特的传统技能项目在市场上表现出经久不衰的竞争力。高新技术型创业是指知识密集度高，带有前沿性、研究开发性质的新技术、新产品创业项目。知识服务型创业是指为人们提供知识、信息的创业项目。当今社会，各类知识型咨询服务机构不断细化和增加，这类项目中有不少投资快、见效快、市场前景广阔的项目。

5. 依附型创业、尾随型创业、独创型创业和对抗型创业

基于创业方向或风险的不同，创业可分为依附型创业、尾随型创业、独创型创业和对抗型创业。

依附型创业可以是依附于大企业和产业链而生存，在产业链中确定自己的角色，为大企业提供配套服务，也可以是特许经营权的使用，如利用某些品牌效应和成熟的经营管理模式进行

创业。尾随型创业是指模仿他人所开办的企业和经营项目，一般是行业内已经有许多同类企业，创业者尾随他人，学着别人做。独创型创业是指提供的产品和服务能够填补市场空白，大到商品完全独创，小到商品的某个技术独创。对抗型创业是指进入其他企业已形成垄断地位的某个市场，与之对抗较量。例如，针对20世纪90年代初，外商在中国市场上大量销售合成饲料的局面，希望集团建立了西南最大的饲料研究所，定位于与外国饲料争市场，最终取得了成功。

6. 基于产品创新的创业、基于营销模式创新的创业和基于组织管理体系创新的创业

基于创新内容的不同，创业可分为基于产品创新的创业、基于营销模式创新的创业和基于组织管理体系创新的创业。

基于产品创新的创业是指基于技术创新或工艺创新的成果，产生了新的消费者群体，从而导致创业行为的发生。基于营销模式创新的创业是指采取了一种有别于其他厂商的市场营销模式，因而可能给消费者带来更高的满足感。基于管理体系创新的创业是指采取一种有别于其他厂商的企业组织管理体系，因而能更有效地实现产品的商业化和产业化。

7. 创建新企业和企业内创业

基于创业起点的不同，创业可分为创建新企业和企业内创业。

创建新企业是指创业者或团队从无到有地创建全新的企业组织。这个过程充满机遇，但风险和难度也很大。企业内创业是指在公司或企业内进行创新创建的过程。例如，企业流程再造。正是通过二次、三次乃至连续不断地创新创业，企业的生命周期才能不断地在循环中延伸。

案例分享

故宫淘宝

曾经，一个《穿越时空来看你》的H5火爆朋友圈，一个皇帝从画中走来，唱着Rap，宫女戴着VR，发着QQ表情，刷着朋友圈……这是“腾讯NEXT IDEA×故宫QQ表情创作大赛”的宣传，在这流行的节奏中，一脸萌贱的“皇帝”让全民嗨起来！

其实，我们并不是因为这个H5知道故宫的。当然，故宫给我们的记忆点却与今天这个会卖萌的皇帝完全不同，权威、庄严、文化、皇家、辉煌等形容词中不会有一个跟“有趣”相关，但是这两年一个“故宫淘宝”让我们眼前一亮，这个“很不故宫”的产物，却成了爆款！

截至2018年12月，故宫博物院共计研发文创产品10 000余件，包括服饰、陶器、瓷器、书画等系列，产品涉及首饰、钥匙扣、雨伞、箱包、领带等。2018年的营业额也超过了10亿元。2018年12月9日，有着故宫博物院认证的“故宫博物院文化创意馆”公众号发布了《故宫口红，真的真的来了！》一文，宣布推出故宫首款彩妆“故宫口红”，阅读量迅速破10万人次。这系列口红一晚上的预定数已经超过1 000支，上线仅2天，6款颜色就已全部售罄，故宫口红一炮而红。

为什么故宫淘宝可以如此火爆？他们是如何打造这个爆款IP的呢？

从品牌、产品到用户，这个三角关系之间需要有趣的连接，不同时期的用户在不断变化，对产品喜好、对产品传递信息的认知也有所不同。对故宫淘宝为何火爆，图1-1将三者关系从“故宫博物院”到“故宫淘宝”进行分析，产品的娱乐化和用户的年轻化是驱动故

宫文创产品火爆的核心。

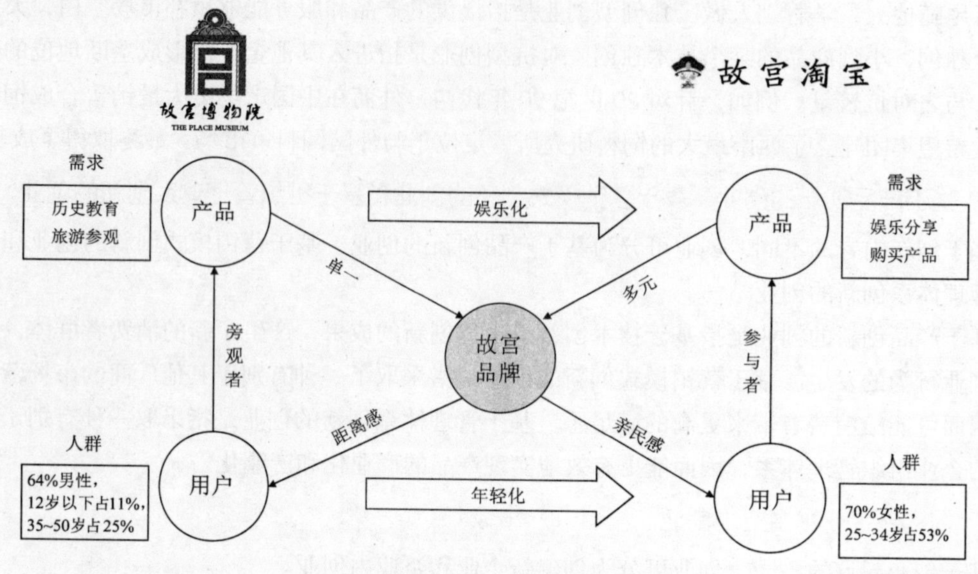

图 1-1　故宫品牌分析

具体分析如下：

一、品牌亲民化

故宫是来北京旅游者的必到之处，除了来旅游参观以外，更多是对故宫历史的教育学习，在游览的背景下，故宫更多传递给用户的都是历史故事，与用户之间形成的连接是有距离感的。然而“故宫淘宝”出现之后这个距离感在迅速缩短，从故宫博物院用户数据中看，12 岁以下的青少年是一部分重要人群，25~50 岁的人群是主流。而故宫淘宝，恰恰在 25~34 岁的人群中非常突出。这部分正是“85 后”“90 后”人群，对新鲜事物、热门话题、互联网化语言及潮流产品十分推崇。

二、产品娱乐化

有趣、娱乐化是目前互联网、移动互联网时代的重要关键词，如我们看微博、微信等社交平台上大家喜欢关注的娱乐化、趣味化的信息，当我们的产品同时兼具了娱乐化属性，其产品就很容易引发用户共鸣。

三、用户年轻化

从微博的微指数上看到的数据，故宫的用户由于“故宫淘宝”的出现，让更多年轻人开始了解故宫的故事、文化。在用户年轻化方面，主要有淘宝店成为销售主阵地、微信公众号用段子植入产品、微博提升用户互动。

四、营销多元化

故宫淘宝在淘宝上卖产品，在微博上火爆，在微信朋友圈疯传，小小的手机壳、折扇这类日常用品加上了故宫元素立马提升了用户“bigger”，通过平台联合、IP 联合、借势营销等方法入手。

我们从“品牌亲民化、产品娱乐化、用户年轻化、营销多元化”可以看出一个会卖萌的故宫淘宝已经成为爆款 IP。

不仅是故宫，其他博物馆也都有自己的IP，从博物馆到新IP的打造，也都需要这“四化”的推进。杜甫草堂推出Q版杜甫很忙系列产品，在手机壳、名片夹、鼠标垫等商品上出现了杜甫的诗，每年几十万元的营业额，占了文创产品销售额的1/3。

故宫淘宝还在陆续开发新的产品，很多产品也开始源于用户，激发用户参与感，一个用户创造的文创品牌，自然得到用户喜爱，在移动互联网时代，故宫博物院虽在紫禁城中，但“故宫淘宝”早已带着一股清流快速侵袭了我们，这个萌贱之风会传染，一发而不可收。对于它的未来，我们充满期待，故宫淘宝在粉丝量上堪称一个网红，火爆时切莫忘记产品才是核心战略！

未来走好，匠心随行。

——资料来源：百度百家号

（二）创业的要素

创业的要素包括机会、创业团队和资源。

创业是一个复杂的系统工程，这个系统由许多相互联系、相互作用的要素构成。那么，在创业中，核心要素包括哪些呢？彼此之间如何作用？不同的学者对此有不同的观点，见表1-3。

表1-3　创业核心要素一览表

学者	创业要素
加纳	创业者、组织、环境、创业过程
内亚威利和福格尔	机会、创业能力、创业倾向
韦翰	机会、资源、创业者、组织
萨尔曼	机会、人和资源、外部环境、交易行为
蒂蒙斯	机会、资源、团队（创业者）
克里斯蒂安	创业者、新事业的创立、创业流程管理及外部环境网络

在这些观点中，蒂蒙斯的观点最具代表性并易于理解。蒂蒙斯是全球最具影响力的创业学者，有“创业教育之父”之称，他提出了一个著名的创业要素模型——蒂蒙斯模型（见图1-2）。他提炼出创业的关键要素——机会、资源、创业团队，认为创业是一个高度的动态过程，三大核心要素决定了创业的发展方向。

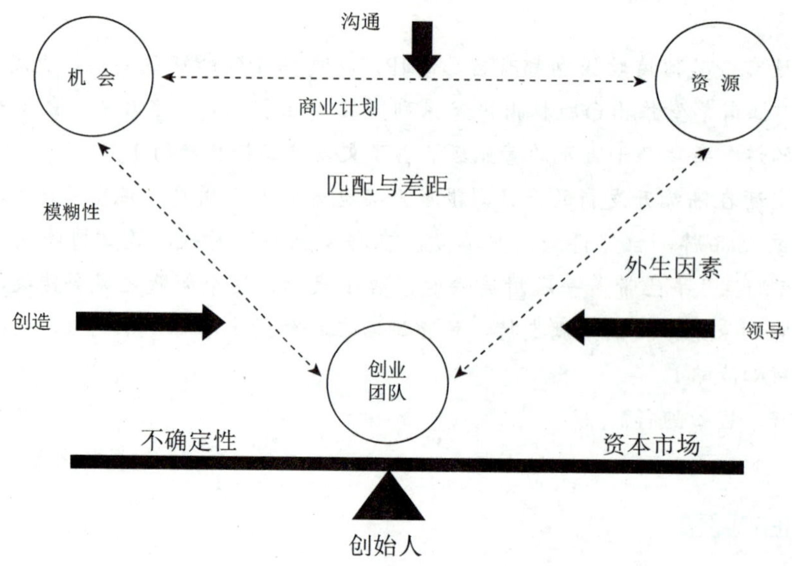

图 1-2 蒂蒙斯的“创业要素”模型

该模型所表达的创业逻辑在于：在机会的驱使下，创业者在控制有限的资源和组建团队之后，商业计划得以展开。创业者的主要任务就是在动态的创业过程中，努力实现机会、资源和创业团队三个关键要素的匹配和平衡。在创业过程中，由于机会的模糊性、环境的不确定性、资本市场的动荡等影响因素，创业的过程充满了各种风险。因此，创业团队要具备并发挥其创造力、领导力与沟通能力来分析差距，反复调整机会、资源和创业团队三个因素的组合，使之处于动态的平衡状态。

1. 创业机会

创业机会是指创业者可以利用的商业机会。从创业过程角度来说，机会是创业的起点，创业过程就是围绕着机会进行识别、开发、利用的过程。

2. 创业团队

创业团队时间多限定在创业初期（包括企业成立前和成立早期）。创业团队是由一群才能互补、责任共担、愿为共同的创业目标而奋斗的人所组成的特殊群体。

3. 创业资源

创业资源是指新创企业在创造价值的过程中需要的特定资产。创业资源包括有形与无形的资产，它是新创企业创立和运营的必要条件，主要表现形式为创业人才、创业资本、创业技术和创业管理等。

在创业活动中，这三个要素都是不可或缺的。没有机会，创业活动就成了盲目的行动，很难实际创造价值；机会虽然普遍存在，但如果没有创业团队去识别开发，创业活动也不可能发生；创业团队不仅要善于把握合适的机会，还需要资源，否则机会将无法被开发和利用。

三、创业精神的内涵、作用与培育方法

（一）创业精神

创业精神是创业的核心与灵魂。

1. 创业精神的内涵

创业精神，顾名思义就是敢于开创一番新事业，并且能够脚踏实地地为之奋斗的精神。

创业精神应由胆、识、行三个方面的含义构成。“胆”，即胆略勇气，就是不怕危险、不怕困难、敢于奋起的气魄。胆略和勇气来源于强烈的成就欲、强烈的创新意识、强烈的同情心和社会责任感。“识”，即远见卓识，就是对社会需求、社会发展规律的敏锐感受和准确理解。“识”来源于正确的世界观，来源于勤奋学习和及时总结，来源于社会发展昭示给人的信息。“行”，即积极行动，艰苦奋斗。通常情况下，“行”指的是一种想到了就干、不怕艰难困苦的良好习惯，也就是我们所说的知行合一的艰苦奋斗的良好品质和崇高精神。胆、识、行三者的关系是共同依存、缺一不可的。

创业精神的载体是人，最具创业精神的是创业者（企业家），创业者与创业精神密不可分。从学者们对创业者的研究轨迹可以看出，创业者所承担的角色，从投机、套利、冒风险到创新，是一个不断发展和丰富的过程。因而创业精神不单是投机与冒风险，更重要的是把握机会和不断创新，通过企业家的创业和创新活动，推动社会和经济不断发展。

因而，创业精神就是发现和把握商业机会，无论当时如何受资源的制约，都能努力通过创业，从无到有地创造和建立某些事物以满足社会需求、创造价值的活动过程。

2. 积极的创业意识和创业精神是创业成功的前提

创业意味着开创基业、开创事业，积极的创业意识和创业精神是创业成功的前提。当许多人还在为找一份工作发愁时，那些创业的先行者们已获得了丰厚的回报。Yahoo、Excite、Netscape等高科技公司都是大学生通过创业大赛吸引风险投资创办的。

我国自1999年开始举办“挑战杯”全国大学生创业计划竞赛，同年，不少大学毕业生怀着满腔热情创办了自己的公司。然而，5年后，大多数企业都夭折了，当年显赫一时的公司如今也都销声匿迹，如视美乐、Fanso等。正如杨致远所说，创业者成功机会非常少，不管是在中国还是在美国，创业能做到一个小成功，大概只是十分之一；中成功是百分之一；大成功大概是千分之一、万分之一。美国有统计表明，要成为企业家，失败率是99%，只有1%的企业家能在市场上生存5年或者更长时间。多数的小企业在头5年里就停业了。

既然创业成功的前景看起来如此暗淡，为什么还有众多的人选择这条人迹罕至的路呢？首先，谋求生存乃至自我价值的实现可能是创业最主要的原动力；其次，如果你要想变得非常富有，开创自己的事业是最有希望实现致富的目标的，很少有人靠为别人工作而变得惊人的富有；再次，创业使得创业者能够自己控制自己的工作，自己决定何时何地怎样工作；最后，即便创业失败，但是其所带来的有益经验会使创业者学会更好地应对失败，恢复得比以前更坚强，而这正是创业者所需的品质之一。

案例分享

从“电池大王”到“汽车大王”

一个占地2.387平方千米的电动汽车项目，即将在深圳、惠州两市交界处拔地而起，那是2010年7月30日正式挂牌的深圳比亚迪戴姆勒新技术有限公司。戴姆勒和比亚迪将以双方共同创立及拥有的品牌，将新一代电动汽车推向市场。

王传福，比亚迪的创始人，早年只是一位从安徽无为农村走出来的穷小子。

看准机会辞职创业

1987年7月，21岁的王传福从中南工业大学（现为中南大学）冶金物理化学系毕业进入北京有色金属研究院工作。1992年，26岁的王传福被破格委以该研究院301室副主任的重任，成为当时全国最年轻的处长。

1993年，研究院在深圳成立比格电池有限公司。由于与王传福的研究领域密切相关，王传福顺理成章地成为公司总经理。

在当时，日本充电电池一统天下，国内的厂家大多是买来电芯搞组装，利润少，几乎没有竞争力。如何打开局面？经过认真思考，王传福决定依靠自身技术研究优势，从一开始就把目光投向技术含量最高、利润最丰厚的充电电池核心部件——电芯的生产。事实证明，王传福这一招可谓是后发制人、一招致命。

正在寻求快速发展之道的王传福在一份国际电池行业动态报告中发现，日本宣布本土将不再生产镍镉电池，而这势必会引发镍镉电池生产基地的国际大转移，并带来全球电池产业的新格局。王传福立即意识到这将为中国电池企业创造前所未有的黄金机会。镍镉电池经济耐用，是一种非常理想的直流供电电池，正因为日本的退出，国际镍镉电池的缺口正在扩大，其市场前景毋庸置疑。

在有了一定的企业经营和电池生产的实际经验后，王传福坚信，技术不是什么问题，只要能够上规模，就能干出大事业。于是，王传福做出了一个惊人的决定——脱离比格电池有限公司，自主创业。

1995年2月，王传福从做投资管理的表哥吕向阳那里借了250万元，注册成立了比亚迪科技有限公司，领着20多人在深圳莲塘的旧车间里扬帆起航。

那时，日本的一条镍镉电池生产线需要几千万元投资，再加上日本禁止出口，王传福买不起也根本买不到这样的生产线。但世上无难事，只怕有心人。王传福根据企业的特点，充分利用我国人力资源成本低的优势，自己动手建造一些关键设备，然后把生产线分解成一个个可以人工完成的工序，结果只花了100多万元，就建成了一条日产4 000块镍镉电池的生产线。

比亚迪的总体成本比日本对手降低了40%。利用成本上的优势，比亚迪逐步打开了低端市场。为进驻高端市场，争取到大的行业用户和大额订单，王传福不断优化生产工艺、引进人才，并购进大批先进设备，集中精力搞研发，使电池品质稳步提升，销量不断上升。

1997年，创业仅仅两年，比亚迪公司镍镉电池销售量达到1.5亿块，排名上升到世界第4位。

2000年，王传福投入大量资金开始了锂电池的研发，很快拥有了自己的核心技术，并成为摩托罗拉的第一个中国锂电池供应商。

目前，比亚迪以近15%的全球市场占有率成为中国最大的手机电池生产企业，在镍镉电池领域全球排名第一，镍氢电池领域排名第二，锂电池领域排名第三。

产业转型不断超越

2003年1月23日，比亚迪以2.7亿元收购了西安秦川汽车有限责任公司77%的股份，从而成为继吉利之后国内第二家民营轿车生产企业。

王传福认为，国内私家车市场每年增长60%以上，不做简直没有天理，因此“我下半辈子就干汽车了”。消息传出后，全无汽车生产经验的比亚迪遭到了很多人的质疑和反对。

无论是公司高管，还是将比亚迪带到香港上市的瑞银亚洲区主席蔡洪平，几乎一致强烈反对；收购秦川消息宣布后，比亚迪的股价连跌3天，由18港元跌至12港元。

但是王传福对此无比坚定。在王传福看来，汽车业恰恰就是比亚迪未来所依靠的新突破。王传福认为，比亚迪的电池销售已经快要到达“瓶颈”期了，不可能再有什么大的发展。在这种情况下，要想公司长远发展，获取更多的利润，只有考虑公司的转型。

2007年，王传福甚至放言说汽车业务要做“两个第一”：2015年要成为中国第一，2025年要成为全球第一。

2008年9月，巴菲特宣布以18亿元人民币认购比亚迪的10%的股份，比亚迪声名鹊起。

根据比亚迪公布的2010年年报，这家手机电池大王及汽车业新秀实现营业收入467亿元，同比增长18%，其中，汽车业务收入216亿元，占营业收入的46%。

截至2011年，短短8年里，比亚迪飞速跨过了100万辆的销量门槛，跻身汽车企业的“百万俱乐部”。

近年来，比亚迪顺应时代发展趋势，大力发展新能源汽车，获得了全球各地客户的青睐和认可，并持续引领电动巴士行业的发展潮流。截至2021年，比亚迪电动巴士的足迹已经遍布全球6大洲、50多个国家和地区的300多个城市，在伦敦、洛杉矶、悉尼、京都等城市已获得数量可观的订单。另据统计显示，截至2021年12月底，比亚迪汉已连续4个月破万辆，雄踞中大型新能源轿车Top1及中国品牌中大型轿车Top1。特别值得一提的是，2021年比亚迪汉全年销量达117 665辆，成为首款年销量破10万辆的中国品牌中大型轿车，成功填补了中国品牌在中大型轿车领域热销车型的空白。

——资料来源：和讯网

（二）创业精神的作用

1. 创业精神是推动社会经济转型的原动力

富有创业精神的创业者采用“新组合”打破原有经营方式，代之以新的、更好的经营方式，乃至推动转型升级，或成功创办各类小微型企业，创造就业机会、增加收入和减少贫困。正是基于此，各国政府对创业的支持已成为一项极为重要的国家发展战略。根据对世界经济发展历史的考证，世界上经济发达的国家大都是企业精神强劲的典范。有的国家在现代化追赶时期，其创业精神大都表现强劲，这主要得益于国家政策创新释放了人们的创业精神；有的国家存在持久而强劲的创业精神，这主要得益于整个社会文化氛围影响了人们的价值追求。

欧洲新教徒迁移美国后，焕发出空前的创业热情，使得美国市场经济得以确立，企业得以创立，近代资本主义经济得以繁荣和发展。这种创业精神是美国爆发第二次、第三次技术革命的思想基础和精神动力。创业精神与高新技术相结合更是美国保持世界经济领先地位的“秘密武器”。

以色列只有 1.5 万平方千米国土面积和 932.7 万人口，却是全世界创业公司密度最高的国家。更令人惊讶的是，该国在纳斯达克上市的新兴企业总数超过欧洲在纳斯达克上市的新兴企业总和，甚至超过日本、韩国、中国、印度四国的总和。

在中国，创业精神指数排名在前的地区大都是改革开放的前沿，是非公有制经济发展十分活跃的地区。根据近年来以中小微型企业为主体的非公有制经济对各省（区、市）GDP的贡献率来看，贡献率超过 60% 的广东、江苏、浙江等省份均是私营企业户数超过 70 万户、注册资金总额超过 2 万亿元的地区，并在地区 GDP、城乡居民工资性收入和财产性收入、拥有百强县数量等方面的排名皆位于全国前列。

经济结构不合理的一个重要根源就是资源的非均衡配置。创业是将不同资源加以整合、开发利用并创造价值的过程。在市场经济条件下，创业者往往能够敏锐地发现市场在资源配置方面的“失误”，创业者通过大量中小企业的创立和倒闭，会发现更多的市场机会，加速产品和服务的升级换代，更好地实现了市场供求平衡。而这种市场供求平衡的自发调整力会促进社会资源优化的配置，进而优化经济结构，推动经济发展由粗放型向集约型转变。

2. 创业精神是个人实现人生价值的激励源

人活着应该有一定的梦想和追求，自我实现是人生追求的最高境界。马斯洛的需求层次理论告诉我们，人类需要温饱、安全、关爱与归属感，但自我实现的最高需求层次则很少有人能够达到。

个人创业对于今天的中国则具有更为现实的意义。在创业精神激励下，创业者从事自己愿意做的事，按自己的意愿开拓属于自己的事业。创业过程尽管艰辛但能给创业者带来很多乐趣。当你的想法一步步得到实施，当你亲手创建的公司一天天成长，当你的财富一年年积累，当你的业绩一次次得到社会认可时，成就感、满足感和自豪感就会油然而生，人生的最大快乐莫过于此，人生价值得以在创业中实现。而且，当创业者的财富积累到一定程度后，往往就会有更高层次自我实现的欲望，往往以自己的财富来造福他人、造福社会，个人的创业精神就会发挥得淋漓尽致，正如美国的比尔·盖茨、巴菲特，中国的陈光标等。

3. 创业精神是和谐社会的稳定剂

弘扬创业精神、促进企业家成长有利于推进社会主义和谐社会的建设。每个人的创业精神可以体现在创立个人事业、服务于国家和社会的大业中。一个具有创业精神的人，不管他在社会生活中从事什么样的工作，担任什么样的职务，都会有更高的积极性、更富于创造性，这正是构建社会主义和谐社会的力量之源。

构建社会主义和谐社会的首要任务就是消除社会中的不和谐或影响和谐的因素，而解决就业矛盾就是其中很重要的方面。就业是民生之本，创业是就业之基。就业离不开创业，创业是最积极、最主动的就业，创业者通过“自谋职位”和“自我雇用”实现就业的倍增效应。在就业弹性不断下降的背景下，“以创业促就业”是解决我国就业问题，特别是农村大量富余劳动力就业的根本途径，对于构建和谐社会具有深远的战略意义。和谐社会要求共同富裕，创业精神激励全民创业，有利于全体人民在更大程度上分享发展成果，共同拥有更多、更公平的发展机会，享有更具保障的生活，实现共同富裕。

（三）创业精神的培育方法

培育当代大学生的创业精神是建设创新型国家和人力资源强国的战略举措，是深化高等教育教学改革、提高人才培养质量、促进大学生全面发展的重要途径。

1. 在全社会大力弘扬创业文化

建设创新型国家，培育大学生的创业精神，必须在全社会，尤其是大学校园大力营造创新创业文化氛围，为创新创业型人才成长创造良好的社会环境。

中国有着几千年的悠久历史和灿烂文化，中华大地物华天宝、人杰地灵，历史上名人辈出，积淀了深厚的历史文化资源。充分利用和开发这些资源，繁荣发展先进文化，加快人文精神建设，对于全社会进一步凝聚和弘扬创业精神，推动创新型国家建设，具有重要作用。

培育创业精神、弘扬创业文化，首先，要破除官本位意识，打破学而优则仕、商而优则仕的传统观念。通过创业教育引导大学生走出官场，走向市场，成为全民创业的倡导者和先行者。其次，要破除计划经济意识的束缚，弘扬一种重商的社会文化，像浙江人一样敢于白手起家、争当老板、吃苦耐劳、甘冒风险、合作拼搏、积极向上，形成人人追寻商机，处处推崇创业文化，大力弘扬创业精神，创造无穷的社会财富。最后，要使艰苦创业、自主创业、全民创业成为当代思想文化的显著特征，形成家业殷实、企业兴旺、事业发达的生动局面，使全国人民进一步增添创业的勇气、创新的锐气、创优的志气，把社会各个阶层和全体建设者建设和谐社会的积极性充分调动起来，使一切有利于创新创业的愿望得到尊重，创业活动得到支持，创业才能得到发挥，创业成果得到肯定，为实现小康社会广开活力之源。

2. 构建并完善创业型经济体系

创业精神产生于特定的经济和政治体系中。诺贝尔经济学奖获得者罗伯特·蒙代尔认为，企业家精神的培养不仅需要领导力、创造力、冒险精神等这些来自企业家自身的内功，成长环境也同样非常重要。企业家所处的环境自由度对于塑造企业家精神非常重要，政府应该为企业家提供自由发展的环境。

政府应当深化体制机制改革以激发人们的创业精神，着力改善软环境，加大开放力度，加快转变政府职能，为创业者和企业创造公平竞争的市场环境，创造有利于千千万万企业家脱颖而出的环境。为此，必须加快消除制约创业的制度障碍，建立创业绿色通道，降低创业门槛，扩大和规范市场准入，减少行政审批，规范行政执法，切实降低创业成本。通过优化制度环境，从体制机制层面到政策法规层面全面构建并完善创业型经济体系，充分释放和激发民众的创业热情，让最稀缺的企业家资源充分配置，以创造最大的经济和社会价值。

构建并完善创业型经济体系还必须建立健全创业服务体系，落实《中华人民共和国中小企业促进法》，建立对创业辅导等小企业服务体系的财政支持制度，通过政府购买服务的方式，引导各类社会中介组织为创业者提供服务。根据各地产业布局和资源优势，加快建立健全为创业者提供服务的专门机构，尽快建立一支创业辅导专业队伍，支持创业辅导（孵化）基地建设，为小企业提供创业咨询、创业培训、政务代理、市场开拓、信息咨询等一条龙服务，努力形成功能完备的创业辅导服务网络。根据企业创业期出现的问题，适时提供管理咨询、法律咨询、技术支持等服务，提高创业者的创业能力和创业小企业的成活率。

拓展阅读

测试你的创业潜力

如果你不愿再受老板的恶气，不妨找个机会过一把老板瘾。也许你还真能使老板的圈子从此多一个“明君”。下面就来测一下你的创业潜力吧！企业家的气质也许就隐藏在你的内心深处。下面的测试题可以测验你创业的潜力，看看你是否具有企业家们所应具备的气质。这些问题并不是你未来成功与否的标准，不过它也许可以告诉你应该从何处入手及你需要进一步提高的方面。回答“是”或“否”。

测试题：

1. 你父母有过创业的经历吗？
2. 在学校时你学习好吗？
3. 在学校时，你是否喜欢参加群体活动，如俱乐部的活动或集体运动项目？
4. 少年时代，你是否更愿意一个人待着？
5. 你是否参加过学校工作人员的竞选或是自己做生意，如卖柠檬水、办家庭报纸或者出售贺卡？
6. 你小时候是否很倔强？
7. 少年时代，你是否很谨慎？
8. 小时候你是否很勇敢而且富于冒险精神？
9. 你很在乎别人的意见吗？
10. 改变固定的日常生活模式是否是你开创自己生意的一个动机？
11. 也许你很喜欢工作，但是你是否愿意晚上也工作？
12. 你是否愿意随工作要求而延长工作时间，可以为完成一项工作而只睡一会儿，甚至根本不睡？
13. 在你成功完成一项工作之后，你是否会马上开始另一项工作？
14. 你是否愿意用你的积蓄开创自己的生意？
15. 你是否愿意向别人借东西？
16. 如果你的生意失败了，你是否会立即开始另一个生意？
17. 如果你的生意失败了，你是否会立即开始找一份有固定工资的工作？
18. 你是否认为做一个企业家很有风险？
19. 你是否写下了自己长期和短期的目标？
20. 你是否认为自己能够以非常职业的态度对待经手的现金？
21. 你是否很容易烦？

22. 你是否很乐观？

分数计算法：

1.“是”加1分，“否”减1分。

2.“是”减4分，“否”加4分。

3.“是”减1分，“否”加1分。

企业家们在学校时，似乎都不太热衷于集体活动。

4.“是”加1分，“否”减1分。

研究显示，企业家们在少年时代往往更愿意一个人待着。

5.“是”加2分，“否”减2分。

开创生意通常从很小的生意开始。

6.“是”加1分，“否”减1分。

童年时的倔强似乎可以理解为按照自己的方式行事的坚定决心——成功企业家的典型特征。

7.“是”减4分，“否”加4分。

谨慎可能意味着不愿冒险。这对于在新兴领域开创事业可能是个绊脚石。不过，如果你希望做一个经销商，这一点不会有什么影响，因为多数情况下供货商已经考虑到各种风险。

8.“是”加4分，“否”减4分。

9.“是”减1分，“否”加1分。

企业家们往往不在乎别人的意见而坚持开创不同的道路。

10.“是”加2分，“否”减2分。

对日常单调生活的厌倦往往可以坚定一个人开创自己事业的决心。

11.“是”加2分，“否”减2分。

12.“是”加4分，“否”减4分。

13.“是”加2分，“否”减2分。

企业家一般都是特别喜爱工作的人。他们会毫不拖延地进行一项接一项的计划。

14.“是”加2分，“否”减2分。

成功的企业家都会愿意用积蓄资助一项计划。

15.“是”加2分，“否”减2分。

16.“是”加4分，“否”减4分。

17.“是”减1分，“否”加1分。

18.“是”减2分，“否”加2分。

19.“是”加1分，“否”减1分。

许多企业家都把记下自己的目标作为一种习惯。

20.“是”加2分，“否”减2分。

以正确的态度处理经手的现金对企业的成功至关重要。

21.“是”加2分，“否”减2分。

企业家们的个性似乎都是很容易厌倦的。

22.“是”加2分，“否”减2分。

乐观的态度有助于推动你在逆境中取得成功。

说明：

35~44分——绝对合适。

15~34分——非常合适。

0~14分——很有可能。

-15~-1分——也许有可能。

-43~-16分——不合适。

以上测试及分析仅作参考。

——资料来源：小煜. 你的创业智商有多高

第 二 章

创新思维与创新方法

案例导读

华为创始人任正非的传奇人生

1987 年，43 岁的任正非集资 2.1 万元人民币，在深圳创立了华为公司；次年，任正非出任华为公司总裁。随后 28 年间，任正非凭借持续创新创业的精神，引领华为不断创造商业奇迹，并走出中国，走向世界。如今，华为从一家立足于中国深圳特区的民营企业，稳健成长为年销售规模超过 2 880 亿元人民币的世界 500 强公司。华为的电信网络设备、IT 设备和解决方案及智能终端已应用于全球 170 多个国家和地区。

作为华为创始人，任正非成为中国杰出的企业家之一，曾两度登上美国《时代》杂志全球 100 位最具影响力人物榜单……《时代周刊》曾这样评价他：“任正非是一个为了观念而战斗的硬汉。”

年逾不惑的创业者

有句话说，“25 岁到 35 岁为创业最佳期，40 岁已经相当迟，40 岁以后则是例外中的例外”。言外之意就是说，一个人创业时越年轻，也就越有更多尝试的机会、更大的冲劲和实力。相比之下，任正非的成功更像是例外中的例外：创业时，他已经 43 岁了。43 岁从零开始，这谈何容易？

但是，即使到了这个年岁，任正非依旧保持着年轻人的冲劲和锐气。创办华为公司后不久，任正非即决定走一条自主创新之路。1991 年 9 月，华为租下了深圳宝安县蚝业村工业大厦 3 楼作为研制程控交换机的场所，50 多名年轻员工跟随任正非开始了充满艰险和未知的创业之路。虽然环境艰苦，但是大家对未来充满信心。怀着勇往直前的干劲，任正非几乎每天都到现场检查生产及开发进度，开会研究面临的困难，分工协调解决各类问题。

任正非就是用这种精神弥补了当时公司物质极度短缺的劣势，使得大家都为一个美好的明天而齐心协力。10 年后，华为年销售额已经达到 200 多亿元人民币，公司总部搬到了深圳龙岗坂田华为工业园。华为熬过了创业的艰苦岁月。

“假设”未来的思考者

在过去近30年的发展历程里，华为始终保持着快速的前进步伐，创造着各种令人瞠目结舌的商业神话，将一个个历史悠久、资金技术实力雄厚的对手甩在身后。华为能够取得今天这样的成就，任正非起到重要的引领和决定性作用。

正是一种无时不在的危机感，默默引领着这个庞大的通信帝国披荆斩棘。华为内部不时传出任正非“泼冷水”的声音，如“华为没有成功，只是在成长”“华为的冬天”，甚至要求员工们坚持对自己、对今天、对明天做出批判及对批判的批判等。

“这不是危机意识，这就是假设，假设未来的方向。我们是假设一个危机来对比华为，而不是制造一种恐慌危机。”任正非曾幽默地称他在华为最大的权力就是思想权，而思想家的作用就是假设。他进一步阐述了假设之于思想的重要性：“只有有正确的假设，才有正确的思想；只有有正确的思想，才有正确的方向；只有有正确的方向，才有正确的理论；只有有正确的理论，才有正确的战略……”这种忧患意识的假设，让华为员工戒骄戒躁，奋斗不息。

同时，华为做任何事情，都以客户为中心，全力以赴，甚至不顾个人安危——生怕做不好让客户产生不满情绪。这种思想理念正是华为持续发展的源头活水。“思想有多远，我们就能走多远。”这句广告语无形中为华为的持续高速成长做了最好注脚。

“华为的追求是在电子信息领域实现顾客的梦想，并依靠点点滴滴、锲而不舍的艰苦追求，使我们成为世界级领先企业……通过市场压力传递，使内部机制永远处于激活状态。”华为不仅输出了优质产品、行业标准和先进的管理制度，更输出了思想。事实上，任正非的企业理念在中国企业界乃至其他领域都产生了广泛的影响。

任正非说，华为需要一批各方面的统帅人物，需要在管理、研发等领域造就出一批战略家，也需要一批仰望星空、假设未来的思想家。

放眼全球的战略家

这是一个互联网的时代。当下，互联网以其无时不在、无处不在的信息沟通、交流及海量的信息资源传送、呈现、挖掘和共享，正在颠覆传统经营模式，并对越来越多的行业造成巨大影响和冲击。互联网思维开始盛行，甚至颠覆、超越以往的工业科学管理模式。

2015年10月，任正非接受了《福布斯》杂志专访，畅谈了对中国创新、“互联网+”“工业4.0”等热门话题的看法。任正非认为，互联网只是工具，我们的目的是发展实业，解决人们的生存、幸福问题。实业是就业和社会稳定的基础。这中间，一方面保护知识产权对于创新至关重要，因此我们国家要踏踏实实迈过工业化才行；另一方面，云计算正在摧毁基于卖产品和卖服务的传统IT业，包括软件、硬件、网络设备和传统IT服务厂商等。云计算的颠覆性有可能是IT业有史以来最大的一场革命。

面对这样的形势和挑战，任正非对云计算和大数据提出了富有前瞻性的认识，并吹响了坚定的冲锋号角。2016年1月13日，任正非在华为市场工作大会上表示：“当前4K/2K/4G和企业政府对云服务的需求，使网络及数据中心出现了战略机会。这是我们的重大机会窗，我们要敢于在这个战略机会窗开启的时期，聚集力量，密集投资，饱和攻击。扑上去，撕开它，纵深发展，横向扩张。我们的战略目的就是高水平地把管道平台做大、做强。”

任正非以“纵深发展，横向扩张”为核心，分析了华为如何立足主航道，在已发现的战略机会上聚集力量，迅速做大。他提出，终端业务要在 5 年内超越 1 000 亿美元的销售收入；企业业务要抓住成功的部分，先纵向发展，再横向扩张。智慧城市、金融行业的 IT 正向云架构转型，电力行业转向数字化，政府和企业扩大对云服务的需求，这些都是重要的战略机会。华为要敢于和大数据、云计算的科技巨头博弈，以迎来新的历史转折，实现更好发展。

华为在运营商业务、终端业务和企业业务三个方面，齐头并进，步入了有史以来最辉煌的时期。但是，对于华为来说，最大的变量，也是更具战略性和颠覆性的，还是云计算技术，这关系到华为的立身之本及未来生死。这一次，任正非再次表现出高涨的创新创业热情，向世界水平高科技发起冲击。

“未来将是一个全连接的世界。”这是任正非领导下的华为孜孜以求的信念。30 多年来，华为抓住中国改革开放和ICT行业高速发展带来的历史机遇，基于客户需求持续创新，赢得了客户的尊重和信赖。华为坚持聚焦战略，对电信基础网络、云数据中心和智能终端等领域持续进行研发投入，以客户需求和前沿技术驱动创新，使公司始终处于行业前沿，引领行业的发展。华为在构建高效整合的数字物流系统，促进人与人、人与物、物与物的全面互联和交融等方面一马当先，推动了行业和社会进步。

——资料来源：新华网

思考

1. 什么是创新思维？

2. 华为公司是如何保持和实践创新的？

第一节　创新思维的内涵

一、创新思维的概念

创新思维又称创造性思维，是指发明或发现一种新方式用以处理某件事情或表达某种事物的思维过程。它是一个相对概念，是相对常规思维而言的。它意味着开动脑筋、用智慧解决问题。

以前人们一提起创新，总认为它指创造发明之类的较大的新思想与结果的产生。在 20 世纪前半叶，创新思维还被认为是天才专有的神秘天赋；到 20 世纪 60 年代后，人们才逐渐形成一种较实际的观点，认识到创新思维是每个正常人都拥有的思维形式。一个人只要会选择不同的行走路线，他就已经会创新了。

美国著名哲学家和教育学家杜威说：“一个 3 岁的儿童发现他能用积木做什么事情，或者一个 6 岁的儿童发现他能够把 5 分钱和 5 分钱加起来成为什么结果，即使世界上人人都知道这种事情，他也是一个发明家。”因此，不仅文学家、社会学家、科学家能够产生创新思维，平常人也一样有这方面的能力。

经验表明，善于运用创新思维，往往意味着实践上的成功，因而长期以来，一直有人试图总结创新思维的规律，探索其中的奥秘，发现科学的训练方法。

尽管到目前为止，创新思维还并未完全形成一门概念明晰、体系完整的新学科，但与此相关的理论研究和社会实践一直在不停地进行，有些方面的研究已经取得了十分丰硕的成果。例如，创造学是与创新思维联系最为紧密的一门新学科，它于20世纪上半期发源于美国，在理论研究方面，美国首屈一指；若论民间普及程度，则日本当数第一。日本曾多次举办“每日一创”活动，收效颇大。我国的各行各业也都在推动创新能力提升，尤其是企业，在技术、销售、管理等方面取得了一定的创新成果，阿里巴巴公司就是这方面的典范。

其实，一个人的能力高低主要是思维能力在起作用。同样，构成创新能力的核心也是创新性思维能力。大家是否还能回忆起创新的过程分为哪两步？是的，分为想和做。这里的想实际上是特指创新思维过程，而做则是指怎样把思维转化为行动和结果。大家都知道，要有好的结果，首先是想法要正确，正确的思想才能产生正确的结果。因此，创新能力的核心也是创新思维能力。

二、创新思维的应用

（一）日常的创新

创新是常规思维的一部分，因此可以用于任何需要思维的场合，无须做出任何正式或刻意的努力就可以产生。例如，那些天生具有创造性或受到激励具有创造性思维的人会不知不觉地运用创造性思维。

（二）特定的创造

创新通常基于明确的需要。在这种情况下，个体要做出刻意的努力，运用系统方法来产生新想法，如企业管理创新、营销创新、制度创新都属于此类。

通过创新思维应用而改变世界的例子不胜枚举。例如，我国东汉时期的蔡伦，发明了一种简易的造纸法，这种轻便而廉价的纸淘汰了沉重的竹简，在多数场合下代替了昂贵的丝帛，打破了贵族阶层对知识的垄断，使得普通的劳动人民也能够接受教育。这项创新对中华文明的发展具有不可估量的意义。

我们已经看到了创新思维所带来的价值，但如何才能合理地运用创新思维呢？创造性思维可能是一种灵感。如果摆脱束缚，你会具有创造性；如果相信直觉，你会具有创造性；如果学会使用右脑，你会具有创造性；如果有了创造热情，你会具有创造性；如果改善精神状态，你也会产生一些创造性。除此之外，通过运用缜密的工具则更有助于高效、系统地产生创造性思维。

拓展阅读

谷歌是如何看待创新的

从Alpha Go说起

阿尔法围棋（Alpha Go）是一款围棋人工智能程序，由谷歌（Google）旗下Deep Mind

公司的戴密斯·哈萨比斯、大卫·席尔瓦、黄士杰与他们的团队开发。其主要工作原理是“深度学习”。

2016年3月，该程序与围棋世界冠军、职业九段选手李世石进行人机大战，并以4∶1的总比分获胜；2016年末2017年初，该程序在中国棋类网站上以“大师”（Master）为注册账号与中日韩数十位围棋高手进行快棋对决，连续60局无一败绩。不少职业围棋手认为，阿尔法围棋的棋力已经达到甚至超过围棋职业九段水平，在世界职业围棋排名中，其等级分曾经超过排名人类第一的棋手柯洁，并在2017年5月举行的乌镇围棋峰会中，连续3场战胜柯洁。

人们除了关注这场人机大战之外，还将注意力延伸到了缔造Alpha Go的谷歌公司。那么，谷歌在创新上究竟有什么过人之处呢？来看看谷歌是如何推动创新的吧。

创新不仅要新颖、出人意料，还要非常实用

在谷歌看来，如果产品或服务只是满足了消费者的需求，那不是创新，只是对顾客需求做出了回应，因此，创新的东西不仅要新颖、出人意料，还要非常实用。Alpha Go在与李世石对弈的过程中，也许没有下出人类常见的定式，但在平淡中取得了胜势。谷歌的无人驾驶汽车无论多么炫酷，都必须建立在实用的基础上。苹果手机颠覆了人们对手机的认知，其新颖和出人意料是毋庸置疑的。但真正让苹果手机成为划时代产品的，是其实用性，以出人意料的方式解决了实际问题。也许有人拿一台苹果手机是为了耍酷，但如果实用性不够，耍酷就失去了根基。

今天，互联网技术改变了人们的生活，那些具有重大意义的创新产品和服务几乎都同时具备这些特征。真正生存下来并获取成功的那些创新服务，关键就在于实用性。在线约车改变了人们在严冬酷暑里站在路边翘首以待出租车出现的窘境，上门洗车则因为实用性不够而尚未取得实质性突破。

谷歌的经验还告诉我们，人人都有创新的机会，并非那些以创新的名义专门从事创新工作的人才能够实现真正的创新。谷歌的很多重大发现和创新活动是工程师们利用业余时间搞定的，这在传统企业里被认为是离经叛道和不务正业。按部就班地提出想法，配置人员，设计架构，敲定预算，开展研究，产出成果，这样的过程过于常规，无法实现创新。

聚焦用户

聚焦用户价值是创新的源泉。互联网时代的一大特征是“羊毛出在狗身上”。谷歌以良好的服务体验吸引用户，用户免费使用带来广告价值，广告价值吸引广告客户支付费用。用户希望免费使用搜索服务并且广告越少越好，而广告客户则是谷歌的重要收益来源。

在这种微妙关系下，谷歌把用户体验放在首位，聚焦用户实现了一系列创新，这些创新是以牺牲短期收益为代价的。谷歌在决定一项创新产品是否上市时，首先考虑的是用户是否从中获益，而不是对财务收支的影响。

谷歌的即时搜索虽然因为节省搜索时间而优化了用户体验，但同时也降低了广告的到达率，这对广告收入产生了冲击。还有，为了避免用户受到过多不良网站的影响，谷歌改变算法，受此影响的大多是付费的广告客户，同样对谷歌的收益产生了冲击。

之所以这么做，是因为谷歌坚信只要聚焦客户，始终为用户做对的事情，最终总能从

中盈利。在中国，百度曾深陷竞价排名及贴吧事件的不良影响，其背后的本质就是如何平衡用户和合作伙伴的利益。这种平衡是由企业价值观所决定的。如果谷歌面临每个决策时首先考虑的是直接带来财务收益的合作伙伴的利益，那些重大的创新就不会出现。作为几乎同一时代的百度，给我们留下印象的是亦步亦趋的模仿和挥舞支票的投资，至今尚未奉献具有划时代意义的创新性产品和服务。

往大处想，制定遥不可及的目标

那些做出划时代创新产品的人们往往都有些狂妄自大，自认为能成常人不能成之事。谷歌用“你想得不够大”和“把想法放大10倍”这两句话来帮助工程师们从老旧思想中跳脱，使得创新成为可能。

往大处想对于推动创新有很多好处，首先这种思维方式赋予了创意精英们更多的自由和空间，解开羁绊激发创意。如果不往大处想，汽车就不会替代更快的马车成为交通出行方式；如果不往大处想，智能手机就无法替代功能手机。

其次，往大处想意味着更大的投入，一旦失败后果不堪设想，因而更加渴望取得成功。摩托罗拉手机有几十种机型，每一种都有小的特点，每一种都不会威胁到公司的生存，其结果是每一种都难逃平庸的命运。苹果公司的手机型号少之又少，但每一款都能热卖，因为每一款产品都输不起，必须成功。

最后，往大处想也是吸引顶级人才的绝妙方式。把巨大的挑战交给不适合的人，是在制造压力，选对了人则是在撒播快乐。巨大的挑战对于顶级人才更有吸引力，如果你不打算打造划时代的创新性产品，那些顶级人才就不屑于与你为伍。

创新与钱无关

中国有句话叫作“重赏之下必有勇夫”，我们的习惯性思维也是要通过重金来吸引人才实现创新。但事实上，谷歌的经验则是创新与钱无关。这是因为对于创意精英们来讲，工作本身就是最大的奖励。预设奖励不但不能激发创意，反倒会将创新变成赚钱的差事阻碍灵感。

如今一大批海外精英归国创业，政府为此设立了一系列奖励计划。事实上这些身怀绝技的科学家根本无暇关心这些奖励计划。面对各地政府抛出的橄榄枝，他们关心的是实验室条件如何，周边产业配套怎样及是否能招募到一流的人才，而不是那些动辄上百万元的物质激励。与这些顶级人才大谈物质奖励，某种程度来说是给他们打上了“见钱眼开”的标签，是对他们的侮辱。

虽然给予创新成功者高额激励不仅是合理的，而且是必要的，但不要奢望以高薪悬赏的方式推动创新成果的出现。

——资料来源：经典网

第二节 常用创新思维

一、发散思维

发散思维又称放射思维、辐射思维、扩散思维和求异思维，是指大脑在思考时呈现的一种扩散状态的思维模式。可以通过从不同方面思考同一问题，如“一题多解”“一事多写”“一物多用”等方式，犹如光源向四面八方辐射光线一样，培养发散思维能力。

发散思维就像一棵树，如果说一件事情是“树”的主干，那么它的枝杈、叶子、根茎等就是思维迁移的结果。迁移类比能力越强，自然枝杈、叶子、根茎等就越茂盛。这里的营养就是人本身在生活中积聚的见识和认知。这种积淀越深厚，迁移出来的深层认知就越正确，包含也就越广阔。

因此，发散思维是一种触类旁通、由此及彼的思维方式。

案例分享

回形针的用处

在一次中外学者参加的如何开发创造力的研讨会上，日本一位研究专家村上幸雄应邀出席这次研讨活动。他捧出一把回形针说道：“请诸位朋友，动一动脑筋，打破框框，看谁能说出这些回形针的多种用途，看谁想得多而且奇特！”

“回形针可以别相片，可以用来别稿件、讲义。”

“纽扣掉了，可以用回形针临时别起。”

七嘴八舌，大约说了十几分钟，村上对大家在不长时间讲出20多种回形针用途很称道。人们问：“村上您能讲多少种？”

村上一笑，伸出3个指头。

“30种？”村上摇头。“300种？”村上点头。

人们惊异，不由得佩服村上聪慧敏捷的思维。村上紧了紧领带，用幻灯片开始讲解回形针的用途……这时只见中国的一位以“思维魔王”著称的怪才许国泰先生向台上递了一张纸条：“对于回形针的用途，我能说出3 000种、3万种！”

他走上讲台拿着粉笔，在黑板上写了一行字：回形针用途求解。

他说道，把回形针的总体信息分解成重量、体积、长度、截面、弹性、形状、颜色等10多个要素，再把这些要素与有关的人类实践活动要素相分析，形成信息反应场。这时，现代思维之光，射入了这枚平常的回形针，马上变成了孙悟空手中神奇变幻的金箍棒。

他从容地将回形针不停地组合，推出一系列回形针的新颖用途，如回形针分别做成1，2，3，4，5，6，7，8，9，0，再做成“+、—、×、÷”符号，用来进行四则运算。

在音乐上可创作曲谱；回形针可做成外文字母，用来进行拼读；回形针可以与硫酸反应生成氢气；回形针是铁元素，分别化合生成的化合物则是成千上万种……

实际上，回形针的用途，几乎近于无穷！他在台上讲着，台下一片寂静，与会的人们被这位“思维魔王”深深地吸引着。

这种新的发散式思维能够打破原有的思维格局，以一个事物为中心，联系它的原型及其各种变化形式，从各个不同的角度或侧面进行发散性思考，对于创造者提供了一种全新的思考方式。

——资料来源：吴正豪．思维导图（图解大脑使用手册）

（一）发散思维的作用

1．核心性作用

发散思维在整个创新思维结构中的核心作用十分明显。

我们可以这样看：想象是人脑创新活动的源泉，联想使源泉汇合，而发散思维就为这个源泉的流淌提供了广阔的通道。发散思维从一个小小的点出发，冲破逻辑思维的惯性，让想象思维的翅膀在广阔的太空自由地飞翔，创造性想象才得以形成。

2．基础性作用

创新思维的技巧性方法中，有许多都是与发散思维有密切关系的。著名的奥斯本智力激励法中的最重要的一条原则就是自由畅想，它要求不受一切限制地去寻找解决问题的办法。这实际上就是鼓励参与者进行发散思维。

3．保障性作用

发散思维的主要功能就是为随后的其他思维提供尽可能多的解题方案。这些方案不可能每一个都十分正确、有价值，但是一定要在数量上有足够的保证。如果没有发散思维提供大量的可供选择的方案、设想，其他思维就无事可做。可见，发散思维在整个创新思维过程中，实际上是起着后勤保障的重要作用。

案例分享

犹太富豪贷款 1 美元的思维故事

一位衣冠楚楚的犹太人来到纽约一家大银行的贷款部："我想借些钱。""好啊，只要您能提供相应的担保，无论想借多少都可以。"贷款经理答道。"1 美元，可以吗？""当然可以。我说过，只要有担保，再多些也无妨。""我只要借 1 美元。这些是担保。"犹太人说着打开皮包，取出了一大堆票据，"总共价值 50 万美元。够了吧？"

"当然，当然！不过，您真的只借 1 美元吗？"

"是的，但我要求可以提前归还。"

"没问题。这里是 1 美元，年息 6%，为期 1 年，可以提前归还。归还时，我们将这些票据还给您。这里是合同。"贷款经理虽感不解，但这人带来的票据都是真的，而且显然没有违反规定。

"谢谢！"犹太人在合同上签字后，接过 1 美元，正欲转身离去。

"等等。"

"还有什么事吗？"

"我实在不明白，这些票据值那么多的钱，您为什么只借 1 美元呢？您知道，即使您要借三四十万美元，我们也是很乐意的……”

“是这样的。我必须找个保险的地方存放这些票据，而租个保险箱又得花不少费用。放在贵行既安全保险，又能随时拿回，一年只要6美分，实在划算。”

——资料来源：搜狐财经

(二)发散思维的方法

1. 一般方法

材料发散法——以某个物品尽可能多的“材料”，以其为发散点，设想它的多种用途。

功能发散法——从某事物的功能出发，构想出获得该功能的各种可能性。

结构发散法——以某事物的结构为发散点，设想出利用该结构的各种可能性。

形态发散法——以事物的形态为发散点，设想出利用某种形态的各种可能性。

组合发散法——以某事物为发散点，尽可能多地把它与别的事物进行组合成新事物。

方法发散法——以某种方法为发散点，设想出利用方法的各种可能性。

因果发散法——以某个事物发展的结果为发散点，推测出造成该结果的各种原因，或者由原因推测出可能产生的各种结果。

案例分享

红砖的用途

建筑材料：盖房子（包括盖大楼、宾馆、教室、仓库、猪圈、厕所……）、铺路面、修烟囱等。

从砖头的重量：压纸、腌菜、砝码、哑铃锻炼身体等。

从砖头的固定形状：尺子、多米诺骨牌、垫脚等。

从砖头的颜色：水泥地上当笔、画画、压碎做红粉、做指示牌、磨碎掺进水泥做颜料等。

从砖头的硬度：锤子、支书架、磨刀等。

还可以从红砖的化学性质（如吸水）上考虑：刻成一颗红心献给心爱的人，在砖上制成自己的手、脚印变成工艺品留念。

——资料来源：道客巴巴

2. 假设推测法

假设推测法，即假设的问题不论是任意选取的，还是有所限定的，所涉及的都应当是与事实相反的情况，是暂时不可能的或是现实不存在的事物对象和状态。由假设推测法得出的观念可能大多是不切实际的、荒谬的、不可行的，这并不重要，重要的是有些观念在经过转换后，可以成为合理的有用的思想。

3. 集体发散法

集体发散法，即发散思维不仅需要用上我们自己的全部大脑，有时候还需要用上我们身边的无限资源，集思广益。集体发散常用的另外一种方法是“635法”，它是德国人荷力针对德国人惯于沉思的性格特点，在奥斯本的“头脑风暴法”的基础上进行改良得出的。其具体运用是首先召开会议，给到会的6人每人发几张卡片，每张卡片上标出1、2、3，每人在5分钟内提出3个设想，然后将卡片传给右邻的到会者，这样半小时内可以传递6次，一共可以产生108个设想。这个方法可以避免设想遗漏。

二、收敛思维

（一）收敛思维的概念

收敛思维又称聚合思维、辐集思维、求同思维和集中思维。其思维的特点是，以截然不同的事物的特性为基点，从事物的边界出发，向中心移动。收敛性思维以问题为中心，围绕中心组织信息，从不同方面向中心收敛，以达到解决问题的目的。收敛性思维犹如下象棋，所有步骤的最终目的就是“将”死对方的帅。

说到收敛思维，就不能不提及前面所说的发散思维。收敛性思维和发散性思维共同构成创新思维的最基本思维方式。发散性思维外散，收敛性思维内敛，两者既对立又统一，构成创新思维的最基本框架。收敛思维的修炼就需要在思维的深刻性和精确性上下功夫。

发散思维是收敛思维的前提和基础，没有发散思维所提出的众多方案、设想和意见，收敛思维就成了无源之水、无本之木，根本无法进行；收敛思维又是发散思维的目的和中心，离开了收敛思维这个中心，发散思维就成了一盘散沙，成为无目的的盲目发散，根本不会取得什么创造成果。因此，在创造性思维过程中，必须将发散与收敛两种思维结合起来。

收敛思维在教学中应用甚广，收敛思维是在发散思维充分展开后，通过分析、讨论、比较得出最佳答案的思维过程，使学生能从共性中找出个性，或从个性中总结出共性点，或是通过推理归纳总结去发现规律，这就是发散思维与收敛思维的有机结合上升为发现本质，得出结论。

收敛思维在工业设计上的应用则更为精深。

案例分享

高尔基的收敛思维

高尔基从小就是一个十分聪明的孩子。在童年时，他曾在一家食品店干过活。

有一次，一个刁钻古怪的顾客送来了一张奇怪的订货单，上面写着：“定做9个蛋糕，但要装在4个盒子里，而且每个盒子里至少要装3块蛋糕。”

老板和大伙计伤透了脑筋，碰坏了好几块蛋糕，也没有办法照订单上的要求装好盒子，眼看取货时间就要到了，可他们依然一筹莫展。

在一旁干杂活的高尔基拿起那张订货单，认真读了一遍，笑着对老板和大伙计说：“这有什么难的？让我来装吧！”说完，他挑选了4个盒子装起来，刚把蛋糕装好，订货的顾客已经来到柜台前。这个顾客以挑剔的眼光仔细检查一遍，什么问题也没有，就提着蛋糕走了。老板和大伙计终于松了一口气，并且开始对聪明的高尔基刮目相看了。

答案很简单，高尔基利用收敛思维，先把9块蛋糕分别装在3个小盒子里，每个小盒子3块，然后把这3个小盒子装在一个大盒子里就可以了。

——资料来源：华语网

(二)收敛思维的运用

收敛思维以某种研究对象为中心，将众多的思路和信息汇集于这个中心点，通过比较、筛选、组合、论证从而得出在现有条件下解决问题的最佳方案。寻求这个最佳方案，需要通过锁定、剥离、聚焦三个环环相扣的阶段。

1. 第一阶段：锁定

收敛性思维的第一阶段就是寻找自己要找的目标，是“众里寻他千百度”的阶段。在这个阶段，搜寻目标，进行观察，最后做出判断。

2. 第二阶段：剥离

经过“众里寻他千百度”之后，发现在“灯火阑珊处”的“那人”，是不是要寻找的目标呢？这需要运用逻辑分析能力层层剥离那些表面的、复杂的、枝节的部分，直逼核心。

3. 第三阶段：聚焦

经过层层剥离之后，就逐步地接近问题的实质。这时，需要集中所有的精力于问题的沉思上。通过这种定向、定点的思考，思维达到一定的纵深度和穿透力，从而揭示出问题的实质。

案例分享

皮鞋的由来

很久以前，人类都赤脚走路。一天，一位国王到某个偏远的乡间旅行，因为路面崎岖不平，有很多碎石头，刺得他的脚又痛又麻，所以回到王宫后，他就下了一道命令，要将国内的所有道路都铺上一层牛皮。他认为这样做，不只是为自己，还可造福他的人民，让大家走路时不再受刺痛之苦。

但即使杀尽国内所有的牛，也筹不到足够的皮革，而所花费的金钱、动用的人力，更是不得了。虽然根本做不到，甚至还相当愚蠢，但因为是国王的命令，大家也只能摇头叹息。

这时，一位聪明的仆人大胆向国王提出建议：“国王啊！为什么您要劳师动众，牺牲那么多头牛，花费那么多金钱呢？您何不只用两小片牛皮包住您的脚呢？”国王听了很惊讶，但也当下领悟，于是立刻收回成命，改用这个建议。这就是皮鞋的由来。

——资料来源：杨德元. 改变自我与改变世界

三、逆向思维

(一)逆向思维的概念

逆向思维也叫求异思维，它是对司空见惯的似乎已成定论的事物或观点反过来思考的一种思维方式。敢于"反其道而思之"，让思维向对立面的方向发展，从问题的相反面深入地进行探索，树立新思想，创立新形象。人们习惯于沿着事物发展的正方向去思考问题并寻求解决办法。当大家都朝着一个固定的思维方向思考问题时，而你却独自朝相反的方向思索，这样的思维方式就叫逆向思维。

掌握和运用逆向思维会带来四点优势：首先，在日常生活中，常规思维难以解决的问题，通过逆向思维却可以轻松破解；其次，逆向思维会使你独辟蹊径，在别人没有注意到的地方有所发现，有所建树，从而制胜于出人意料；再次，逆向思维会使你在多种解决问题的方法中获得最佳方法和途径；最后，生活中自觉运用逆向思维，会将复杂问题简单化，从而使办事效率和效果成倍提高。

案例分享

把中国茶卖给国外年轻人

中国茶业历史悠久，品牌化的茶叶市场也早早成熟，同时茶叶附加值高，方便仓储运输，是非常适合做电商的产品。正由于此，茶叶市场已经是一片红海。因此，新进入的创业者面临着更艰难的挑战。

把中国茶卖给外国人

任思怡是一位海归外企高管，毕业于欧洲著名商学院Esade商学院，之后则在德国一家机械制造公司工作。她爱喝茶，也经常举办茶话会，在这些活动中，任思怡发现，和中国人的喜好类似，外国人同样爱喝茶，并且非常喜欢中国茶。

只不过，中国茶文化太过传统和深厚，和年轻人之间有距离。那么，为什么不抛弃那些厚重的"包裹"，让传统的中国茶变得新鲜、有趣，还有些国际化的味道呢？

于是，任思怡创办了茶品牌Tea Plays，把产品瞄准海外市场，定位在19~35岁的年轻女性消费者。

产品、包装、场景设计，三招塑造品牌形象

如何在中国茶的基础上，塑造有趣、时尚的形象，让外国人也能爱上？Tea Plays从三方面入手。

首先，产品设计上采用混合功能茶，首批推出四款产品：早茶、醒脑茶、下午茶和温馨茶。以名为"Good Morning"的早茶产品为例，它以云南的滇红茶为主，添加了金盏菊和薄荷叶，提神醒脑，适合上午饮用。

其次，在品牌和包装设计上。Tea Plays这个名字本身就足够有趣，其产品采用糖果式的包装，包装纸由团队中的巴西设计师Gustavo负责。一个值得注意的细节是，Tea Plays的包装纸一方面是环保材料，另一方面可以用来进行再设计，因为包装纸的图文非常适合进行插画、拼图等创作。

最后，则是在各个应用场景推广。区别于传统茶叶品牌对于茶文化的宣传，Tea Plays极力把品牌形象切入场景中。例如，早起后喝杯早茶；上午工作间隙，跟同事头脑风暴时来一杯"醒脑茶"等，都使其品牌形象变得更加丰满。

Tea Plays的模式的优势在于用小团队对接产地和消费者两端，然后以逆向思维为基础，依靠团队强大的品牌营销能力，把中国本土茶进行品牌包装，推向国际市场。从这个角度来看，Tea Plays就不限于中国的传统茶叶市场，而是以品牌为驱动力的非理性消费大市场，根据波士顿咨询公司的数据，仅中国和印度就能达到1 000万亿美元的规模。

——资料来源：搜狐科技

在商业营销运作中，也常有逆向思维的应用。如做钟表生意的都喜欢说自己的表准，而一家表厂却说他们的钟表不够精准，每天有1秒的误差，不但没有失去顾客反而得到大家的认可，踊跃购买。

（二）逆向思维的特征

1. 普遍性

逆向思维在各种领域、各种活动中都有适用性，由于对立统一规律是普遍适用的，而对立统一的形式又是多种多样的，有一种对立统一的形式，相应地就有一种逆向思维的角度，因此逆向思维也有无限多种形式。

案例分享

逆向思维故事两则

明亏暗赚

日本松户市原市长松元清，本是一个头脑灵活的生意人。他经营“创意药局”时，曾将当时售价200元的膏药以80元卖出。由于80元的价格实在太便宜了，因此“创意药局”连日生意兴隆，门庭若市。由于他不顾赔血本地销售膏药，因此虽然这种膏药的销售量越来越大，但赤字却免不了越来越高。

那么，他这样做的秘密在哪里呢？

原来，前来购买膏药的人，几乎都会顺便买些其他药品，这当然是有利可图的。靠着其他药品的利润，不但弥补了膏药的亏损，同时使整个药局的经营出现了前所未有的盈余。

这种“明亏暗赚”的创意，以降低一种商品的价格，而促销其他商品，不仅吸引了顾客，而且大大提高了知名度，有名有利，真是一举两得的创意！

实际上，这种手法在今天也有非常普遍的运用，典型的如实体超市、淘宝及京东商城经常会用各种促销手段或打折产品吸引顾客，进而带动其他产品的销售。

大爷损失了多少钱

王老板花30元进了一双鞋，零售价定为40元。一个小伙子来买鞋，拿一张100元人民币，王老板找不开，只能去找邻居换了这100元，然后找给了小伙子60元。后来邻居发现这张100元是假币，没办法王老板又还了邻居100元。

问这场交易里，王老板一共损失了多少钱？

在数据化管理的培训中经常用这个题测试学员的数据思维，结果是只有约20%的人能算出准确答案。此题用财物的收支两条线的方法能算出答案，不过还有更简单的方法，就是逆向思维。题中问王老板损失多少钱，其实就是问小伙子赚走了多少钱（不用考虑邻居）。

小伙子赚了多少钱？一双鞋加60元零钱！

——资料来源：第一文库网

2. 批判性

逆向是与正向比较而言的，正向是指常规的、常识的、公认的或习惯的想法与做法。逆向思维则恰恰相反，是对传统、惯例、常识的反叛，是对常规的挑战。它能够克服思维定式，破除由经验和习惯造成的僵化的认识模式。

案例分享

木工刨床的改进

传统的木工刨床是刨刀在固定的位置旋转着，待加工的木料由工人用手推向刨刀，这种机械稍有不慎便会使手指受伤。国内外一些木工机械专家为防止工伤，提出了包括借助光电技术在内的各种防护措施，然而皆不能从根本上解决问题。只读了一年半小学的农村木工李林森，运用逆向思维方法，改变了刨床的传统结构，设计出让木料固定不动、刨刀来回移动的新型刨床。这样，在加工过程中就不用以手持木推行，杜绝了工伤发生的机会。该发明获得专利后转让给昆明拖拉机厂。第一年获利480万元，求购信函厚达1.5米。

——资料来源：豆丁网

3. 新颖性

循规蹈矩的思维和按传统方式解决问题虽然简单，但容易使思路僵化、刻板，摆脱不掉习惯的束缚，得到的往往是一些司空见惯的答案。其实，任何事物都具有多方面的属性。由于受过去经验的影响，人们容易看到熟悉的一面，而对另一面视而不见。逆向思维能克服这一障碍，往往能出人意料，给人耳目一新的感觉。

案例分享

赛马

从前有位大财主，为了在两个儿子中选出合适的继承人，有一天对他的两个儿子说："你们比赛骑马到沙漠里的绿洲。谁的马胜了，谁将得到我的全部财产。但这次不是比快，而是比慢。我到绿洲去等你们，看谁的马到得迟。"

兄弟俩照父亲的要求，骑着各自的马开始比谁的马走得慢。在烈日如火烧的大沙漠里慢行实在是一件痛苦的事。二人下马休息时，哥哥突然想到了一个好办法，与弟弟换骑对方的马。哥哥骑上以后快马扬鞭直奔终点。当弟弟醒悟过来时，已经来不及了。哥哥最终赢得了这场特别的比赛。哥哥恰好是运用了逆向思维，双方换骑马以后，如果谁骑得快，就意味着对方的马快，而自己的马就慢，那么对方就输了。

——资料来源：百度文库

(三)逆向思维的原则

1. 敢想敢说勇于创新的原则

学会逆向思维，敢于提出与众不同的见解，敢于破除习惯的思维方式和旧的传统观念的束缚，跳出因循守旧、墨守成规的老框框，大胆设想。发前人之未发，化腐朽为神奇，标新立异。

案例分享

推销鞋子

第二次世界大战结束之后，有一个英国人和一个美国人同时到一个岛上推销鞋子。他们看到该岛的人全赤着脚，根本不穿鞋。于是英国人向总部发回电报："该岛的人根本不穿鞋，没有销售市场。"而美国人则相反，报告总部该岛目前还没有人穿鞋，极具市场潜力。后来，美国公司免费赠送给该岛居民许多鞋子，并且教会他们如何穿用，让岛上居民逐渐体会到穿鞋的好处，从而占有了整个鞋业市场，大赚了一笔。

——资料来源：孙艳杰，刘静洋，吕海宁. 大学生学业与职业

2. 严谨积极有益的原则

逆向思维要经得起推敲，避免表面化、浅层次的思考问题。

3. 遵从规律避免极端原则

逆向求异应在一定的语言环境或特定的社会背景中进行，只有严格遵循客观规律，准确把握事物的本质，才能避免从一个极端走向另一个极端。如"螳臂当车"，贬抑螳螂已成共识，你若想褒扬它，想借此改变人们的传统观念，人们将难以赞同。

4. 尊重科学不伤感情的原则

"逆向"虽具有普遍性，但那些违反科学道理，有悖于人们共识和伤害人感情的"逆向"，都是不可取的。

四、联想思维

(一)联想思维的概念

创造大师说：创造和发明离不开联想。那么什么是联想？《辞海》是这样解释的：由一事物想到另一事物的心理过程。由当前的事物回忆起有关的另一事物，就是联想。

联想思维是从一概念想到他概念，从一事物想到他事物的一种思维方式。联想思维由此及彼、由表及里、形象生动、无穷无尽。联想思维主要包括以下几种：

1. 相似联想

相似联想是指由某一事物或现象想到与它相似的其他事物或现象，进而产生某种新设想。相似联想反映事物间的相似性和共性。一般的比喻都是借助相似联想，如以风暴比拟革命形势，以苍松翠柏形容坚强的意志等。

2. 接近联想

接近联想是指从某一思维对象想到与它有接近关系的思维对象上去的联想思维。这种接近关系既可能是时间和空间上的，也可能是功能和用途上的，还可能是结构和形态上的等。

3. 对比联想

对比联想是指联想物和触发物之间具有相反性质的联想，如看到白色想到黑色。

4. 因果联想

因果联想源于人们对事物发展变化结果的经验性判断和想象，触发物和联想物之间存在一定因果关系。如看到蚕蛹就想到飞蛾，看到鸡蛋就想到小鸡。

（二）联想思维的原则

1. 联想思维必须源于且高于现实

世界虽然是物质的，但人却是有主观能动性的。如果违背了世界的物质性原理，就会陷入遐想的胡同；如果墨守成规不敢大胆设想，就会故步自封。

木头和雕刻刀早已有之，然而在此之前却没有“活字印刷”；红宝石、电子技术和真空技术等同样早已有之，然而在梅曼之前却没有“激光器”。

如果因为现实中还没有出现就不敢想、不敢说，甚至别人想了、说了，自己还嘲笑，这肯定会扼杀许多新的思想、新的观念或者是新的产品和事物。

2. 联想思维必须遵循事物发展的规律

联想与类比都是联想思维法得以展开的基础和前提。因此，我们一方面要尽量将多种事物联系起来；另一方面也要遵循事物发展的客观规律。不能盲目地联想和类比，要积累有关对象的共同属性是运用联想思维创新法的必要条件，并且要善于抓住事物的本质联系。

3. 联想思维必须有一定的知识积累

人的想象力不是凭空产生的。丰富的知识与经验是想象的基础材料，想象把过去的知识经验加工、改造形成新的信息。有了丰富的知识与经验，满脑的信息触点便会活动起来，推动想象的翅膀。因此，要培养想象力，就必须注意从多方面积累知识和经验。一个人的知识经验越丰富，想象力就越宽阔，创造成功的可能性就越大。

案例分享

珍妮纺纱机

1764 年的一天，英国纺织工人哈格里沃斯为发明纺纱机又加班到深夜。为了这部纺纱机，他不知绞尽了多少脑汁，度过了多少个不眠之夜，却仍然没有进展。这天傍晚，他真的疲倦了，打算暂时丢开这个烦恼的问题去做些家务。可是，当他走开时，一不小心，“轰隆”一声，将妻子的纺车绊倒了。这时，一个现象让他目瞪口呆：原来水平放置的纺车倒过来后，变成垂直竖立了，却仍在那儿一个劲地转动。他从这一偶然的现象中得到启发。最后，终于发明了比横锭纺车效率高八倍的竖锭纺车。哈格里沃斯用他女儿的名字将纺车命名为“珍妮纺纱机”。珍妮纺纱机的创造，推动了英国棉纺工业的迅速发展。

——资料来源：天涯论坛

五、组合思维

（一）组合思维的概念

组合思维又称连接思维或合向思维，是指把多项貌似不相关的事物通过想象加以连接，从而使之变成彼此不可分割的新的整体的一种思考方式。

组合创新这种方法很常见，也很实用，就是利用事物的属性进行组合、进行创新。创意组合本身就是一种发明！

铅笔和橡皮本来是分家的，但是一个巧妙的结合使他们成了一个完美的结合体，这就是创新。把矛盾的事物结合成一体，这种思维确实超越常人，难怪被誉为“人类最伟大的发明之一”。但是仔细分析，可以发现原理很简单，就是利用了两者共同的属性——圆柱形而已。

组合思维就是从头脑中某些客观存在的事物形象中，分别抽出它们的一些组成部分或因素，根据需要做一定改变后，再将这些抽取出的部分或因素，构成具有自己的结构、性质、功能与特征的能独立存在的特定事物形象。

案例分享

旱冰鞋的由来

英国有个叫吉姆的小职员，成天坐在办公室里抄写东西，常常累得腰酸背痛。他消除疲劳的最好办法，就是在工作之余去滑冰。冬季很容易就能在室外找个滑冰的地方，而在其他季节，吉姆就没有机会滑冰了。怎样才能在其他季节也能像冬季那样滑冰呢？对滑冰情有独钟的吉姆一直在思考这个问题。想来想去，他想到了脚上穿的鞋和能滑行的轮子。吉姆在脑海里把这两样东西的形象组合在一起，想象出了一种“能滑行的鞋”。经过反复设计和试验，他终于制成了四季都能用的“旱冰鞋”。

——资料来源：宁夏在线

（二）组合思维的特征

1. 创新性和继承性

并不是说组合就是创新，而是巧妙的组合能够产生伟大的创新。从总体来讲，组合的结果产生了世界上原本没有的事物；从其构成细节来讲，大多数是将世界上已有的事物，以新的形式进行重新组合，并产生新的功效。因此，组合思维同时兼具了创新性与继承性两个特征。

这种组合是任意的，各种各样的事物要素都可以进行组合，包括之前人们从未想到过的组合。例如，不同的物品、材料、颜色、形状、状态、性能、领域、声音或味道、功能或目的、组织或系统、机构或结构、技术或原理、方法或步骤，两种事物之间或多种事物之间都可以进行组合。组合的形式是各要素或事物之间的结合、联合、混合、综合、化合，而不是简单地罗列和机械地叠加。例如：

（1）牙膏+中药=药物牙膏。

（2）电话+视频功能=可视电话。

（3）照相机+存储器+模数转换器=数码相机。

（4）电话+手表+信件+MP3+照相机+手电筒+……=手机。

由此可见，创新性组合有三个要点：

（1）由多个要素组合在一起。

（2）所有要素都为单一的目的共同起作用，它们相互支持、促进及补充。

（3）能产生新的效果，这个效果大于组合前各要素单独效果之和，亦即达到“1+1>2”的飞跃。

2. 广泛性

世界上很多事物都是组合而来的，组合法广泛适用于各个领域。就生活中十分普遍的现象来说，作家的工作是进行文字的组合，音乐家的工作是对音符的组合，一日三餐是饭菜的组合，服装是衣裙鞋帽袜的组合，电器是电子组件和材料的组合，还有组合柜、组合音响、饰品组合等。生活中，组合无处不在。因此，组合思维的广泛性主要体现在范围广泛、易于普及、形式多样、方法灵活等方面。

六、灵感思维

（一）灵感思维的概念

灵感思维是指凭借直觉而进行的快速、顿悟性的思维。现代科学研究表明，灵感是大脑的一种特殊技能，是思维发展到高级阶段的产物，是人脑的一种高级的感知能力。正如著名科学家钱学森所说：“我认为现在不能以为思维仅有逻辑思维和形象思维这两类，还有一类可称为灵感。也就是人在科学和文艺创作的高潮中，突然出现的、瞬息即逝的短暂思维过程。它不是逻辑思维，也不是形象思维，这两种思维持续的时间都很长。而灵感时间极短，几秒钟而已。总之，灵感是又一种人们可以控制的大脑活动，又一种思维，也是有规律的。”

案例分享

灯光引来一只樗蚕蛾

我国生物学家朱洗，为培育一种不吃桑叶、经济价值高的新蚕种，曾选择许多种蚕与印度蓖麻蚕杂交，2年多没有得到理想的结果。在一个炎热的晚上，正当实验组的成员在实验室围桌而坐、相对无言地思考时，灯光引来了一只樗蚕蛾。朱洗突然想到，樗蚕与蓖麻蚕是同属，古书又有关于“樗绸”的记载。于是，他重新进行杂交试验，果然获得了圆满的成功。

——资料来源：王续琨.科学创造活动与科学家的灵感

在创新过程中常有灵感发生。我国心理学工作者对25位中国科学院院士做过调查，在科学研究中，灵感发生很频繁的占4%，比较经常的占12%，时有灵感的占40%，偶有者占

28%，从未有过的占 16%。

（二）灵感思维的特征

灵感思维是在无意识的情况下产生的一种突发性的创造性思维活动。它与形象思维和抽象思维相比，主要有以下三个方面的特征：

1. 突发性

灵感往往是在出其不意的刹那间出现，使长期苦思冥想的问题突然得到解决。在时间上，它不期而至，突如其来；在效果上，突然领悟，意想不到。这是灵感思维最突出的特征。

2. 偶然性

灵感在什么时间可以出现，在什么地点可以出现，或在哪种条件下可以出现，都使人难以预测而带有很大的偶然性，往往给人以“有心栽花花不开，无心插柳柳成荫”之感。

3. 模糊性

灵感的产生往往是闪现式的，而且稍纵即逝，它所产生的新线索、新结果或新结论使人感到模糊不清。要精确，还必须有形象思维和抽象思维辅佐。灵感思维所表现出的这些特征，从根本上说都是来自它的无意识性。形象思维、抽象思维都是有意识地进行的，而灵感思维则是在无意识中进行的，这是它们的根本区别所在。

凯库勒的梦

凯库勒是德国有机化学家，于 1865 年第一个提出苯分子为环状结构。这一发现是一个极其艰苦又充满戏剧性的过程。开始，他花费许多时间和精力探讨有机化合物苯的分子结构，却久攻不克，把自己折腾得身心疲惫。1865 年的一天夜晚，正在书房里编写教科书的凯库勒在火炉边打起了瞌睡。他后来曾回忆起当时的具体情景：事情进行得很顺利，我的心想着别的事了；我把座椅转向炉边，进入半睡眠状态。原子在我眼前飞动；长长的队伍，变幻多姿，靠近了，连接起来了，一个个扭动着，回转着，像蛇一样。看！一条蛇咬住了自己的尾巴，在我眼前轻盈地旋转……我从梦中惊醒，那晚我为这个假设的结果工作了整夜……这一夜他确实通宵未眠，灵感启示是他解决难题的线索，使他猛然清醒过来，并且立即顿悟出苯的分子结构是封闭的环形，而不是开放的链形。

——资料来源：新东方在线

灵感带来的成果，并不都是完整成熟、精确清晰、富有价值的。相反，灵感提供的往往只是一种模糊状态的“半成品”，它们一般都还有待于经过进一步的加工整理。如果是发明中的一个新设想，创新上的一个新构想，往往是启示了一种方向和途径，提供了解决问题的一些线索，还需要付出艰苦的劳动，才能真正做到有所创新。

第三节　常用创新方法

一、模仿创新法

人们学习时，总是以模仿开始。同样，人们要提高自己的创新能力，也可以先从模仿开始。模仿就是把眼前和过去的东西通过自己的头脑再造出来，是一种再造想象。通过模仿，人们能够认识事物的外部和内部特点。

模仿创新法就是一种人们通过模仿旧事物而创造出与其相类似的事物的创造方法，主要特点是通过模拟、仿制已知事物来构造未知事物。从模仿的创造性程度而言，可分为机械式模仿、启发式模仿和突破式模仿三种，如图 2-1 所示。

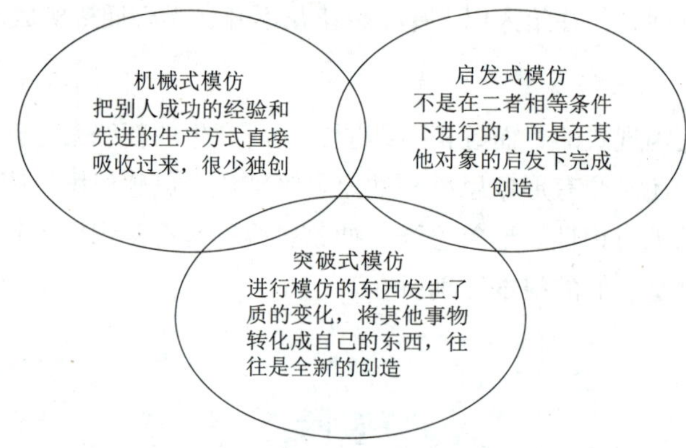

图 2-1　三种常用的模仿创新方法

在创新开发实践过程中，模仿一般应通过以下几种途径入手：

(1)原理性模仿。运用已知事物的运作原理，去构建新事物及其运作机制。例如，电脑就是模仿人脑设计而成的。

(2)形态性模仿。模仿已知事物的形状和特征等形态要素，形成新事物的创造性方法。例如，长沙世界之窗就是按照世界各国和我国的景观修建的。

(3)结构性模仿。模仿已知事物的结构特点，利用其结构来创造新事物的方法。例如，复式住宅来自对双层公共汽车结构的模仿。

(4)功能性模仿。以一种事物的某种功能要求为出发点，模仿而产生其他类似的事物。例如，人们受到智能相机的启发，正准备研制出全智能操作的电脑。

(5)仿生性模仿。以生物界事物的生存和发展的原理、功能、形状等作为参照物进行模仿创造的方法。仿生性模仿包括技术性仿生、原理性仿生、信息性仿生等。

模仿创新法是在进行创新思维时经常用到的一种方法，这种方法的运用使我们的生活产生了巨大的变化。“一切与发明创造有关的事物，都是借来的，美与形莫不如此。”

案例分享

步步高

步步高推出的针对中低收入女性消费群的OPPO音乐手机，运用韩式风格，以大广告

(卫视)、价格优势、终端拦截三板斧切入市场。这些举措充分借鉴了诺基亚、摩托罗拉等领先手机品牌的营销手段,符合中低端手机消费者的关键选择要素,取得了较好的效果。

——资料来源:豆丁网

二、头脑风暴法

头脑风暴法,目前已成为创新活动中最常用的方法。它是一种通过小型会议的组织形式,让所有参加者在自由愉快、畅所欲言的气氛中,自由交换想法或点子,并以此激发与会者的创意及灵感,使各种设想在相互碰撞中激起脑海的创造性“风暴”。

头脑风暴法适合用于解决那些比较简单的问题,如研究产品名称、广告口号、销售方法、产品的多样化等。其也适用于需要大量的构思、创意的行业,如广告业。

(一)头脑风暴法的概念

头脑风暴法(Brain Storming,BS)又称智力激励法或自由思考法(畅谈法、畅谈会、集思法)。头脑风暴法出自“头脑风暴”一词。头脑风暴,最早是精神病理学上的用语,是就精神病患者的精神错乱状态而言的,而现在则成为无限制地自由联想和讨论的代名词,其目的在于产生新观念或激发创新设想。头脑风暴法是由美国创造学家A. F. 奥斯本于1939年首次提出、1953年正式发表的一种激发性思维的方法。原意为用脑力去冲击某一问题。作为一种创造方法,它在韦氏国际大字典中被定义为:一组人员通过开会方式对某一特定问题出谋献策,群策群力,解决问题。这种方法的特点是克服心理障碍,思维自由奔放,打破常规,激发创造性的思维活动,获得新观念,并创造性地解决问题。奥斯本创建此法最初是用在广告的创造性设计活动中,取得了很大成功。后经本人不断改进和泰勒、帕内斯、戈登等人完善和发展,终于成为世界范围内应用最广泛、最普及的集体创造方法,在技术革新、管理革新、社会问题的处理、预测、规划等许多领域都显示了它的威力。

头脑风暴法又可分为直接头脑风暴法(通常简称头脑风暴法)和质疑头脑风暴法(也称反头脑风暴法)。前者是由专家群体决策,尽可能激发创造性,产生尽可能多的设想的方法;后者则是对前者提出的设想、方案逐一质疑,分析其现实可行性的方法。

(二)头脑风暴法的特征

运用头脑风暴法时,通常针对要解决的问题,相关专家或人员聚在一起,在宽松的氛围中,敞开思路,畅所欲言,寻求多种决策思路,倡导创新思维。头脑风暴没有令人拘束的规则,人们能够更自由地思考,进入思想的新区域,从而产生很多新观点和问题的解决方法。当参加者有了新观点和想法时,他们就大声说出来,然后在他人提出的观点之上再产生新观点。所有的观点被记录下来,但不进行批评。只有在头脑风暴会议结束后,才对这些观点和想法进行评估。这种方法主要是通过信息的碰撞,引发和加剧思维的活动,打破习惯性思维和思维定式的束缚,克服思维的麻木、迟钝、僵化状态,而使思维获得彻底解放,使思维变得极度活跃和灵敏,加快思维活动速度,大大提高思维活动效率。沉寂、冷漠、呆滞、僵化、缺乏活力和创造力的大脑是不可能有创意的。脑力激励越强烈,激励的幅度越大,脑子就会越灵活,越好

用，越能产生无穷的创意。头脑风暴法的激励方式有很多，既可以是交谈，用语言激励，也可以用问题、目标、图片、印象、资料、目录、卡片等刺激物刺激大脑，激励思维，激发创意。

（三）头脑风暴法的激发机理

头脑风暴法何以能激发创造思维？根据奥斯本本人及研究者的看法，主要有以下几点：

第一，联想反应。联想是产生新观念的基本过程。在集体讨论问题的过程中，每人提出一个新观念，都能引发他人的联想。相继提出一串的新观念，产生连锁反应，形成新观念堆，为创造性地解决问题提供了更多的可能性。

第二，热情感染。在不受任何限制的情况下，集体讨论问题能激发人的热情。人人自由发言、互相影响、互相感染，能形成热潮，突破固有观念的束缚，最大限度地发挥创造性的思维能力。

第三，竞争意识。在有竞争意识的情况下，人人争先恐后、竞相发言，不断地开动思维机器，力求有独到见解、新奇观念。心理学的原理告诉我们，人类有争强好胜心理，在有竞争意识的情况下，人的心理活动效率可增加 50% 或更多。

第四，个人欲望。在集体讨论解决问题过程中，个人的欲望自由不受任何干预和控制，是非常重要的。头脑风暴法有一条原则，不得批评他人的发言，甚至不许有任何怀疑的表情、动作、神色。这就能使每个人畅所欲言，提出大量的新观念。

（四）头脑风暴法的要求

（1）各自发表自己的见解，对他人的建议不做评论。

（2）建议不必深思熟虑，越多越好。

（3）鼓励独立思考，提出奇思妙想。

（4）可以补充完善已有的建议。

（5）循环进行。

（6）每人每次只提一个建议。

（7）没有建议时说“过”。

（8）不要相互指责。

（9）要有耐心。

（10）可以适当地表现幽默。

（11）鼓励创造性。

（12）结合并改进其他人的建议。

（五）头脑风暴法的实施程序

头脑风暴法的实施程序如图 2-2 所示。

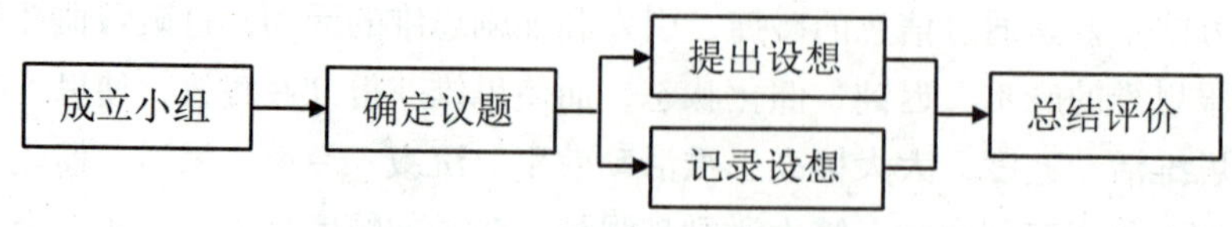

图 2-2　头脑风暴法的实施程序

1. 成立小组

参加人数一般为5~10人（课堂教学也可以班为单位），一般来说包括主持人和记录员在内。最好由不同专业或不同职业背景者组成，具有不同学科背景，这样可能会使提问和观点千差万别，实现头脑风暴法的目标。小组中不宜有过多的行家，行家过多难免会产生各种不同的评价，不易形成自由的氛围。

2. 确定议题

议题应尽可能具体，最好是实际工作中遇到的亟待解决的问题，目的是进行有效的联想。因为头脑风暴法是用来产生各种各样的主意和设想的，因此所确定的议题可以是问题本身，也可以是方法、解答与标准等。常见议题如下：

（1）列举陈述同一问题（目标）的方法。

（2）列举与同一问题（目标）有关的问题。

（3）列举可能发生的各种问题。

（4）列举解决某一问题的方法。

（5）列举应用某一原理、原则的方法。

（6）列举评价某一物品的标准。

（7）列举某一机构各种组成和功能、要求。

3. 提出设想

（1）各抒己见。让与会人员发表意见和设想。发言力求简明扼要，不要进行任何解释。一句话的设想也可以，最好的设想往往是在会议快要结束时提出的。禁止批评和评论，也不要自谦。对别人提出的任何想法都不能批判、不得阻拦，即使自己认为是幼稚的、错误的，甚至是荒诞离奇的设想，也不得予以驳斥；同时也不允许自我批判，要在心理上调动每一位与会者的积极性，杜绝出现“扼杀性语句”和“自我扼杀语句”。例如，“这根本行不通”“你这想法太陈旧了”“这是不可能的”“这不符合某某定律”“我提一个不成熟的看法”“我有一个不一定行得通的想法”等语句，禁止在会议上出现。只有这样，与会者才可能在充分放松的心境下，在他人的设想的激励下，集中全部精力开拓自己的思路。

（2）激发思考。对任何发言者都不能进行否定，也不能提出任何批评别人的意见。只允许对他人的设想进行补充、完善和发挥。目标集中，追求设想数量，越多越好。会议以谋取设想的数量为目标。每位与会者都要从他人的设想中激励自己，从中得到启示，或补充他人的设想，或将他人的若干设想综合起来提出新的设想等。会议提倡任意想象、尽量发挥，主意越新、越怪越好，因为它能启发人们产生更好的观念。出现暂时思维停滞时，可采取一些措施，如休息几分钟，自选休息方法，唱歌、喝水等，休息之后再进行几轮脑力激荡；或者发给每人一张与问题无关的图画，要求讲出从图画中所获得的灵感。

4. 记录设想

记录设想是为了综合和改善所需要的素材。与会人员一律平等，各种设想全部记录下来。与会人员，不论是该方面的专家、员工，还是其他领域的学者及该领域的外行，在“头脑风暴法会议”上一律平等；各种设想，不论优劣，甚至是最荒诞的设想，记录人员也要认真地将其完整地记录下来。

5. 总结评价

分析实施或采纳每一条意见的可行性，为所要解决的问题找到最佳的解决办法。根据情况需要，引导与会者掀起一次又一次脑力激荡的“激波”。例如，议题是某产品的进一步开发，可以将改进产品配方的思考作为第一激波，将降低成本的思考作为第二激波，将扩大销售的思考作为第三激波等。又如，对某一问题解决方案的讨论，要引导大家掀起“设想开发”的激波，及时抓住“拐点”，适时引导进入“设想论证”的激波。要掌握好时间，会议持续 1 小时左右，形成的设想应不少于 100 种。但最好的设想往往是在会议快要结束时提出的，因此预定结束的时间到了可以根据情况再延长 5 分钟。在 1 分钟时间里再没有新主意、新观点出现时，可宣布会议结束或告一段落。

案例分享

砸核桃

组长：我们的任务是砸核桃，要求多、快、好，大家有什么办法？

甲：平常在家里用牙磕，用手或榔头砸，用钳子夹，用门掩。

组长：几个核桃用这种办法行，但核桃多的时候怎么办？

乙：应该把核桃按大小分类，各类核桃分别放在压力机上砸。

丙：可以把核桃沾上粉末一类的东西，使它们成为一般大的圆球，在压力机上砸，用不着分类。（发展了上一个观念）

丁：沾上的粉末可能带磁性，在压力机上砸压后，或者在粉碎机上粉碎后，由于磁场作用，核桃壳可能脱掉，只剩下核桃仁。（发展了上一个观念，并应用了物理效应）

组长：很好！大家再想想用什么样的力才能把核桃砸开，用什么办法才能得到这些力。

甲：应该加一个集中的挤压力。用某种东西冲击核桃，就能产生这种力，或者相反，用核桃冲击某种东西。

乙：可以用气枪往墙壁上射核桃，如可以用射软木塞的儿童气枪射。

丙：当核桃落地时，可以利用地球引力产生力。

丁：核桃壳很硬，应该先用溶剂加工，使它软化、溶解……或者使它们变得很脆。经过冷冻就可以变脆。

组长：动物是怎么解决这一任务的，例如乌鸦？

甲：鸟儿用嘴啄……或者飞得高高的，把核桃扔在硬地上。我们应该把核桃装在容器里，从高处往硬的地方扔，如在气球上、直升机上、电梯上往水泥板上扔，然后把摔碎的核桃拾起来。（类比）

乙：可以把核桃放在液体容器里，借助水力冲击把核桃破开。（物理效应）

组长：是否可用发现法如认同、反向……解决问题呢？

丙：应该从里面把核桃破开，把核桃钻个小孔，往里面打气加压。（反向）

丁：可以把核桃放在空气室里，往里打气加压，然后使空气室里压力锐减，内部压力就会使核桃破裂，因为内部压力不可能很快减少；（发展了上一个观念）或者可以急剧增加和减少空气室压力，这时核桃壳会承受交变负荷。

戊：我是核桃，是核桃仁。从核桃壳内部，我用手脚对它施加压力，外壳就会破裂。

（认同）应该不让外壳长，只让核桃仁长，就会把外壳顶破。（理想结果）为此，例如可以照射……外壳。

乙：我也是核桃。我用手抓住树枝，当成熟时就撒手掉在硬地上摔破。应该把核桃种在悬崖峭壁上，或种在陡坡上，它们掉下来就摔破。

甲：应该掘口深井，井底放一块钢板，在核桃与深井之间开几道沟槽。核桃从树上掉下来，顺着沟槽滚到井里，摔在钢板上就会摔破。

结果，仅用 10 分钟就收集了 40 个观点，经专家组评价，从中得出参考解决方案。

——资料来源：猎马网

三、创意列举法

人们要进行创新，就需要善于寻找创新的契机，同时还要不断地进行观察学习，吸收他人的创新观点，将其转化为自己的创新意识。

新的创意往往是通过对一系列相关问题或建议的列举而被开发出来的。人们可以通过列举一系列问题或建议来指导新创意的开发方向，最终获得全新创意。

创意列举法主要分为属性列举法、希望点列举法、优点列举法和缺点列举法四种，见表 2-1。

表 2-1　创意列举法的分类

类型	具体解释	说明
属性列举法	先观察和分析属性特征，再针对每项特征提出创新构想	这种方法是一种创意思维策略，强调人们在创造的过程中，先观察和分析事物或问题的属性特征，然后再针对每项特性提出相应的改良或改变的构想
希望点列举法	不断地提出希望和理想，针对希望和理想进行创新	这种方法是人们不断地提出希望和理想，针对这些希望和理想，寻找解决问题的对策及实现这些希望和理想的方法
优点列举法	逐一列出事物优点，进而探求解决问题的方法和改善的对策	这种方法是人们通过逐一列出事物的优点，从而寻求解决提出改善对策的方法
缺点列举法	列举和检讨缺点和不足之处，找出解决问题的方法和改善的对策	与优点列举法相对应，这种方法是人们针对一项事物，不断地列举出其缺点和不足之处，然后分析这些缺点，从而找出解决问题和改善对策的方法

上述四种方法中，缺点列举法是人们最为普遍使用的创意列举法。一般来说，创新者总有做不完的课题，不过对于初学者，可能遇到“不知道创新什么”这样的问题。缺点列举法可帮助你选题，它属于选题的方法，而且是一种易于掌握、被广泛采用的方法。

案例分享

产品缺点的列举与创新

苏州一家生产汽车喇叭的校办工厂，只有几十名工人，产品缺乏竞争力，销路不佳，厂方通过调查走访和分析总结，认为工厂的产品有3个主要缺点：使用寿命不长；产品外表镀锌面易变暗；接线图印在包装纸盒上，容易丢，给检修带来不便。造成这3个缺点的原因如下：

（1）产品线圈接头不是点焊在铜夹板上，而是直接夹在铜夹板上，容易接触不良，故而使用寿命短。

（2）包装仅一只纸盒，无防潮措施，引起镀锌表面氧化、发暗。

（3）接线图印在纸盒上不易保管。

解决的方法如下：

（1）将线圈接头用点焊工艺熔焊在铜夹板上，彻底根除隐患。

（2）增加一个塑料袋密封包装。

（3）将接线图另印在一张质地较好的卡片纸上以利保存。

以上3项改革使该厂产品摆脱了步人后尘的局面，第二年的销售量就增加一倍，利润翻了一番。

——资料来源：道客巴巴

四、奥斯本检核表法

检核表法就是采用一张一览表，对需要解决的问题逐条地进行核计，进而从各个角度诱导出多种创意设想的方法，其中最常用的就是奥斯本检核表法。奥斯本检核表法几乎适用于任何类型与场合的创新活动，因此享有“创新方法之母”的美称。

奥斯本检核表法就是以提问的方式，根据创造或解决问题的需要，列出一系列提纲式的提问，形成检核表，然后对问题进行讨论，最终确定最优方案的方法。该方法主要引导主体在创造过程中对照9个方面的问题进行思考，以便启迪思路，开拓思维想象的空间，促进人们产生新设想、新方案，具体见表2-2。

表2-2　奥斯本检核表法九大问题

序号	检核项目	说明
1	能否他用	能否还有其他的用途？保持不变能否扩大用途？稍加改变有无其他用途
2	能否借用	能否从别处得到启发？能否借用别处的经验和发明？过去有无类似的东西可供模仿？谁的东西可供模仿？现有的发明能否引入其他的创造设想之中
3	能否改变	能否做某些改变？改变会怎样？可改变一下形状、颜色、音响、味道吗？是否可以改变一下型号模具或运动形式？改变之后，效果如何
4	能否扩大	能否扩大适用范围？能否增加使用功能？能否添加零部件，延长它的使用寿命，增加长度、厚度、强度、频率、速度、数量、价值
5	能否缩小	能否体积变小、长度变短、重量变轻、厚度变薄及拆分或省略某些部分（简单化）？能否浓缩化、省力化、方便化

序号	检核项目	说明
6	能否替代	能否用其他材料、原件、方法、工艺、功能等来替代
7	能否调整	能否变换排列顺序、位置、时间、速度、计划、型号？内部组件可否交换
8	能否颠倒	能否正反颠倒、里外颠倒、目标手段颠倒等
9	能否组合	能否进行原理组合、材料组合、部件组合、形状组合、功能组合、目的组合

奥斯本检核表法的优点很突出，它使思考问题的角度具体化了，但也有缺点：它是改进型的创意产生方法，人们必须先选定一个有待改进的对象，然后在此基础上设法加以改进，因此这种方法不是原创型的。但有时候，也能够产生原创型的创意，如把一个产品的原理引入另一个领域，就可能产生原创型的创意。

奥斯本检核表法的“三步走”实施步骤具体如下：

(1)第一步：根据创新对象明确需要解决的问题。

(2)第二步：参照表中列出的问题，运用丰富的想象力，强制性地逐个核对讨论，写出新设想。

(3)第三步：对新设想进行筛选，将最有价值和创新性的设想筛选出来。

案例分享

手电筒的创新设计

手电筒的创新思路见表2-3。

表2-3 手电筒的创新思路——奥斯本检核表法的运用

序号	检核项目	引出的发明
1	能否他用	其他用途：信号灯、装饰灯
2	能否借用	增加功能：加大反光罩，增加灯泡亮度
3	能否改变	改一改：改灯罩、改小电珠和用彩色电珠等
4	能否扩大	延长使用寿命：使用节电、降压开关
5	能否缩小	缩小体积：1号电池、2号电池、5号电池、7号电池、8号电池、纽扣电池
6	能否替代	代用：用发光二极管替代小电珠
7	能否调整	换型号：两节电池直排、横排、改变式样
8	能否颠倒	反过来想：不用于电池的手电筒，用磁电机发电
9	能否组合	与其他组合：带手电的收音机、带手电的钟等

——资料来源：杜永平. 创新思维与创造技法

五、和田十二法

和田十二法又称十二口诀法，是我国上海创造协会研究者许立言、张福奎和上海市和田路小学结合我国实际情况，在检核表法和其他技法基础上提炼总结出来的思维创新方法，见表2-4。这种方法表述简洁，有助于潜能开发和实际运用，共12句话36个字。该法已被日本创造学会和美国创造教育基金会承认，并被译成日文、英文，在世界各国广为流传和使用。

依据这十二个口诀进行核对和思考，就能从中得到启发，诱发人们的创造性设想。

表2-4 十二口诀法

口诀	含义
加一加	加高、加厚、加多、组合等
减一减	减轻、减少、省略等
扩一扩	放大、扩大、提高功效等
缩一缩	压缩、缩小、微型化
变一变	改变其形状、颜色、气味、次序等
改一改	改缺点、改不便、改不足之处等
联一联	原因和结果有何联系？把某些东西联系起来
学一学	模仿形状、结构、方法，学习先进
代一代	用其他材料代替，用其他方法代替
搬一搬	移作他用
反一反	能否颠倒一下
定一定	定个界限、标准，能提高工作效率

案例分享

"和田十二法"运用实例

1. 加一加

南京的小学生丛小郁发现，上图画课时，既要带调色盘，又要带装水用的瓶子很不方便。她想要是将调色盘和水杯"加一加"，变成一样东西就好了。于是，她提出了将可伸缩的旅行水杯和调色盘组合在一起的设想，并将调色盘的中间与水杯底部刻上螺纹，这样可涮笔的调色盘便产生了。

2. 减一减

台湾少年于实明见爸爸装门扣时要6颗螺钉，觉得麻烦。他想减少螺钉数目，提出了这样的设想：将锁扣的两边弯卷角朝下，只要在中间拧上一颗螺钉便可固定。这样的门扣只需两颗螺钉即可固定。

3. 扩一扩

在烈日下，母亲抱着孩子还要打伞，实在不方便，能不能特制一种母亲专用的长舌太阳帽，使长舌太阳帽的长舌扩大到足够为母子二人遮阳使用呢？现在已经有人发明了这种长舌太阳帽，很受母亲们的欢迎。

4. 缩一缩

石家庄市第一中学的王学青同学发现地球仪携带不方便，便想到，如果地球仪不用时能把它压缩，变小，携带就方便了。他想若像应用制作塑料球的办法制作地球仪就可以解决这个问题。用塑料薄膜制成地球仪，用时把气吹足，放在支架上，可以转动；不用时把气放掉，一下子就缩得很小，携带很方便。

5. 变一变

河南省洛阳市第二中学的王岩同学看到圆口的漏斗灌水时常常憋住气泡，使得水流不畅。若将漏斗下端口由圆变方，那么往瓶里灌水时就能流得很畅快，也用不着总要提起漏斗了。

6. 改一改

一般的水壶在倒水时，由于壶身倾斜，壶盖易掉，而使蒸汽冒出烫伤手。成都市的中学生田波想了一个办法克服水壶的这个缺点。他将一块铝片铆在水壶柄后端，但又不太紧，使铝片另一端可前后摆动。灌水时，壶身前倾，壶柄后端的铝片也随着向前摆，顶住了壶盖，使它不能掀开。水灌完后，水壶平放，铝片随着后摆，壶盖又能方便地打开。

7. 联一联

澳大利亚发生过这样一件事：在收获的季节里，有人发现一片甘蔗田里的甘蔗产量提高了50%。这是由于甘蔗栽种前一个月，有一些水泥洒落在这块田地里。科学家们分析后认为，是水泥中的硅酸钙改良了土壤的酸性，而促使甘蔗增产。这种将结果与原因联系起来的分析方法经常能使我们发现一些新的现象与原理，从而引出发明。由于硅酸钙可以改良土壤的酸性，于是人们研制出了改良酸性土壤的“水泥肥料”。

8. 学一学

江苏省的学生臧荣华做了一个十分有趣的实验，让猫、狗害怕小鸡。这里十分巧妙地运用了“学一学”的方法。事情的经过是这样的。村子里许多人都养了猫和狗，这些猫和狗总是想偷吃小鸡。臧荣华的妈妈也买来了小鸡，但放在哪里都不放心。臧荣华想，要是能让猫、狗不来就好了。一天，他上学时，看到一群飞舞的蜜蜂。他想，人比蜜蜂大多了，可是人怕蜜蜂，因为怕蜂蜇。那么能不能学一学蜜蜂的办法，让猫、狗怕小鸡呢？他做了别出心裁的试验，右手抓起一只小鸡，让鸡头从手的虎口处伸出来，拇指与食指捏着一枚缝衣针，针尖在鸡的嘴尖处稍露出一点。然后，他抓来猫、狗，用藏在鸡嘴下的针尖去扎猫或狗的鼻子、嘴，每天扎十几次，连扎三四天后，他发现猫、狗见到小鸡就怕，便知自己成功了。

9. 代一代

山西省阳泉市小学生张大东的按扣开关正是用“代一代”的方法发明的。张大东发现家中有许多用电池做电源的电器没有开关，使用时很不方便。他想出一个用按扣代替开关的办法。他找来旧衣服和鞋上面无用的按扣，将按扣两边分别焊上两根电线头。按上按扣，电源就接通了；掰开按扣，电源又切断了。

10. 搬一搬

上海市大同中学的刘学凡同学在参加夏令营时，感到带饭盒不方便，他很想发明一种新式的便于携带的饭盒。他看到家中能伸缩的旅行茶杯，又想到了充气可变大、放气可缩小的塑料用品。他想按照这些物品制造的原理，设计一种旅行茶杯式的饭盒或充气饭盒。可是，他又觉得这些设想还不够新颖，便陷入了苦思冥想之中。一天，他偶然看到一个铁皮匣子，是由十字形铁皮将四壁向上围成的。他想，我也可以将5块薄板封在双层塑料布中，用时将相邻两角用揿钮揿上，5块板就围成了一个斗状饭盒。这样，一个新颖的折叠式旅行饭盒就被创造出来了。

11. 反一反

“反一反”为逆向思考法，前面有较多的论述，请参见奥斯本检核表法中逆向思考部分。

12. 定一定

在药水瓶上印上刻度，贴上标签，注明每天服用几次，什么时间服用，服几个；红灯停、绿灯行；学校规定上课时学生发言必须先举手，得到教师允许才能起立发言等。这些都是规定，有了这些规定我们的行为才能准确而有序。应该运用“定一定”的方法发现一些有益的规定及执行规定。

——资料来源：百度文库

六、TRIZ理论法

TRIZ理论是一种发明问题的解决理论，由学者阿利赫舒列尔及他的同事于1946年最先提出，最初是从20万份专利中取出符合要求的4万份作为各种发明问题的最有效的解。他们从这些最有效的解中抽象出了TRIZ解决发明问题的基本方法，这些方法又可以普遍地适用于新出现的发明问题，协助人们获得这些发明问题的最有效的解。现在，国际上已经对超过250万项出色的专利进行过研究，并大大充实了TRIZ的理论和方法体系。如今，TRIZ正成为许多现代企业创新的独门暗器，TRIZ可以轻易解决那些看似不可能解决的问题并形成专利，提升企业的核心竞争力，从“跟随者”快速成长为行业的技术“领跑者”，让创新就像做算术题一样轻松简单。

现代TRIZ理论法的核心思想主要体现在以下三个方面：

（1）无论是简单的产品还是复杂的技术系统，都具有相应的客观进化规律和模式。

（2）各种难题、矛盾和冲突的不断解决，是推动这种进化过程的动力。

（3）技术系统发展，其理想状态是使用尽量少的资源实现尽量多的功能。

创新从最通俗的意义上讲就是创造性地发现问题和创造性地解决问题的过程，TRIZ理论的强大作用正在于它为人们创造性地发现问题和解决问题提供了系统的理论和方法工具。TRIZ理论主要包括以下内容：

（1）创新思维方法与问题分析方法。TRIZ理论提供了如何系统分析问题的科学方法，如多屏幕法等。而对于复杂问题的分析，则包含科学的问题分析建模方法，如物—场分析法，它可以帮助快速确认核心问题，发现根本矛盾所在。

（2）技术系统进化法则。人们利用这些法则，可以分析产品的技术状态，并预测其未来发展趋势，开发新产品等。

（3）技术矛盾解决原理。TRIZ理论将发明创造的规律归纳成40条创新原理。

（4）创新问题标准解法。针对物—场模型的不同特征，分别对应有标准的模型处理方法，包括模型的修整、转换、物质与场的添加等。

（5）发明问题解决算法。其应用于复杂问题或不明确的技术系统。它是一个对初始问题进行一系列变形及再定义等非计算性的逻辑过程，实现对问题逐步深入的分析，问题转化，直到问题的解决。

（6）构建知识库。基于物理、化学、几何学等工程学原理而构建的知识库，为技术创新提供丰富的参考资源。

会飞的魔毯

埃及神话故事中会飞的魔毯曾经引起我们无数遐想，那么现在我们不妨一步步分析一下这个会飞的魔毯。

现实生活中虽然有毯子，但毯子都是不会飞的，源于地球引力，毯子具有重量，而毯子比空气重。那么在什么条件下毯子可以飞翔？我们可以施加向上的力，或者让毯子的重量小于空气的重量，或者希望来自地球的重力不存在。如果我们分析一下毯子及其周围的环境，会发现这样一些可以利用的资源，如空气中的中微子流、空气流、地球磁场、地球重力场、阳光等，而毯子本身也包括其纤维材料、形状、质量等。利用这些资源可以找到一些让毯子飞起来的办法，例如毯子的纤维与中微子相互作用可使毯子飞翔，在毯子上安装提供反向作用力的发动机，毯子在没有来自地球重力的宇宙空间，毯子由于下面的压力增加而悬在空中（气垫毯），利用磁悬浮原理，或者毯子比空气轻。这些办法有的比较现实，但有的仍然看似不可能，如毯子即使很轻，也比空气重，对这一点我们还可以继续分析。例如，毯子之所以重是因为其材料比空气重，解决的办法就是采用比空气轻的材料制作毯子，或者毯子像空中的尘埃微粒一样大小。

通过上面一个简单分析过程，我们会发现，神话传说中会飞的毯子逐渐走向现实，从中我们或许可以得到很多有趣甚至十分有用的创意。这个简单的应用展示了金鱼法的创造性问题分析原理，即它首先从幻想式构想中分离出现实部分，对于不现实部分，通过引入其他资源，一些想法由不现实变为现实，然后继续对不现实部分进行分析，直到全部变为现实，因此通过这种反复迭代的办法，常常会给看似不可能的问题带来一种现实的解决方案。

——资料来源：中华文本库

七、5W2H法

5W2H法又叫七何分析法，是第二次世界大战中美国陆军兵器修理部首创。简单、方便，易于理解、使用，富有启发意义，被广泛用于企业管理和技术活动，对于决策和执行性的活动措施非常有帮助，也有助于弥补考虑问题的疏漏。

发明者用5个以字母“W”开头的英语单词和2个以字母“H”开头的英语单词进行设问，发现解决问题的线索，寻找发明思路，进行设计构思，从而搞出新的发明项目，这就叫作5W2H法。其具体内容包括：

（1）为什么（Why）？

（2）做什么用（What）？

（3）谁来使用（Who）？

（4）何时被使用（When）？

（5）被用于何处（Where）？

（6）起什么作用（How）？

（7）需要多少成本（How much）？

如果现行的做法或产品经过7个问题的审核已无懈可击，便可认为这一做法或产品可取。如果7个问题中有1个答复不能令人满意，则表示这方面有改进余地。如果哪方面的答复有独创的优点，则可以扩大产品在这方面的效用。新产品已经克服原产品的缺点，则扩大新产品独特优点的效用。

5W2H法的主要优点表现在以下几个方面：

（1）可以准确界定、清晰表述问题，提高工作效率。

（2）有效掌控事件的本质，完全地抓住了事件的主骨架，把事件打回原形思考。

（3）简单、方便，易于理解、使用，富有启发意义。

（4）有助于思路的条理化，杜绝盲目性。有助于全面思考问题，从而避免在流程设计中遗漏项目。

案例分享

用5W2H法改进机场超市

某航空公司在机场候机室二楼设立了超市，生意相当冷清。公司经理用5W2H法检查问题何在，结果发现“Who”“Where”及“When”三方面存在问题。

（1）谁是顾客？机场超市应当把入境的旅客当成主顾，而这些客人不需要上楼。在二楼逗留的大部分是送客或接客的人，他们完全可以在市内大商场里挑肥拣瘦，不必到机场来买东西。

（2）超市设置在何处？原来，旅客出入境都是经海关检查后，直接从一楼左、右两侧走了，根本不需要走二楼。超市的位置没有设在旅客的必经之路上。

（3）何时购物？出境旅客只有当海关检查将行李交付航空公司后，才有闲情光顾超市，而机场安排旅客临上机前才能将行李交运，这样就从时间上限制了旅客。

由此可见，超市生意不佳的原因是：①未把旅客当主顾；②超市的位置偏离了旅客的必经路线；③旅客没有购物的时间。

针对这三点，研究改进措施：以旅客为主顾，调整海关检查的路线与行李交付时间。此后，超市的生意就变得兴隆了。

——资料来源：新浪博客

第 三 章

创业者的素养

案例导读

如果李达康书记去创业能成功吗

《人民的名义》播出后，李达康书记一夜爆红、圈粉无数。作为一个颜值不是最高、演技也不是最棒的中年男人，李达康书记之所以能够迅速蹿红，除了他“霸道总裁”的人格魅力外，根本原因还是达康书记是一个敢想敢干的创业者！

作为一拨贪官中的“清流”，GDP的狂热追求者李达康的拥趸们创造了各种各样的段子和表情包，来为达康书记应援。“达康书记别低头，GDP会掉，祁同伟会笑。”除了GDP外，背锅侠李达康书记的笑容、双眼皮和大长腿也成了群众的重点守护对象。这么一位政治能力优、斗争水平差的官场人物，要是弃政从商，会成为一位优秀的创业者吗？

一、创业热情和创业目标

在剧中，李达康书记的小目标、大目标都是一心一意搞GDP。一个明确的目标对创业者来说非常重要。每一次所谓的创业泡沫也好，风口泡沫也罢，最先被淘汰掉的就是那些浑水摸鱼的人。

在“大众创业、万众创新”的口号响遍大江南北时，O2O创业成了创业风口，无数创业者拥了进来。当时，所谓的资本寒冬还没影子，投资者们像淘金者一样狂热。而那些创业方向不明、思路不清，甚至只是为了拿投资的投机者们便乘机混了进来。

待疯狂渐渐平息，大潮逐渐退去，那些裸泳者势必现出原形。资本能容你蒙眼狂奔一次，这之后，你若依旧对公司的发展方向没有成型的考虑，甚至不知下一步该做什么，或者对所做的事情没有热情、没有见地，那么，你的创业便绝没有活路。

在这方面，李达康书记的能力值满分。不管何时何地，面对何人，他都目标明确：干政绩，提高GDP！这一点换到创业者身上，便等同于把流量做上去、营收数字做上去。也正因为有热情，有方向，李达康书记才能靠着对业务的不断积累，用更创新的方式去解决问题。

二、创新力和执行力

李达康接手了GDP排名倒数、有120万人口的林城后，想到了用采煤的塌陷区搞开发。“如果大面积地圈占良田来搞开发，我觉得投资太大了，如果要是利用塌陷区的土地，既可以给后人留下一片青山绿水，还可以享受政府的财政补贴。塌陷区不是化工区，没有真正的污染，只要把一片一片的水洼子连在一起，那就是湖啊，在湖边种上树，那就是景。”

省委书记沙瑞金听完这段后说：“你的思维超前，有魄力。”确实，李达康的林城开发区做得风生水起，带动了GDP。不过，在当时，他的这一想法也遭到了市长和副市长的极力反对。

有创新的想法，并能排除阻碍积极执行，这也是一位成功的创业者所应当具备的魄力。特别是在科技发展日新月异，消费不断升级的当下，创新者更有可能成为最后的胜利者。

三、融资能力

像达康书记这类踏踏实实干业绩并干出业绩的创业者，投资人哪有不喜欢的道理。

“党把我从一个农村的孩子，培养成市委书记，那得花费多少心血啊！我从赵立春同志的秘书任上下来，做了两年的副县长，后来组织就把我送到日本爱知县，去学习他们的社会管理经验。回国之后，党把汉东最大的一个贫困县、120万群众交给了我。后来组织又把我送到美国，去学习经济管理，回来之后就任命我当吕州的市长。这一步一步，党把我培养到现在，我不能为一己私利，来破坏党跟政府的形象。”

在达康书记的这段正义“表白”中，我们不妨换个思路，如果他是一位创业者，那他的这段话就是对自己的投资人说的。翻译一下就是，投资人这么信任我，花了这么多钱支持我的事业，培养我，我一定要好好干，回报投资人。既能干实事，还会适时地煽个情表表对伯乐的感恩之心，这样的创业者，融资能力五颗星。

四、家庭稳定性

作为企业家甚至创业者，你的另一半对你事业的影响，在某种程度上也会更大。达康书记向沙瑞金坦陈：“欧阳菁不离，我为了面子，一拖就拖到现在了。不过她现在跟我说，要去美国，按照中央的规定，我们俩要是不离婚的话，我就要离职。”

一个一心奔GDP的书记，却有个行贿的老婆，也难怪大家心疼达康书记。沙瑞金建议他，既然早没了感情，就起诉离婚。但要是一位创业者甚至企业家走到起诉离婚的地步，除非你签了婚前协议，否则可不是什么简单的事。

五、知人善任

“外边上司贪污，下属跑路！家里媳妇行贿。他依然坚持在守护GDP的岗位上，风里雨里，达康书记在政府大院等你。”

微博上的段子写道：“达康书记每日三省其身：今天背锅了吗？今天背锅了吗？今天背锅了吗？”几度因为别人的贪污而被牵连跳脚的达康书记，在识人方面，简直就是“傻白甜”级别。

而知人善任对一个创业者来说很重要，特别是在创业早期，公司规模小，每个员工所要承担的工作并没有特别明确的界限。这样的节点上，正是考验一个创业者识人能力时。

其实创业并不难，难的是一颗像达康书记这样敢想敢干的决心！

——资料来源：创业故事网

思考

1. 如果你是投资人，会投给像达康书记这样的创业者吗？
2. 对比达康书记，你是否具备这样的能力和素质？

第一节　创业者的概念

“创业者”这个词来源于“enter”（意思是“中间”）和“preneur”（意思是“承担”），即买卖双方之间承担风险的人，或承担创建新企业风险的人。

“创业者”一词由法国经济学家坎迪龙（Cantillon）于1775年首次引入经济学。1800年，法国经济学家萨伊（Say）首次给出了创业者的定义，他将创业者描述为将经济资源从生产率较低的区域转移到生产率较高的区域的人，并认为创业者是经济活动过程中的代理人。奈特赋予了创业者不确定性决策者的角色，认为创业者要承担由于创业的不确定性所带来的风险。熊彼特则认为创业者应为创新者。后来创业者概念中又加了一条，即具有发现和引入新的、更好的、能赚钱的产品、服务和过程的能力。总之，创业者的内涵随着经济的发展而不断扩大。

笔者认为，创业者就是自主创业、在追求个人富足和自身价值实现的同时创造社会财富和吸纳劳动力，切实为国家经济发展和社会进步做出积极贡献的群体。总之，无论哪一个层面的创业者，都需要创新、创造，都需要寻觅机会、规避风险、获得回报。

第二节　创业者的品质

针对创业者应当具备的品质，可谓是“仁者见仁，智者见智”。比较权威的观点是中国内地富豪榜的开创者胡润，在北京大学光华管理学院举办的“中国财富品质论坛”上向全球首次发布的“中国财富品质榜”分析报告。报告根据中国内地最大的100位富豪们共同的品质，提出成功创业者的十项品质，其中诚信列于首位；其次，分别是把握机遇、不断创新、务实、终身学习、勤奋、领导才能、执着、直觉和冒险精神。

尽管每位富豪获取财富的经历不同，对十大创业排行序列也有不同的看法，但对这十项品质的认可却是基本相同的。经济学家张维迎认为，创业品质是很难排序的，因为它们相互之间不可替代，而且就每一个人、每一个成功的企业家而言，有什么样的境遇就会有什么样的素质，企业需要什么样的素质，在企业发展的不同阶段也是不一样的。实际上，一个人的创业品质才是最重要的。

一、诚信

诚信是创业者的立命之本，是创业者最重要的创业品质。做事情首先是做人，诚信是做人的第一品质，做人必须诚信，无诚信不能创造财富。

与人合作，守信是第一大原则。守信，会使人对你产生敬意，也因此使人愿意公平地与你合作。合作的前提就是讲信用，讲信用可以反作用于合作，使得合作更加顺利。守信的双方在合作后会更加相信对方，双方的信誉都会得到增强。和一个不守信用的人合作，考虑到有失信的危险，人们通常会把合作的费用提高，这中间的出入就是诚信的价值。

案例分享

“是诚信让我走到了今天，我也要尽自己的能力回报社会。”刘锋胜说。

1970年出生的刘锋胜是家里的老大，1990年高考落榜后，他为了减轻家里的负担，外出打工供弟弟和妹妹上学。一开始，刘锋胜在清镇的一家铸造厂上班，学了一些技术，后经朋友介绍到安顺市西秀区伦贤炉具有限公司上班，慢慢成为公司的技术骨干。

1995年底，刘锋胜被公司派到兴义、六盘水等10多个市县收款，经过10多天的奔波，收到了60多万元的货款。“当时收到的都是零钱，多达60多万元，钱多点少点很难被发现。但这钱不是我的，领导信任我才将这个任务交给我，我一定要如数交给公司。”刘锋胜说，他把每一笔账的清单都列出来，账目清清楚楚，得到了领导的赞扬。

凭着诚实守信、干事踏实的工作作风，1996年刘锋胜被公司任命为兴义分厂的厂长。在兴义分厂的4年里，刘锋胜坚持诚信理念，抓好产品质量，做好销售及售后服务工作，炉具厂的利润从每年10多万元增加到50万元。

2002年6月，刘锋胜在事业的高峰期选择辞职，回乡创业带领乡亲致富。他用打工积攒的3万多元，加上3万元的诚信贷款，利用自家闲置房屋做场地，购置了机器设备，开始生产炉具。

在刘锋胜的“生意经”中有着三大基本原则——质量必须合格，做好售后服务，绝不拖欠工人工资。“要想让自己的产品有市场，就得质量过硬。所以，我们每天生产出的炉子必须验收合格后才能销售。”刘锋胜说。

在创业的18年里，刘锋胜因为坚持诚信经营，于2004年获得了清镇市劳动局支持的3 000元诚信创业资金，2013年顺利申请了85万元的诚信贷款，2019年8月再次申请到30万元的诚信贷款用于资金周转。这些年，刘锋胜还贷从未出现一次逾期。

“诚信就是一块金字招牌，坚持诚信，会给你带来很多机遇。”刘锋胜说。

如今，刘锋胜的炉具厂有了标准厂房，实现了企业规范化管理。工人从最初的4个人增加到如今的28个人，年产量也从最初的1 500台炉子增加到现在的6 000台。

因为诚信经营，刘锋胜先后被评为“贵州省首届返乡农民工创业之星”和“第四届贵阳市道德模范（诚实守信类）”。

——资料来源：信用中国（黑龙江佳木斯）

二、把握机遇

机遇时刻都在身边，关键是看谁能首先看到机遇；更关键的是，看谁能够一把抓住机遇。中国的市场很大且处于起步阶段，机会很多，能否赢得财富关键在于能否把握机遇。

机遇的重复次数是有限的，有时对于全世界来说也许只有一次。他投资奶业，你也投资奶业；他投资速冻食品，你也投资速冻食品，最终这个机遇由于过多后来者的涌入而消失，机遇反成了危害。因此，绝妙的机遇没有重复，只有一次，或者说占先的才叫机遇，而跟随别人屁股后面吃灰的就不能算是机遇了。

机遇的时效性极强，很多绝佳的机遇往往发生在极短的时间内，有时甚至只有几分钟，如听一场报告、接一个电话等。

案例分享

“三十八滴型”焊接机

年轻的洛克菲勒刚进入石油公司工作时，由于学历不高，又没有什么技术，因此被分派巡视并确认石油罐有没有自动焊接好。这是石油公司最简单的工作岗位，连一个小孩子都能胜任。每天，洛克菲勒眼盯着焊接剂自动滴下，沿着石油罐盖转一圈，看自动输送带再把石油罐移走。工作简单又枯燥，没干几天，洛克菲勒就有些厌倦了。但由于找不到更好的工作，洛克菲勒决定安下心来，把眼前的工作做好。于是，他更加认真地观察、检查石油罐的焊接质量。当时，公司正在推行节约计划，洛克菲勒想，我这项工作是不是也可以节约某些程序呢？他发现每焊好一个石油罐，焊接剂要落 39 滴；而经过周密计算，只要 37 滴就可以焊好了。但是，这个方法却不实用。洛克菲勒没有灰心，而是更加深入地进行研究。经过多次测试，他终于研制出“三十八滴型”焊接机。也就是说，使用这种焊接机，每次可以节约一滴焊接剂。尽管节约的只是一滴焊接剂，可一年下来，“三十八滴型”焊接机为公司节省了 500 万美元的开支。那 39 滴焊接剂滴在公司每个人的眼里，却只滴在洛克菲勒一个人的心里。就是这么一滴不值一提的焊接剂，改变了洛克菲勒的一生。

——资料来源：蚂蚁范文网

三、不断创新

彼得·德鲁克曾指出：“创业者首先需要具有创新精神。”

在激烈的市场竞争中，缺乏创新的企业很难站稳脚跟，改革和创新永远是企业活力与竞争力的源泉。党的十八大报告中，唯一一个在标题上出现的国家战略就是“创新驱动发展战略”，可见创新对于国家发展、企业发展的重要性。事实上，21 世纪以来，我国创新驱动发展取得了辉煌成就。上天，首次载人航天交会对接圆满成功；下海，载人深潜突破 7 000 米；超级杂交水稻、三峡工程、高速铁路、天河一号超级计算机、特高压输电、超临界发电等都达到了世界先进水平。不断创新对于创业企业更加重要，正是创业者旺盛持续地不断创新，才一步步成长壮大，产生了像小米、华为、中兴、三一重工、海尔、联想、沙钢等一批世界级大型企业，也产生了像百度、腾讯、阿里巴巴等一批横空出世的新兴信息产业，还产生了像天地伟业、中芯电子等一大批“小而强”的科技型企业。

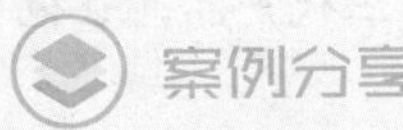

创新模式成就了“好孩子”

初尝经商乐趣，流连忘返

宋郑还接手时，工厂里还有40多个下属，但大部分是附近的农妇，他甚至还要一次次地强调：不准在车间里面随地大小便！而且，厂里已经有8个月没发工资，怨声一片。

于是，在上海的各大工厂门口，每天都能看见宋郑还的身影。他奔波在各个地方，只希望能为工厂接点活干，却四处碰壁。

转折出现在1989年。宋郑还教过的一个学生的家长，是上海一家军工厂的领导，他听说宋郑还的处境，特意找到了他，并拿出一辆婴儿车，承诺如果他们工厂能够生产这种婴儿车，军工厂方面可以包销。找到活干的宋郑还喜出望外，他开始自己研究，并决定将工厂的重心放在生产婴儿车上。

1989年，凭借着从银行贷款来的5万元资金，“好孩子”成立了。

第一年，宋郑还的工厂就生产出了2万辆童车，在支付了教师的欠发工资后，学校重新开门了。两年后，宋郑还就还清了所有银行贷款。不过，学校是开门了，但宋郑还却不想回去了。初尝经商乐趣的他，沉浸在商海之中流连忘返，先是推迟了回校时间，后来干脆就再也没有回去。

出售专利，用创新撬开市场

成立之初的“好孩子”，生产的只是老式婴儿车，有限的订单、较贵的原材料都折磨着宋郑还的神经，但此时的他已经陷入了骑虎难下的尴尬境地。想来想去，宋郑还觉得还是得创新，只有做世界上没有的东西，才可能出奇制胜。

一次偶然的机会，宋郑还看到一张睡椅，于是突发奇想：“如果加上摇椅，加上轮子，不就成了童车？如果椅子可以翻转，不就成了两用童车，变成带摇篮的婴儿车，这个世界上没有。”之后，宋郑还拿着这个发明去申请了专利。

但当时工厂资金不足，根本不可能将这项专利利用起来。无奈之下，宋郑还只能把这项发明卖掉，换回了4万元。尝到甜头的宋郑还，开始投入更多心力研发新品，在创新的道路上越走越远。他脑子里面的创意源源不断，接连设计出四功能、多功能童车。仅靠着卖专利，企业过了一段舒心日子。

有一次，一款童车专利更是被炒到了15万元人民币！如此天价，一下子惊醒了宋郑还：这样的好东西只有自己才有，干吗还卖啊，抱回家自己生产啊！于是展览会还没结束，宋郑还就回去了，开始把自己的产品“好孩子”推向市场。一开始，产品虽然价格相对较高，但因为功能独家，他的生意也是做得风生水起。

直到20世纪90年代，厂里终于遭遇了困境。当时市场上仿造“好孩子”的产品铺天盖地，销售价格也更加便宜，甚至有一家浙江企业计划用3年时间击垮“好孩子”。与那些企业相比，当时“好孩子”的规模可谓小得可怜，如果要拼价格，恐怕很快就会被挤出市场。

不得已之下，宋郑还只能将最后一根救命稻草放在了创新上面。他说："我们只有一个办法——继续研发产品，他们仿造第一代产品，那么我就研发第二代、第三代产品，让他们永远跟在我后面。"

创新的力量果然很强大，不仅让"好孩子"活了下来，到1993年，销量更是成为全国第一。

走出国门，海外市场掀风云

宋郑还的婴儿车生意越做越大，只是，这并不是他的目标。有一次，一位德国厂商来"好孩子"的工厂参观。参观完后，该厂商和他说：童车不是这样制作的。一手将一个破落工厂打造成行业龙头，宋郑还心中的骄傲可想而知。德国商人的一番话，彻底激起了宋郑还的好胜心，他要让"好孩子"真正走向国际市场，一较长短。

"好孩子"国际化的第一步就是去香港找国际投资者。当时的中国置业给"好孩子"投了450万美元，这笔资金算是及时雨，如果不来，"好孩子"的资金链就要断了；第二步就是让好孩子的市场国际化，美国纽约是"好孩子"走向国际的第一站。打开美国市场并没有想象中容易。"好孩子"发现，无论自己如何努力，其产品和品牌就是无法进入美国主流零售通路。

"与当地品牌商合作，他们只愿意做加工合作，想用自己的品牌，有些天方夜谭。"宋郑还说道。但宋郑还没有气馁，美国巨大的婴儿车市场让他兴奋不已。在设计出一款具有摇篮功能的婴儿车后，宋郑还再一次带着新产品找到了美国第二大婴儿用品制造公司COSCO，并成功说服其与"好孩子"合作，推出一款全新的联合品牌。

借助COSCO这个支点，"好孩子"凭借自身强大的研发能力，很快就在美国市场站稳脚跟，一举成为美国婴儿车市场的销量冠军。

继美国市场之后，"好孩子""故技重施"，进军欧洲市场。同样的，不到4年时间，"好孩子"的产品又坐上了欧洲市场销量的头把交椅。虽然在国内市场，"好孩子"的知名度并不算高，但在海外市场却是叱咤风云的中国品牌。根据"好孩子"国际2016年上半年财报显示，公司上半年收入36.8亿港元，国外市场收入30.2亿港元，占比高达82%！

纵观"好孩子"30多年的发展历程，它的内在生命力，就是来自坚持创新与开放。无论是过去还是现在，它都不断地以研发、创新拉开与其他竞争者的距离。从一个校办工厂到行业龙头，宋郑还当称头号功臣。更令人敬佩的是，从创建"好孩子"的第一天起，宋郑还就没有想过拥有这个公司的股权，他从未想过要去控制这个企业。

——资料来源：搜狐财经

四、务实

创业是一种需要全身心投入的事业，积极的心态和务实的精神才能使创业成功。

成功的创业者，无一不是最务实的。任何一个远大的理想和目标都要靠脚踏实地、一步一个脚印去实现，否则就会成为空中楼阁。

案例分享

夫妻创业开 10 平方米酸辣粉店日销售额近 2 000 元

一碗小小的酸辣粉看似简单，甚至微不足道，却寄托着蒋仕民夫妻的小本创业梦想。“做人，不能好高骛远。创业，更要脚踏实地。”这是蒋仕民的看法。走进这家只有 10 平方米的酸辣粉店，了解蒋仕民创业路途中所经历的酸甜苦辣。

小本创业开手工酸辣粉店

早上 5 时多，出生于 1984 年的蒋仕民便起床到批发市场采购食材，然后赶到酸辣粉店，做开店前的准备工作。

“老板，来一碗酸辣粉，再加一个卤鸭脑壳。”“我要一份小碗抄手。”……上午 10 时左右，酸辣粉店开始忙碌起来。这家店大约只有 10 平方米，一侧是厨房，摆放着炉灶等厨具及一些食材，另一侧则摆放着 3 张餐桌。临近 11 时 30 分，店内外坐满了人。“我们主营的是手工酸辣粉，同时搭配卖抄手、饺子及一些卤菜。”

谈起创业的艰辛，蒋仕民笑笑说：“做餐饮的，起早摸黑是常态，我们早就习惯了。每天晚上九点左右打烊，做完清洁便是十点多了。回家照看孩子、打理家务，煎红油、炸花生米、炒臊子等，有时忙到凌晨一两点。”

口耳相传一天卖两百碗酸辣粉

多年在外打拼后，蒋仕民和妻子杨雪选择回乡创业。走市场，访项目。蒋仕民突然想起来在青海做百货生意时，一位师傅做的酸辣粉色香味俱佳，让他记忆犹新。与之取得联系后，得知这位师傅已经回了江苏老家，他立马收拾行李，前去拜师学艺。“印象最深的是，才到江苏十几天，我的双手就被泡烂了。”回忆起刚到江苏的日子，蒋仕民永生难忘。

经过与家人商量，于 2013 年 11 月 30 日开了这家酸辣粉店。

刚开始一天只能卖几十元，但蒋仕民与杨雪并没有想过放弃。“凡事开头难，我一直坚信，只要我们将口味和品质做到极致，不可能不火！”蒋仕民说，大家口耳相传，现在生意也好起来了，最好时一天能卖两百碗酸辣粉，销售额接近 2 000 元。

——资料来源：亿商网

五、终身学习

人类已步入知识经济新时代，不断学习必将成为一种重要的生存方式和生活方式，同时也必将成为人们追求幸福的主要原动力。

当今时代，就业结构已发生显著变化，人们的职业和岗位变动愈加频繁，一次性学校“充电”、一辈子工作中“放电”的时代已成为历史。终身学习的价值就在于培养一种学习习惯，使得人生各阶段都能获得相应的学习机会，不断提升自身能力和素质，才能应对知识经济和信息时代的挑战。

案例分享

不懈学习的创业者

“不学习，就死亡”，这就是新希望集团总裁刘永好的一个观点。刘永好把学习视为日常必修课，他随身都携带一支笔和一个本子，把学习到的东西都记在上面，并且每年花1/3的时间用在与国际国内优秀人士的交流上。

世界最大的微波炉生产企业——格兰仕的总裁梁庆德42岁才开始创业，且只有小学文化。但40多年来，梁庆德坚持学习、不断超越自我，员工们亲切地称梁庆德是“交通大学”毕业生，因为梁庆德无论在飞机、火车还是汽车上都始终坚持学习，可谓手不释卷。正是这种坚持不懈的学习精神，带动了整个企业的学习热情，使得格兰仕一步步走向强大。

——资料来源：中华讲师网

六、勤奋

勤奋几乎是所有成功企业家的普遍特征，企业家在巨大热情或美好愿景的鼓舞下，身先士卒，勤奋不辍。勤奋恰如为事业引擎源源不断地加满油，无论雨雪风霜，都将赋予创业者不断前进的无穷能量。

李嘉诚说过：“事业成功虽然有运气在其中，主要还是靠勤奋，勤劳苦干可以提高自己的能力，就会有很多机会降临在你面前。”玖龙纸业张茵认为：“勤奋和厚道是创业者第一要素。”张茵是“2006胡润百富榜”的中国首富，她也是靠勤奋成为全球女人白手起家挣钱最多的人。

案例分享

天道酬勤

宗庆后上山下乡15年，坚持理想，坚持挑灯夜读；1987年创业，产品从儿童营养液到果奶、AD钙奶、纯净水、非常可乐、营养快线、婴幼儿配方奶粉……年年坚持推陈出新；每天超过16小时的工作时间（早上7点上班到晚上11点后下班）；坚持自己走市场，看终端；每年出差200多天；每天亲笔撰写100多篇的销售通报。30多年如一日！

2010年大年初三，有媒体专门报道企业家如何过年。当说到宗庆后时，记者是这么写的：“大年三十陪员工吃年夜饭，百桌宴后再回家陪家人，娃哈哈集团董事长宗庆后迎接新年的方式一贯如此，只不过，年夜饭吃的桌数越来越多，家人能等到他回家吃团圆饭的时间越来越晚。大年初一，比平时多睡了半个小时的觉，宗庆后就起身去上班。2月本来就短，又去掉春节假期7天，对于他来说，时间真是不够用。大年初四，开了一场市场分析会，而大年初八还有零售商终端推广会。也因此，这几天的中午，宗庆后照样在办公室吃着盒饭。”

30多年来，宗庆后就是凭着这样的一股劲，将娃哈哈打造成国内饮料行业的龙头企业，同时也被许多企业家和媒体誉为“中国最勤奋的企业家”。据胡润2017中国十大富豪排行榜显示，宗庆后家族以1 120亿元位列第5名。

——资料来源：MBA智库百科

七、领导才能

无数中外企业创业成长的实践也反复证明，“先有卓越领导，后有卓越企业”的内在规律性。例如，比尔·盖茨之于微软，张瑞敏之于海尔，任正非之于华为，宗庆后之于娃哈哈等。

成功的创业者应当具备决策能力、理财能力、预见能力、经营能力、创新能力、交际能力和聚合能力等领导才能，才会拥有一批坚定的追随者和拥护者，使组织群体取得良好绩效。领导才能已日渐成为衡量创业成功的重要标识，正直、公正、信念、恒心、毅力、进取精神等优秀的人格品质无疑会大幅提升领导者的影响力和个人魅力，从而扩大其追随者队伍；领导者的个人价值观会吸引具有同类价值取向的人凝聚于组织，增加对组织的认同感和归属感；具备优秀价值观和人格的领导者能使组织成员对其产生敬佩、认同和服从等心态，无疑将提升其影响力、凝聚力；良好的沟通和聚合能力则是领导能力的桥梁和翅膀，沟通者使领导者能够更加准确地了解信息、防止盲目，沟通和聚合还使领导行为具有良好的合作氛围和渠道，在准确传达组织的目标、决策、要求的同时，也广泛传播了领导者的影响力。

八、执着

执着是创业者精神的本色。正所谓“锲而不舍，金石可镂；锲而舍之，朽木不折”。执着意味着锲而不舍、意志坚强、勇往直前、努力不懈地向目标前进。执着的创业者个性坚定，做事都非常有毅力，坚韧不拔，有无比的耐性和持久性。

创业的道路充满坎坷，无论是面对成功还是失败，创业者都必须有执着和坚韧不拔的品格。纵观每个成功企业的创业史，都是在创业者的领导下，经历了一次次的失败后走向成功的。在失败面前创业者要坚韧不拔、矢志如一，在成功时创业者也要坚韧不拔、矢志如一。

案例分享

“90后”女孩创业开快餐店年赚近30万元

“为了调整配方做出好吃的快餐，几个月里她吃掉了2 000多个鸡腿……”说起23岁的山东农村女孩魏雅静，同事们被她的执着所折服。魏雅静大学毕业后开始自主创业，自己开过包子铺，而就在2013年3月，她倾尽所有积蓄开了一家做鸡米饭的快餐店，不到一年时间就卖出了6万份，赚了近30万元。

创业:“90后”农村女孩年赚近30万元

魏雅静出生在山东省平度市崔家集镇魏家村。可能谁也没想到，一个刚从农村出来的普通女孩，靠着经营快餐店一年赚了30万元。魏雅静的这家快餐店位于平度市区，是从2013年3月开始营业的，而一年的时间里，她就卖出了6万份快餐。“说实话，其实连我自己都不敢相信。”说起此事，魏雅静还显得有些害羞。

2012年，她从青岛一所学院的酒店管理专业，和千千万万刚刚走出校园的普通大学生一样，魏雅静也选择与专业相关的行业工作，但是她心里却怀着一个梦想。“洋快餐卖遍全球，有很多大品牌，我就是学的餐饮，也希望能创造出一个中国快餐的大牌子。”魏雅静说，在上学期间，她都会到一些酒店、快餐店打工，而毕业之后她还当过送餐工、做过包子工。

由于本身就是酒店管理专业的，魏雅静利用课堂上学到的知识，在打工中结合实践，不断摸清了餐饮业的经营方法。“2012年底，我跟同学合伙开了一家包子铺。”魏雅静说，由于自己的堂哥也经营着多家包子铺，因此从进料、配方等多个方面，她能得到堂哥的帮助。“卖包子让我赚了一些钱，但后来因为这家店要拆除进行改造，因此我不得不放弃了。”魏雅静说。

用心：数百次反复调味配制食谱

“由于受资金限制，我选择起点低的快餐业。虽然起点低，但可以做到面广，我要把自己的快餐店打造成快餐界的航母。”魏雅静充满信心地说，“专注做一份好饭，让快餐也能吃出家的味道。”

那为何要做鸡米饭这样的快餐呢？魏雅静说，她在酒店打工时就事事处处用心，而期间她就特别留意到，在平度市的很多酒店内，客人们都很喜欢点红烧鸡块这道菜，而且也喜欢配着米饭吃。

“我本身是学酒店管理的，因此对做菜也特别喜欢。”魏雅静说，她在平时也不断尝试着做这道菜，而且琢磨如何能做出让大众都喜欢吃的口味。

特别是当自己的包子铺关闭后，她就有了做鸡米饭的想法。2013年3月，她将之前靠包子铺赚的几万元全部拿出，然后在平度市区租下了一个门面，之后又向堂哥借了几万元进行装修，最终一家名为“魏小宝红焖鸡饭”的快餐店在平度市繁华位置开张了。

据介绍，经过数百次的反复调味尝试，魏雅静最终配制出了自己的食谱。目前魏雅静每天的营业额都在3 000元左右，最好时能达到5 000元。

——资料来源：全商网

九、直觉

直觉是运用已有的经验和知识，对问题从总体上直接加以认识和把握，以一种高度简练、浓缩的方式洞察问题的实质，并迅速解决问题或对问题做出某种猜测的思维形式。直觉在寻求商机和科学发现等创新行为中具有极为重要的作用。直觉是一种内在本能，但本能不是天生的，而是来自经验的积累。

案例分享

追随直觉被证明是无价之宝

乔布斯在斯坦福大学毕业生的演讲中提到：“不要让他人的见解淹没你内心的声音。最为重要的是，需要勇气追随你的心灵和直觉。”

在里德学院休学之后，“我跟着我的直觉和好奇心走，遇到的很多东西，此后被证明是无价之宝……那的确是我这一生最棒的决定之一”。

“举例来说：当时里德学院有着大概是全国最好的书法指导。在整个校园内的每一张海报上，每个抽屉的标签上，都是美丽的手写字。因为我休学了，可以不照正常选课程序来，因此我跑去学书法。我学了serif与san serif字体，学到在不同字母组合间变更字间距，学到活版印刷伟大的地方。书法的美好、历史感与艺术感是科学所无法捕捉的，我觉得那很迷人。”

——资料来源：腾讯网

十、冒险精神

冒险精神是创业最重要的内在驱动力。创业具有很大的风险性。一方面需要很强的心理承受能力，承受生活孤寂、工作繁重、资金受困、竞争惨烈等多种压力；另一方面可能遭遇破产、倒闭、法律纠纷、经济纠纷等多种风险。风险的来源虽然有多种，但有一个共同点，那就是需要创业者具备冒险精神，这种精神必须是持之以恒的、坚定的、不可动摇的。当一个机会突然出现时，风险肯定也随之而来，只有敢于冒险才能果断地抓住机会。这种特质在关键的转折时刻至关重要。

案例分享

有冒险精神的比尔·盖茨

比尔·盖茨靠什么法宝建立了他的微软帝国？他为何在竞争激烈的现代经济中独占鳌头而历久不衰？在比尔·盖茨看来，成功的首要因素就是冒险。在任何事业中，把所有的冒险都消除掉的话，自然也就把所有成功的机会都消除掉了。他的一生中，最持续一贯的特性就是强烈的冒险天性。他甚至认为，如果一个机会没有伴随着风险，那么这种机会通常就不值得花心力去尝试。他坚定不移地认为，有冒险才有机会，正是有风险才使得事业更加充满跌宕起伏的趣味。他是一个具有极高天分、争强好胜、喜欢冒险、自信心很强的人，他在本行业内的控制力是惊人的。

事实上，比尔·盖茨从学生时代就开始了对冒险精神的培养。他在哈佛的第一个学年故意制定了一个策略：多数的课程都逃课，然后在临近期末考试的时候再拼命地学习。他想通过这种冒险，检验自己怎么花尽可能少的时间得到最高的分数。他做得很成功，通过这个冒险他发现了一个企业家应当具备的素质：如何用最少的时间和成本得到最快最高的回报。

——资料来源：个人图书馆

第三节　创业者的素质

创业者素质是一个综合性很强的概念，其内涵深刻丰富而且具有广泛的外延。

如果说创业者品质偏重于创业者的个性特征，那么创业者素质则是泛指构成创业者的品德、知识、才能和身体等诸多要素在特定时间和环境内的综合状态，是创业者主体通过学习和自身的实践而形成和发展起来的，具有内在的、本质的及相对稳定的身心要素的整体系统。

我国《科学投资》杂志通过对上千个案例的研究，发现成功创业者具有多种共同的特性，从中提炼出最为重要的中国创业者十大素质，具有一定的代表性。

一、欲望

将“欲望”列在中国创业者素质的第一位，为什么？因为有欲望，想得到，而凭自己现在的身份、地位、财富得不到，因此要去创业，要靠创业改变身份、提高地位、积累财富、实现理想，这就构成了许多创业者的人生之路。创业者的欲望与普通人的欲望的不同之处在于，他们的欲望往往超出他们的现实，往往需要打破现在的立足点，打破眼前的樊笼，才能够实现。因此，创业的欲望往往伴随着强大的行为动力和冒险精神。

案例分享

一个没能实现的欲望成就了扎克伯格

1992 年的某个周四的下午，比尔·盖茨来到纽约的一所小学看望那里的师生，并且给全体小学生做了一场励志报告。临走时，盖茨表示，自己会在某个周四的下午再次来学校看望大家，如果发现到时谁的课桌收拾得最整洁、最有条理性，谁就将会获得他免费赠送的一部个人电脑。电脑在当时还非常昂贵和稀有，大家自然都希望能得到。

因此，当盖茨走后，每逢周四的下午大家都会不约而同地将课桌收拾得整整齐齐，因为这是盖茨承诺来访的时间，而其他时候则不愿意动手收拾。但有一个学生却觉得盖茨有可能在周四的上午来，于是每个周四的上午他就开始动手收拾课桌。

之后，他又觉得，盖茨也许会在除周四之外的其他日子里来访，于是他又决定每天都要收拾一次课桌。可是，每次收拾后不久，桌子便又会乱了。他想，如果刚好这个时候盖茨恰巧来了，那么自己之前付出的劳动和坚持岂不是白费了。

于是，他又决定，必须要让自己的课桌每时每刻都保持整洁，这样就万无一失了。

可遗憾的是，盖茨此后却一直也没能再来，其他的同学早就忘记了要继续收拾课桌，但这个学生却因此养成了一个随时保持整洁的习惯，并且从此学会了做事一定要有条理性和坚持性，正是潜移默化的行为与思维习惯让他在后来的人生中受益颇丰。

多年后，他终于再次见到了盖茨，但这次见面，盖茨并不是为了兑现当年的承诺——送他一台电脑，而是送给他一份更大的礼物——用 2.4 亿美元购买他公司 1.6% 的股权，他感激当年盖茨对他的无形影响而做出的让步。

不错，他创立的公司就是 Facebook（脸谱网），世界第一社交网站，而他则是马克·扎克伯格。据 2021 年度美国富豪榜显示，马克·扎克伯格以 1 345 亿美元的资产排名第 3 位。

——资料来源：人民网

二、忍耐

忍耐是创业者必须具备的素质。成语里有“艰难困苦，玉汝于成”，还有“筚路蓝缕”，意思都是说创业不易。不易在哪里呢？首先是要忍受肉体上和精神上的折磨。肉体上的折磨还好办一些，挺一挺就过去了；而精神上的折磨往往是常人难以忍受的。选自《孟子·告子下》的《生于忧患，死于安乐》中有这样一句：“天将降大任于是人也，必先苦其心志，劳其筋骨，饿其体肤，空乏其身，行拂乱其所为，所以动心忍性，曾益其所不能。”可见，肉体上和精神上的折磨是创业者成功路上的必修课，可以“曾益其所不能”。创业者一定要有一种坚韧不拔、宠辱不惊的“定力”与意志。如果没有，那么做一个打工仔或许是更合适的选择。

案例分享

残疾人竟然成了中关村百万富翁第一人

王江民40多岁到中关村创业，靠卖杀毒软件，几乎一夜间就变成了百万富翁，几年后又变成了亿万富翁，他曾被称为中关村百万富翁第一人。王江民的成功看起来不费吹灰之力，其实不然。王江民困难时，曾经一次被人骗走了500万元。王江民的成功，可以说是偶然之中蕴含着必然。

王江民3岁时患过小儿麻痹症，落下终生残疾。他从来没有进过正规大学的校门，20多岁还在一个街道小厂当技术员，38岁之前不知道电脑为何物。王江民的成功，在于他对痛苦的忍受力。

从上中学起，他就开始有意识地磨炼意志，“例如爬山。我经常去爬山，500米高很快就爬上去了，慢慢地爬上去也就不感觉到累。再一个就是下海游泳，从不会游泳到喝海水；最后到会游泳，一直到很冷的天也要下海游泳，去锻炼自己、在冰冻的海水里提高忍受力。例如：别人要游到1 000米、2 000米，那么我也要游到1 000米、2 000米，游到两三千米以后再上岸时都不会走路了，累得都站不起来了。就这样锻炼自己，磨炼自己的意志”。当他40多岁辞职来到中关村，面对欺骗，面对商业对手不择手段、不遗余力的打击时，都能够坦然面对。中关村能人虽多，却让这样一个外来的残疾人拔了百万富翁的头筹。

——资料来源：辛保平.成功背后的忍辱负重

三、眼界

对于创业者来说，必须见多识广。广博的见识、开阔的眼界，可以很有效地拉近自己与成功的距离，使创业活动少走弯路。眼界决定了创业者的创业思路。一般而言，创业者的创业思路有几个共同来源：第一是职业，第二是阅读，第三是行路，第四是交友。

（一）职业

由原来所从事的职业下海，对行业的运作规律、技术、管理都非常熟悉，人员、市场、渠道也熟悉，这样的创业成功的概率很大。

案例分享

改变命运的一次顿悟

1998年4月的一天，梁伯强在一张别人用来包东西的旧报纸上，偶然读到一篇文章。这篇文章的名字叫作《话说指甲钳》。文章说，时任国务院副总理朱镕基，在中南海会见全国轻工企业第五届职工代表时说：“（你们）要盯住市场缺口找活路，例如指甲钳，我们生产的指甲钳，剪了两天就剪不动指甲了，使大劲也剪不断。”当时朱总理还特意带来3把台湾朋友送给他的指甲钳，向与会代表展示其过硬的质量、美观的造型和实用的功能，并以此为例，激励大家要对产品质量高度重视，希望加快科技进步和技术创新，开发更多更好的新产品，把产品档次、质量尽快提高上去。

梁伯强读到这篇文章后，眼前一亮。他再一了解，得知这件事令当时国家轻工部压力很大，为此成立了专案小组。轻工部还联合五金制品协会在江浙开了几次会议，寻求突破这个问题的方案，但都没有得到根本解决。

梁伯强得知这些情况后非常兴奋，因为他做了10多年的五金制品，这正是他擅长的事情。他知道机会来了。梁伯强的“非常小器·圣雅伦”指甲钳就是在这种背景下产生的。现在，梁伯强号称“世界指甲钳大王”。一个一向不顺的创业者，在蹉跎了半辈子后，终于靠自己敏锐的嗅觉改变了命运。梁伯强的成功，在于他长期的职业经历和积累，还有很重要的一点，就是他懂得借势。他借的是朱镕基讲话之势，借的是轻工部“老房子着火”之势，因而一举成功，一鸣惊人。

——资料来源：中国就业网

（二）阅读

阅读使人思维敏捷，眼界开阔，信息丰富。对创业者来说，阅读就是工作，是工作的一部分。创业者一定要有这样的意识。1950年，李嘉诚初创长江塑胶厂时，有次翻阅英文版《塑胶》杂志，看到一则不太引人注意的小消息，说意大利某家塑胶公司设计出一种塑胶花。由此引发他在香港率先生产塑胶花的创意，结果一炮走红。1993年的一天，王传福在一份国际电池行业动态上读到，日本宣布本土将不再生产镍镉电池。王传福立刻意识这一变化将引发镍镉电池生产基地的国际大转移，他意识到自己创业的机会来了。果然，随后的几年，王传福利用日本企业撤出留下的市场空隙，加之自己原先在电池行业多年的技术和人脉基础，做得顺风顺水，财富像涨水似的往上冒。

 案例分享

霍英东阅报获商机

抗战胜利后的香港，百废待兴。一天，霍英东在翻阅一些报纸资料时，无意中看到香港政府的宪报，上面刊登不少拍卖战时剩余物资的通告。霍英东脑袋一转，心想：有不少物资是目前市面上需要的，一买一卖，也许能赚些钱。一次，他看中40部轮船机器，这些机器略经修理，就可使用。参加投标，须付100元港币的费用。他向妹妹借了100元港币参加投标，出价是1.8万港币。几天后，港府通知霍英东，他中标了，要他准备1.8万元港币去取货。

接到中标通知，霍英东又发愁了：这1.8万港币去哪儿拿？

霍英东搭船过海，到九龙去找一位好朋友。他把此事说给朋友听，希望朋友帮他想办法做成这桩买卖。这位朋友一听，很感兴趣，就一起去仓库看机器。看了机器，这位朋友对霍英东说：“别到处找人借钱了，干脆4万港币，把这些机器卖给我算了。”

他的朋友给他4万港币，他把1.8万港币付给政府，然后把机器运到朋友处。这宗无本生意，霍英东净赚2.2万港币，身无半文的霍英东一跃成为一个小财主。

——资料来源：中国网

（三）行路

俗话说，“读万卷书，行万里路”。行路，各处走走看看，是开阔眼界、了解市场变化的好方法。开阔的眼界意味着你不但在创业伊始有一个比别人更好的起步，而且有时候甚至可以挽救你和你企业的命运。创意的来源，往往就源于眼界开阔。见钱眼开，不如说眼开见钱，眼界开阔才能看见更多的机会，赚到更多的钱。“一个人的心胸有多广，他的世界就会有多大。”也可以说，“一个创业者的眼界有多宽，他的事业也就会有多大”。

（四）交友

广交朋友，更是创业者必须高度关注并努力做好的事，因为这是编织创业成功所必需的人际关系网络，在为自己积累创业的人脉资源。

时尚蜡烛领头羊山东金王集团创始人陈索斌的创业主意，便来自一次在朋友家中的闲谈。昆明赫赫有名的新晟源（昆明最大的汽车配件公司）老板何新源至今仍保持着和朋友在茶楼酒馆喝茶聊天的爱好。何新源称为“头脑风暴”。这样的头脑风暴，使他能够不断地有新思路、新点子，生意越做越大，越做越好。都说广东人是天生的生意人，你看一看，广东人里面有几个是不好泡茶楼的？泡茶楼，喝茶是一方面，交朋友谈生意是更重要的另一方面。

四、明势

明势的意思分两层，作为一个创业者，一要明势，二要明事。明势，创业者一定要跟对形势，要研究政策，这是大势。对一个创业者来说，大到国家领导人的更迭，小到一个乡镇芝麻小官的去留，都会对自己有影响。在政策方面，国家鼓励发展什么、限制发展什么，对创业之成败更有莫大关系。做对了方向，顺着国家鼓励的层面努力，可能事半功倍；做反了方向则一定会鸡飞蛋打。

 案例分享

下岗女工从“政府工作报告”中找到创业机会

中年女子郭蕴青，17 岁做纺织女工，36 岁时失业。作为南京第一批合同制工人，失业意味着解除劳动合同，没有多少经济补偿。她下岗失业在家带孩子，最关心的就是央视的《新闻联播》，更为关注的则是每年春季全国人大会议后发布的政府工作报告。

当年全国人大政府工作报告中提到：要把我国从一个农业大国建设成现代化工业强国。“建设工业强国，制造业是根本。”

敏感的她还有个优势：丈夫谭维耕是机械技术员。有段时间，丈夫常常很晚才回家，原来是被他的徒弟请到各自的私营工厂解决技术难题。

“与其帮别人干，不如自己干！”郭蕴青与丈夫商定后注册了自己的公司。她的全部家当只有 3 万元，又借来几万元买了 3 台机械设备。第一笔业务是 0.68 元加工螺钉，她发展了这第一个客户。郭蕴青夫妇的公司如今拥有军品和民品两块业务，生意红红火火，目前正购地扩建厂房。

——资料来源：主妇网

中势指的就是市场趋势。市场上现在时兴什么，流行什么，人们现在喜欢什么，不喜欢什么，可能就标明了你创业的方向。俞敏洪如果不是赶上全国性的英语热和出国潮，他就是使再大的劲，洒再多的泪，流再多的汗，也不会有今天的成功。

小势就是个人的能力、性格、特长。创业者在选择创业项目时，一定要找那些适合自己能力，契合自己兴趣，可以发挥自己特长的项目，这样才有利于你做持久性的全身心投入，这叫作创业者个人特质和创业机会的匹配。

明势的另一层含义，就是明事，一个创业者要懂得人情事理。俗话说："世事洞明皆学问，人情练达即文章。"创业的首要目的是合理合法地赚钱，创业活动又是个在夹缝里求生存的活动，尤其处于社会转型时期，各项制度、法律法规都不够健全，创业者只有先顺应社会，才能避免在人事关节上出问题。因此，创业者一定要明事，不但要明政事、商事，还要明世事、人事，这是一个创业者应该修炼的基本素质。

五、敏感

创业者的敏感，是指对外界环境变化的敏感，尤其是对商业机会的快速反应。

案例分享

用眼睛"看"来的财富

在山城重庆开着一家小五金杂货店的夏明宪，忽然发现来买水管接头的人多了起来。他觉得很奇怪，这些人买这么多水管接头干什么用？后来一打听，才发现这是一些先富起来的山城人，为了自身和家庭财产的安全，开始加固家里的门窗。买水管接头，就是为了将它们焊接起来，做成铁门防盗（那时候还没有防盗门的概念）。

夏明宪发现这个秘密后，立即意识到自己的机会来了。他马上租了一个废置的防空洞，买来相应的工具，刨、锯、焊、磨，干了起来。一个多星期，他就做了20多扇"铁棍门"，赚了一大笔钱。后来顺着这个思路不断发展，就有了现在的"关心"防盗门，与"盼盼"防盗门一起，成为中国防盗门行业两块响当当的品牌。原来的五金店小老板变成了现在的防盗门大老板，成为山城重庆一个数得着的财主。

——资料来源：和讯网

六、人脉

创业不是引"无源之水"，栽"无本之木"。创业需要资源，而其中最重要的是人脉资源，即创业者构建的人际关系网络或社会网络。一个创业者如果不能在最短时间之内建立自己最广泛的人际网络，那他的创业一定会非常艰难，即使其初期能够依靠领先技术或者自身素质，例如吃苦耐劳或精打细算，获得某种程度上的成功，我们也可以断言，他的事业一定做不大，正所谓，有钱比不过"有人"。

创业者的人脉资源，第一是同学资源；第二是职业资源；第三是朋友资源。

“卧底”取经为获职业资源

创业不到一年便赚了几十万元，还清了公司的所有贷款。南京信息职业技术学院通信学院大二学生陈烨创业不仅有眼光、能吃苦，还特别有创意，为了解行业最新动态。他利用假期到大公司去“卧底”取经。

学通信却创办传媒公司

“进入大学以来，我参加了学校和同学们组织的很多活动和比赛，每次活动的宣传费用和舞台费用都是很大一笔开销。加上学校给我们开设了专门的创业课程，我就想，与其请商家来做活动不如自己创业自己赚钱。”陈烨说，说干就干，怀揣着梦想，筹备资金、注册、购买设备……大二开学初，他的图文公司就成立了。“但图文既烦琐又耗时间，加上仙林区的价格战，我们一点优势都没有。”经过调研，他毅然放弃了“图文”，转移到舞美策划上。

到大公司“卧底”取经

一般公司的舞美策划也就帮着调调灯光，调调音响。陈烨没有把自己的工作局限在这块。他购买了灯具音响等舞台设备，并亲自学习如何安装，以期能在承接的活动中做到最好。为了学到更好的技术，他还到一些大公司实习，学习人家的经验，以弥补自己公司的不足。

陈烨认为：“首先，创业开始再困难再辛苦，都要学会忍耐坚持，要以积累、学习经验为主；其次，学会看清自己，到单位一切要从头开始，学会低调、做事勤快；最后，也是最重要的一点，人际关系是第一生产力！”

现在陈烨公司的业务越来越多。“不仅仙林大学城很多大学的活动都由我们来帮着做，很多品牌公司如江苏银行、中国福利彩票、健力宝的活动，也都找到了我们。公司成立一年便还清了 50 万元的贷款。”

——资料来源：四川广播电台网

七、谋略

商场如战场，在产品同质化严重、市场有限、竞争激烈的情况下，创业者的智谋，将在很大程度上决定其创业成败。谋略，说白了就是一种思维的方式，一种处理问题和解决问题的方法。对于创业者来说，智慧是不分等级的，它没有好坏、高明不高明的区别，只有好用不好用、适用不适用的问题。

案例分享

冯仑的“空手道”

冯仑和王功权南下海南创业时，兜里总共才有 3 万元。3 万元要做房地产，即使是在海南也是天方夜谭。但是冯仑想了一个绝妙的办法。信托公司是金融机构，有钱。冯仑就找到一个信托公司的老板，先给对方讲一通自己的经历。冯仑毕业于中共中央党校，曾在中央党校、中宣部、国家体改委和海南省委任职，经历很耀眼，对方不敢轻视；再跟对方讲一通眼前商机，自己手头有一单好生意，包赚不赔，说得对方怦然心动。冯仑提出：不如这样，这单生意咱们一起做，我出1 300万元，你出500万元，你看如何？这样好的生意，对方又有这样的经历，有什么不放心呢？好吧！于是该老板慷慨地甩出500万元。

冯仑就拿着这500万元，让王功权到银行又贷出1 300万元。他们就用这1 800万元，买了8幢别墅，略做包装一转手，赚了300万元，这就是海南万通的第一桶金。

——资料来源：商友网

八、胆量

创业是一项冒险活动，必然伴随风险，因此创业需要强大的心理承受能力，需要胆量、胆识。当年，史玉柱在深圳开发M-6401桌面排版印刷系统，他的身上只剩下4 000元钱，却向《计算机世界》定下了一个8 400元的广告版面，唯一要求就是先刊广告后付钱。他的期限只有15天，前12天分文未进，第13天他收到了3笔汇款，总共是15 820元。两个月以后，他赚到了10万元。史玉柱将10万元又全部投入广告中，1个月后，他成了百万富翁。虽然这段故事至今为人们津津乐道，但是想一想，要是当时15天过去，史玉柱到手的钱不够付广告费呢？要是之后《计算机世界》再在报纸上发一个向史玉柱的讨债声明呢？我们大概永远也不会看到一个轰轰烈烈的史玉柱和一个“赌性”十足的史玉柱了。

创业需要胆量，需要冒险。冒险精神是创业者精神的一个重要组成部分，但冒险毕竟不是赌博。冒险是这样一种东西，你经过努力，有可能得到，而且那东西值得你努力。否则，你只是冒进，死了都不值得。创业者一定要分清冒险与冒进的关系，无知的冒进是鲁莽和愚蠢，你的行为将变得毫无意义，并且惹人耻笑。

案例分享

婷美的“惊险一跳”

当年周枫带人做婷美，一个500万元的项目，做了2年多，花了440万元还是没有做成。眼看钱就没了，合作伙伴都失去了信心，要周枫把这个项目卖了。周枫说，这样好的项目不能卖，要卖也要卖个好价钱。合作伙伴说，这样的项目怎么能卖到那么多钱，要不然你自己把这个项目买下来算了。周枫就花5万元钱把这个项目买了下来。原来大家一起还有个合伙公司，作为代价，周枫把在这个合伙公司的利益也全部放弃了，据说损失有几千万元。

单干的周枫带着23名员工，把自己的房子抵押，跟几个朋友凑了300万元。他把其中5万元存在账上，另外的钱，他算过，一共可以在北京打2个月的广告。从当年的11月到12月底，他告诉员工，这回做成了咱们就成了；不成，你们把那5万块钱分了，算是你们的遣散费，我不欠你们的工资。咱们就这样了！这些话把他的员工感动得要哭，当时人人奋勇争先，个个无比卖力，结果婷美就成功了。

周枫成了亿万富翁，他的许多员工成了千万富翁、百万富翁。婷美成功的关键在于有一个合适的产品，加上一个天性敢“赌”的领导，再加上一些合适的营销手段。

——资料来源：张德斌. 炒股不如创业

九、分享

作为创业者，一定要懂得与他人分享。一个不懂得分享的创业者，不可能将事业做大，甚至创业尚未成功就“财聚人散”。分享不是慷慨，对创业者来说，分享是明智。正泰集团的成长历史，有人说是修鞋匠南存辉不断分享财富的历史。在南存辉的发家史上，曾经进行过四次大规模的股权分流，从最初持股100%，到后来只持有正泰股权的28%，每一次南存辉将自己的股权稀释、拿出来，分流到别人口袋里去时，都伴随着企业的高速成长。南存辉觉得自己并没有吃亏，因为蛋糕做大了，自己的相对收益虽然少了，但是绝对收益却大大提高了。

案例分享

周枫式的员工分享

当周枫成功地完成婷美的“惊险一跳”后，当初坚定不移地跟随他的员工现在可享福了。不但是这些员工，现在婷美所有的员工都在分享着周枫和婷美的成功。

如今，在周枫的公司里，120多名员工中光小汽车就有96辆。这些小汽车都是公司作为奖励送给员工的。周枫规定，凡在公司工作满3年的员工，就送小汽车1辆，百平住房1套。现在周枫又买了28套“部长级”住房，每套150平方米。周枫规定，在公司工作满5年以上的员工，可以得到这些住房。

——资料来源：易迈管理学习网

十、自省

自省是一种学习能力。创业既然是一个不断摸索的过程，创业者就难免在此过程中犯错误。自省，是认识错误、改正错误的前提。对创业者来说，自省的过程，就是学习的过程、进步的过程。成功的创业者有一个共同之处——勇于进行自我反省。一个创业者，遭遇挫折、碰上低潮都是常有的事，在这种时候，反省能力和自我反省精神能够很好地帮助他渡过难关。曾子说：“吾日三省吾身。”对创业者来说，问题不是一日三省吾身、四省吾身，而是应该时时刻刻警醒、反省自己，唯有如此，才能时刻保持清醒。

案例分享

难以入眠的高德康

高德康做波司登，经常“晚上睡不着，想心事。常常半夜里醒过来一身冷汗”。

高德康，江苏常熟白茆镇山泾村的一个农民。1976年，高德康组织了村里一个缝纫组，靠给上海一家服装厂加工服装赚钱，每天要从村里往返上海购买原料，递送成品。“从村里到上海南市区的蓬莱公园，有100千米的路程。我骑自行车每天要跑个来回，骑了几次车就不行了。于是我就挤公共汽车，背着重重的货包挤上去，再挤下来，累得满头大汗。

因为我挤车也是在上班时间，车挤得不得了。我背着货包好不容易挤上去，车上的人闻到我一身臭汗，就把我推下来，有一次把我的腰都扭伤了。有时候他们还要骂一句，你这个乡下人，乡巴佬。神气得不得了……可是包重呀，你把我推下来，我怎么办？那个时候我是哭也哭不得，我想那些人一点都不理解我。有时甚至考虑还要不要和上海人做生意？但是不去上海，家里就没有活干，吃不上饭。只能上，乖乖地上。做生意龙门要跳，狗洞要钻，没办法的，只能受点委屈。”在这种情况下，高德康睡不着觉。

后来他的事业做大了，波司登成了中国羽绒服第一品牌，自己也变成了千万、亿万富翁了，却仍然常常睡不着觉。高德康总是在反省自己，为了一些想不明白的问题，他还特意跑到北大、清华上了一年学。他说：“我总是在听人家讲，听了以后抓住要害，再在实践中去检验。到最后看结果，看到底是不是真的。”高德康只有小学文化，而他现在最大的爱好竟然是看书。“时间再紧张，学习也不能马虎。平时很少有时间去看书，有时在飞机上看看。在这种学习时间很少的情况下，每个月一定要集中3天时间来学习。集中3天学了之后，把自己的思路理顺。作为一个领导来说，不一定整天忙得不得了的领导就是好领导，你必须把思路理顺，有一种思维的状态来考虑这个企业的发展。”

——资料来源：熊辛. 高德康：小裁缝剪出的大富豪

第四节 创业者的能力

面对创业机会，能否有效地把握，就必然涉及创业能力。

全球创业观察（GEM）报告将创业能力归纳为创办企业的经验、对机会的捕捉能力及整合资源的能力。研究表明，中国人的创业能力近5年来的变化很小，低于GEM的平均值，说明我国的创业能力属于低水平。

一、创办企业的经验

《全球创业观察2016/2017报告》提出，大多数人都认为创办新的公司是不容易的，而且人们缺乏创办新公司的经验，未能组织创办新公司所需的各种资源，也不知道如何管理这样一家新成立的小公司。从本报告来看，中国创业活动与创业生态主要有以下值得关注的方面：

第一，在中国，社会环境对创业者的整体评价保持在较高水平。

第二，2016年，中国早期创业活跃度相比上年度下降，也是连续两年来的下降。

第三，中国创业者不惧怕失败的比例在全球处于较高水平。

第四，中国创业者对自身产品与服务的创新水平的认知高于效率驱动经济体的平均水平，但与创新驱动经济体相比还有较大差距。

第五，中国的创业环境正在持续完善和提升，除了学校创业教育和商业/法律基础服务这两项，其他指标的创业环境评分均高于亚太地区的平均分。

二、对机会的捕捉能力

研究表明，相对众多的创业机会，人们缺乏有效的把握能力。《全球创业观察 2016/2017 报告》指出，对于创办新公司的机会大多数人很难做出快速的反应。从目前国内创业的总体情况看，我国目前仍然没有摆脱创业者的窘境，一方面有创业机会，也有创业动机和意愿，创业机会多，创业机动性强；另一方面，创业者的创业技能低下，很难把握住创业机会。

三、整合资源的能力

整合资源的能力是指创业者在创业过程中对资源的识别、获取、配置和利用的能力。郎咸平曾说过：一个人整合资源能力的大小，决定了成功的大小，整合资源创造价值，整合资源创造财富。

创业资源在未整合之前大多是零散的，要发挥其最大的效用，转化为竞争优势，为企业创造价值，就需要运用科学方法将不同来源、不同效用的资源进行配置与优化，使有价值的资源融合起来，发挥“1+1>2”的放大效应。研究表明，我国创业者在资源组织上的能力不足，未能有效组织创办公司所需的各种资源，成为影响我国创业企业关闭率居高不下的重要原因之一。

第四章

大学生的创业资本

案例导读

苏宁张近东：只有坚持到最后的创新才具有价值

在2016年南京举行的“2016KK钟山创业创想预言聆听会”上，苏宁董事长张近东发表演讲时称，作为连续创业者，让他充分体验到：创新创业绝对不是“三天打鱼、两天晒网”的事情，不仅需要创意，还需要资金、技术、人才等大量的资源整合及时间的积累。只有坚持到最后的创新才具有价值，这就是“剩者为王”。

张近东的主要观点如下：

三次创业，10万元起家，创业是我的终身职业

虽然，可能在大家看来，苏宁已经是一家成功的大企业，但对于张近东来说，他依然和大家一样在创业，某种意义上，“创业是我的终身职业”，只是处于创业的不同阶段。

张近东回想26年前的1990年，那时他27岁。当他辞去了事业单位的铁饭碗，租下一个不足200平方米的小门面，用东拼西凑来的10万元成立了一家专营空调的专业零售公司时，很多人可能以为张近东疯了。但他非常明白自己在做什么，以及想要做什么。

1998年，当时苏宁已经颇具规模，面对当年的亚洲金融危机，很多企业都开始收缩业务，以求过冬自保。而张近东又毅然决定开始二次创业，也是那时确立了从专业零售转型综合连锁零售的战略。大家不要小看这么一个决定，张近东一下子砍掉占苏宁50%的批发业务，断掉半壁江山。当时，苏宁有一些高层干部反对，张近东说谁再反对就把谁干掉。

第三次创业，是从2009年开始的。而这次又是在全球金融危机的背景下，当时互联网和实体几乎是两个对立的概念，那时候用得最多的词是“颠覆”和“取代”。但是张近东当时就认为互联网是一种工具，与实体并不冲突。几年下来，不仅线下零售第一的地位没有被动摇，同时，苏宁易购也成功巩固了B2C电商前三的地位。

苏宁成立投资集团，不让创新者倒在黎明前

“为了让更多的创新企业能够坚持走到成功，而不是倒在黎明前，上周我们在上海正式成立了苏宁投资集团，就是要围绕大消费、大服务，通过设立金石基金、鼎元基金、青

创基金、文化基金和消费基金，3~5年内投资300亿~500亿元，重点扶持那些与技术进步和消费升级相关的创新企业。”

“之前我们投资过母婴电商红孩子、做智能手机的努比亚和邓超的影视剧制作公司橙子映像，未来我们希望能投资更多这样有技术、有内容的创新企业。”

无论资本环境冷暖变幻，苏宁提供春意盎然的创业环境

有人说，2016年是“资本寒冬”。毕马威的一份风险投资报告显示，2015年第四季度，中国的风投金额降至72亿美元，环比第三季度下降29%，毕马威预测，这场全球范围内的风投下降趋势，将延续到2016年。

“曾经有人说，只有偏执狂才能生存，我觉得这有两个前提，一是要有前瞻的眼光，在正确的方向上偏执；二是要有支撑持久偏执的创业环境和资源。无论资本的环境有多冷暖变幻，苏宁都将成为创业者们的坚强后盾，从资金、渠道、营销、平台等提供一揽子的全方位服务，真正为创业者们提供春意盎然的创业环境。”张近东表示。

创业最好的时代，三大领域蕴藏着大量创业机会

尽管现在有谷歌、亚马逊、苹果、百度、阿里巴巴、腾讯这样强大而成功的公司存在，但创业者们现在开始一点也不晚。张近东认为，对于真正有梦想的人来说，市场从来不缺机遇，从来不缺风口，而且现在应该是创业最好的时代。在高科技、智能化产品；在大消费、大服务与互联网结合；在传统产业从+互联网到互联网+结合等三大领域蕴藏着大量的创业机会。

虽然，并非所有的人都能去中关村，全国各地还遍布着大量怀揣梦想的创业者，他们也需要一片创业的净土，可以一边喝咖啡，一边创造未来。“为此，在今年的‘两会’上，我还专门提交了呼吁政府、企业和高校协同，推进大众创新万众创业的提案。”

“还记得2013年我在美国斯坦福大学给大家介绍O2O模式，到了2014年，大量的企业和风投开始涌入O2O领域，但仅仅一年之后，又雪崩似的轰然散去。回过头来看，有一些企业玩的是概念，并没有实质性的举措；有一些企业只是在某个点上的创新，缺乏系统支持；也有相当一批企业虽然模式很新颖，但是资金、技术、人才等资源匹配缺乏，不足以支持走远路，做长久。这说明，创新永远不是一蹴而就的，需要经历从量变到质变积累的过程，往往最后坚持下来的企业才是最成功的企业，坚持到最后的创新才具有价值，这就是‘剩者为王’。”

——资料来源：投中网

思考

1. 创业需要哪些资本？

2. 结合自身情况，思考自己拥有哪些创业资本？

第一节　创业资本的概念

创业是一场关于人的胆识、智慧、情商加上执行力的综合考验，对创业者的要求不只是简

单地做好一份工作。一个优秀的创业者心里要装着整个项目，熟悉里面每一个构成元素，并且能够自由驾驭，战略规划，统筹调配，均衡内部关系，使之达到一个最具战斗力的状态。创业是一门艺术，就像画画一样，每个人都能画，但不是每个人都能画得好。能够称得上大师的只有那么几个。

对许多人来说，迈向创业的第一步就是观念的转变。几十年来，延续和固守传统就业观的状态，已经被高速发展的社会现实所动摇。改革开放40多年来，我国的政治、经济环境发生了巨大的变化，人们的生活方式也日新月异。创业是一个从无到有的过程。与其说它是一门学科，不如说它是一个实践过程。

一、资本的概念

自从人们有了商品经济的认识和研究，便有了资本的概念。由于经济发展的不同时期、研究者的不同角度、学科的不同对象等，学术界产生了对资本的多种说法。资本的概念起源于家畜养殖的原始社会，发展于货币本金放贷生息的古代社会，成熟于生产要素论的近代社会，延伸于范围扩展的现代社会。把资本当作生产要素是经济学中资本概念的正宗和经典。创业投资中的资本就是这种意义上的资本。多种资本概念的一个共同点是凡是与财富创造和财富增加有关的要素都是资本。通俗地来讲，可以把资本分为“硬资本”和“软资本”。硬资本是与财富创造及财富增加相关的一切物质要素，一切物质的、有形的、实在的、构成投资的物质基础的要素都是“硬资本”。例如：土地、劳动力、能源、材料、机器、设备、工具及用价值代表和支配它们的货币。与之相应，“软资本”是与财富创造及财富增加相关的一切非物质要素，即一切非物质的、无形的、虚的、构成资本内在属性的资本要素。例如：知识、技术、信息等。任何事物必然包含“硬”和“软”两个方面，可以相互区别，也可以相互融合。

二、“F”创业资本说

“F”资本是中国创业学创始人赵延忱在著作《民富论》中提出的“灵魂资本”概念。创业过程中的资本理论，被定义为最具资本性质的真实存在，是创业者创造性整合资源的资格，是创业者通透和把握项目的能力，是理解和运用规律的本领。赵延忱把它称为“F”资本并认为它是真正对创业投资的成败起决定作用的资本，渗透于软硬资本之中。它是对全部要素资本具有“灵魂”性质的资本，也可以理解为创业的资格，有创造资本生命活力的能量。

“F”资本的构成，可分解为三个部分：一是创业者把握创业项目的能力。即能通过对一个具体项目中包含的各个要素详尽了解，并能实现各要素间的创新，完成创业项目的平衡运转。二是清晰知道创业的根本目的所在。它关系到创业过程中各个行为的发生，影响整个创业过程。三是创业者的素质。它对创业项目实施的成败起着基础和决定作用。三者由表及里，相互联系，构成了“F”资本的内容。

把创业投资简单地理解为投入货币资本，组合了一堆物质资本就能够运转起来吗？即使能运转，能够持续吗？即便能持续，能够盈利吗？真正能够把企业做成功的人，他们的成功靠的是什么？这就是“F”资本所要回答的问题。

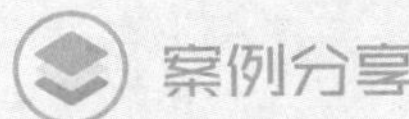

用互联网“举个栗子”

创业伊始

乔志忠创业伊始对“举个栗子”的定位是，就要不同于街头常见的大锅现场炒栗子。

首先，“举个栗子”这个店名的别出心裁，就能赚足眼球。而且他认为任何传统的街头小吃，都需要一种轻奢品，因此，他以精优的标准挑选栗子。他店里的栗子，个头均匀，每天定量翻炒。当到了炎炎夏天，你还能吃到“冰栗”。店里将加工好的栗子封装好，放到恒温的冰箱里，拿出来时，栗子是冰的，口感反而更好。冷柜+“冰栗”，这可以说是一次突破。这种模式让乔志忠这个年轻人大获成功，从未有人想过把这两种结合在一起，结果两者结合的“冰栗”反而销量大增。

别出心裁

乔志忠只在店内卖栗子？他竟然还会骑着小摩托送栗子外卖。

买完栗子，你还可以加入“栗友”群，和爱吃栗子的朋友参加公益活动献爱心。

26岁时，你在做什么？白手起家，26岁的乔志忠已是15家店的老板，人称“乔帮主”。

他开的小店“举个栗子”时刻从顾客角度出发，把心思用在客户体验上，卖栗子也能卖出不一样，践行着“互联网+”模式。乔志忠说，他的梦想是把“举个栗子”做成全国第一栗子品牌。

他做了15家连锁店

“举个栗子”的团队自称“栗子帮”，乔志忠自然是“帮主”。创业初期，“帮主”乔志忠曾不好意思地对员工讲过这样一句话：“想互联网创业，这地方确实有些小，现在是小，很快就会宽敞了。”

万万没想到，他这句话不是空穴来风，是有根据的。2013年11月，第一家“举个栗子”开张。短短一年多时间，乔志忠开到了15家连锁店。据统计显示，至2016年，“举个栗子”单月营业额最高达到20余万元。

1988年出生的他举手投足间透着自信与活力，他很清晰自己的定位——纯草根儿创业者。

乔志忠来自山西农村，家庭并不富裕。小时候，他卖过野菜，卖过蚕宝宝，商业头脑展露无遗。也就是从那时起，经商的小火苗在他胸中越烧越旺。如今，“举个栗子”在年轻人中口碑很好。乔志忠说，能走到今天，全凭自己的敢想敢做。

互联网+糖炒栗子

乔志忠从没想过去做街边大锅现场炒栗子的行当，那并不是什么稀罕事。他想的是怎么卖才能跟别人不一样。

“我卖栗子是卖的创意。”乔志忠说。他的栗子个头均匀；每天定量翻炒，保证顾客能吃到热栗子；一次吃到3个坏栗子，免费调换1斤；买够15元送湿巾和剥栗器，这样顾客吃起来方便，又不怕脏手。“举个栗子”还有特色包装袋，在宣传上，有自己的小玩偶。也许正因为这些不起眼的小细节，让“举个栗子”成为行业佼佼者，受到越来越多年轻人的欢迎。

小栗子，大梦想

打造全国第一栗子品牌，这是“乔帮主”的梦想。

“举个栗子”能发展得这么好，“产品+社群”是乔志忠的一大法宝。现在，“举个栗子”有好几个社群，每个店也都有自己的微信群，群里经常是热热闹闹的。要留住“栗友”不是一件容易事。“口碑是最重要的。”乔志忠一直强调。

——资料来源：大学生网

第二节　大学生创业资本的内容

一、坚定的创业信念

英国哲学家、经济学家约翰·斯图亚特·米尔（John Stuart Mill）曾说：“一个怀有坚定信念的人，与九十九个徒有兴趣的人力量相等。”有兴趣的人与有信念的人区别之一就在于，有信念的人会设定目标并坚定不移地去实现它。

大学生走上创业之路，首先要有强烈的创业欲望。“欲”，实际就是一种生活目标，一种人生理想。创业者的欲望伴随着创业过程中的行动力和牺牲精神。凭自己现有的身份、地位、财富得不到，因此要去创业，要靠创业改变身份，提高地位，积累财富，这构成了许多创业者的人生“三部曲”。因为欲望，而不甘心，而创业—行动—成功，这是大多数白手起家的创业者走过的共同道路，“欲望是创业的最大推动力”。其次，要有目标设定。目标是创造力产生的动力。目标项目是你想干什么，想实现什么，想完成什么。目标是你理想中的结果，它与现实状况存在距离，两者间距离的缩短就是向目标前进。创业目标的设定有其阶段性，在向目标前进的过程中，可以分解若干的小目标或阶段目标，分解后的小目标应该更加具体、更加清晰，离现实状况更接近。

 案例分享

创业路上，信念第一——“幕墙西施”郁彩萍

她是一家拥有100多名员工的企业老板，业内人称她“幕墙西施”。之所以这样叫她，除了她长得比较像古代的“西施”之外，更多的还与她所从事的行业——“用幕墙装点城市”有关。她所创办的装潢工程有限公司，不仅在当地，就是在杭州、上海这样的大城市都小有名气。

可10年前的她，还跟中国大多数清贫家庭的普通妇女一样，洗衣、做饭、烧菜等是她生活的全部。唯一不同的是，她有一个信念，那就是：她要改变她的生活。就是这个信念，陪她度过了贫困的童年，孤独的成年。也是这个信念，使她放弃了原本安逸的生活，走上了艰辛的创业之路，并在“男性一统天下”的建筑装饰行业闯出了自己的一片天空。

她出生在浙江嘉善一个清贫的农村家庭。或许是应了“穷人的孩子早当家”那句古话，

打懂事以来，她就特别乖巧。一放学，她就去割草、养鱼、喂猪、洗衣、烧饭……10岁时，她就成了妈妈的好帮手。但是繁重的家务，并不影响她的学习成绩。每学年，她都是“三好学生”。

都说“嫁出去的女儿泼出去的水”，她的父母也这样认为。就这样，还没读完小学三年级，她就被迫辍学了。自此，她也明白了，通过学习来改变个人命运的方式，对于一个像她这样的女孩子来说是行不通的。可这并没有让她放弃最初的信念，即便是成了人妻，身为人母。

1996年的春天，刚生下小孩的她，怀着创业的憧憬，冲破家人的重重反对，独自一人来到海宁，租了间店铺，开了一家家具店，开始了她的创业之旅。那时，2 000块是她全部的资本，当时她还有刚出生不久的小孩和病重的公公婆婆需要照顾。进货、销售、盘账、摸索经营之道、照料小孩、探望病重的公公婆婆……里里外外一个人，每天总是从早忙到晚。朋友们都说她瘦了，有的还劝她：“何苦这么拼命呢？”但她仍感到兴奋，认为这样很值。因为，她终于在为改变自己的生活而努力了。

由于缺乏经营管理经验，又遭遇同行的低价恶性竞争，她的家具店最终以失败告终。这次失败，让她饱尝了市场的残酷和无情，也看到了自己的缺陷和不足。

哲学家说：“苦难，有时候也是一种财富。”那时候，她经常想起这句话，算是对业已失败的家具店的一点心理慰藉。就这样，她从公公婆婆手中接手了嘉善钱桥银河玻璃厂，开始了她的第二次创业。

当时这个厂在很多人眼里只是一片空旷的土地。只不过在这片土地上，用简易的木材盖了几个简易的房子，并放了几台简易的机器而已。就是这么一个简单得不能再简单的厂房，让她看到了希望，看到了未来。

俗话说，“吃一堑，长一智”。有了第一次的惨痛教训，在对厂的管理中，她坚持“人无我有，人有我优，人优我新”的经营理念。当时，人们装饰新房时用的还是白片玻璃加贴窗花的模式。她预感到，这是一个机会。于是进行技术改革，转做磨砂乳化玻璃、凹蒙玻璃。现实永远要比想象来得严峻，来得残酷。技术改革，对于她这样一个一没文化，二没技术、经验的人来说，谈何容易！但是如果不推出新的产品，那无疑将会重蹈家具店的覆辙。为了攻克技术难关，她没日没夜地扑在厂里。累了，就睡；醒了，又继续一天的忙碌。遇到难题走不下去时，她会独自一人饮几杯酒，望着天上的星星。偶尔还对怀里不会说话的孩子说几句，算是向她倾诉自己所面临的困境，缓解内心的压力。

功夫不负有心人。经过近1个月的努力，磨砂乳化玻璃、凹蒙玻璃的技术难题终于攻克了。但是，新的问题又来了：产品销给谁？不是对公司的产品没有信心，而是公司当时的营销网络一穷二白，且销售队伍也没有基础。前一次的失败使她明白，在这“酒香也怕巷子深”的年代，再好的产品放在仓库里，是不会有人主动跑上门来取的。没办法，只好赶鸭子上架，自个儿半路当起推销员来。她不停地奔波于杭州、上海、安吉等地，见哪有工程在造、房子在装修，她就往哪钻。提着样品冒昧上门，主动向他们介绍磨砂乳化玻璃、凹蒙玻璃的优点。在当时的中国，人们对新事物总抱有怀疑心理，这也是她总是成少败多的原因。可她并不气馁，因为她坚信总有一次她会撬开成功的大门。

或许，是她的真诚和勤奋感动了别人，她的第一笔单子来了，接着来了第二笔、第三笔……销路也就慢慢地打开了。对于公司，她不知道什么叫管理，也不懂得怎样去做客户维护。她只知道，做人要诚实，待人要诚恳，做生意也是这样。她用最真诚的服务态度和最优质的产品对待每一位客户。慢慢地，顾客就多了起来。

经过四年的摸爬滚打，公司已有了一定的规模。为了扩大服务领域，她在县城开了一家玻璃商店。后来，她又成立嘉善银羽玻璃装饰材料厂。在经营范围上，也从生产加工型的企业转向了建筑和房地产领域。似乎，公司已踏上了健康、快速的发展之路。也就在那时，让她真正明白了"创业难，女人创业更难"这句话的真正含义。

快速发展的中国地产业，会集了行业精英，集结了三教九流，也引来了激烈的市场竞争。为了争取工程项目，她不仅要跟各色人等打交道，还得出入各种场合。凡此种种，举不胜举。记忆犹新的一次是在应酬完驱车回来的路上发生了车祸。有很多人当面羡慕她今日的成功，而她唯有苦笑。因为对她而言，经营路上充满了曲折和艰辛，很多次几乎是用人生最宝贵的生命和健康去做铺垫的，所以，身边的很多人劝她远离商海。她也知道，金钱这东西，当达到一定数目时，只是一个数字符号而已。与很多企业家相比，她只是大海里的一朵浪花，既激不起风浪，也引不起潮流。就是那股最初的信念——改变她的生活，改变她的人生。让她冲破了家人的重重反对，坚持到现在，并走向未来。

——资料来源：三亿文库网

纵观人类社会，人生鲜有一帆风顺的，而商场则充满了荆棘与坎坷。在郁彩萍的身上，我们看到了浙商的艰辛，也看到了他们的坚强与执着。对郁彩萍而言，创业是一份信念，走过去是一种态度。

二、通透的项目知识

中国科学院大学管理学院原院长成思危提出：创业者必须是一个通才，应当具有四维的知识结构——专业的深度，没有深度就不会有创新；学科的广度，光是懂得一个专业，没有相关学科的知识，就难以实现产品的商业化，因为产品的商业化不仅是一个技术问题，还牵涉周边有关的一些知识；哲学的高度；还要有长远的眼光，不能鼠目寸光，也不能斤斤计较于一时一事的成败。四维知识结构就是三个空间维再加上一个时间维。

一个创业项目，不论大小，都是由若干部分、若干相关因素构成，你要介入这个项目，就必须对构成这个项目的每个相关因素都有深入详尽的了解。不论是直接的还是间接的，表面的还是潜在的。例如搞产品，技术和市场最重要。对技术，则要弄清先进与否，核心技术匹配的是什么，这个技术的工艺、材料、设备及工具是什么。要想弄清各部分的要素，就必须学习专业知识、经营管理知识和综合性知识。专业知识是从事某一专业或职业所必须具备的知识，一般是与专业、职业能力结合在一起发挥作用的。经营管理知识是从事经营管理工作所必须具备的知识。综合性知识是发挥社会关系运筹作用的多种专门知识，其中包括政策、法规、工商、税务、金融、保险、人际交往、公共关系等。在创业知识的构成中，经营管理知识、综合性知识与经营管理能力和综合性能力一样，具有内部资源配置和社会关系运筹的特征，并与经营管理能力和综合性能力结合在一起，共同发挥作用。

三、项目运转的能力

任何行为的成功、失败与人的基础素质都有着密切的关系。创业有如马拉松，能否跑在前面并能坚持到最后，最终取决于创业者的体能和素质。创业项目能够“生存”，是大学生创业的第一步，在迈进创业门槛时，创业者就应该具有基础素质。基础素质是一个正常人应该具有的、立足于社会的原始资源。首先是良好的个人人格形象。在对一些成功创业者人格特质的研究中，共性大致可以归结为个人性格、懂得欣赏他人和知人善用等特质，创业者的个人影响力、感召力和带动力都源于此。其次是实力，这里指干事的能力，如坚强的意志、坚韧的秉性、坚定的自信、吃苦的习性、务实的作风等。再次是心计。即个人的思维能力，包括认识、处理、创造性地解决问题的能力。最后是梦想。梦想是什么？有时它是追求自主、自立、自强、自尊的渴望；有时它是与命运抗争的铁一般的决心；有时它是欲成就一番事业的烈火；有时又是一个非常具体而又明确的目标。以上前三个方面是许多人都具备的，但通常处于隐藏状态，不具备充分发挥的条件。只有梦想才能激起它们迸发的能量。

四、整合资源的能力

创业是做什么？每个人都有不同的答案。创造财富、搭建平台、生产产品、收集信息、提供服务等，太多的答案。创业可大可小，创业既可以简单也可以复杂。你有钱可以创业，没有钱也可以创业；你有产品可以创业，没有产品也可以创业；你有平台可以创业，没有平台也可以创业。因为创业不在于你规模有多大、人数有多少、资金有多雄厚，关键在于你能为客户创造价值、提供服务。其实创业就是对接资源。因为世上没有废品，只是放错了地方。不管你是在校学生、家庭主妇、企业职员，还是社会青年，只要你能善于收集资源，转化资源，让有价值的资源找到真正需要的客户，你就可以创业。因此一个真正想创业的人，只要你有资源，随时都可以找到创业项目。有智慧的创业者不会把人当“人”看，而会把人当客户看。把人当客户看，才能让人脉变成钱脉。例如，现在的大学环境就是一个人员非常集中的场所。如果你把同学当人看，那么你只是多了一群同学。如果你能把同学当客户看，那么你会发现大学的市场太大了，到处都是财富。有想学习的，有想就业的，有想就餐的，有想学车的，有想恋爱的，有想旅游的，有想购物的等，这些都是创业项目。如今处于信息化时代，社会不缺少资源，不缺少信息，不缺少客户，只缺少信息对接、资源转化。因为对于今天这个产品严重供过于求的市场经济时代，只要你能为企业或商家提供可靠的客户信息，相信再大的企业也愿意跟你合作、给你支付销售提成的。因此现代的创业者也可以不需要创造产品，而是整理现有资源提供给需要的人。资源本身产生价值，只有找到它的需求者才能发挥价值，因此创业就是进行资源整合。

案例分享

现代奥运会中的“1+1=11”

现代奥运会就是一种高级阶段的整合，它将奥运精神和体育竞技以“1+1=11”的共赢模式来实现。奥林匹克运动包含四场公平竞争的比赛，即运动员、媒体、举办城市和赞助商，任何一场比赛的参与者都能享受另外三场比赛为其带来的巨大收益。因此，在奥林匹克模式中几乎没有输家，所有坚持完成比赛的参与者都是赢家。

奥运会的所有参与者的定位虽然不同，但方向是一致的。只要彼此将手中拥有的资源共享出来，就可以获得别人手中你想要的资源。因此，方向相同、定位不同的两个“1”相加，可以获得更佳的结果，即“11”，最终实现合作伙伴各自利益的满足，并获得共同成长的机会。

——资料来源：简书网

第三节 大学生积累创业资本的途径

大学生创业资本的积累，应充分利用课堂内外的一切资源，围绕自己的创业梦想进行实践。在实践中选择、培育、模拟、运转创业项目。目前，在全面推进素质教育的大政策下，大学校园最不缺的就是社团、社会实践、素质拓展等各类平台资源。如何不让这些资源浪费，积淀内涵、提升自我，努力激发自身的原始资本，是大学生创业之始的首要任务。

一、大学生社团

大学生社团是高校校园文化的主要载体，大学生社团对构建健康、向上、和谐的校园文化氛围有着不可或缺的重要功能。它主要是由在校大学生自发组织的，少数由院系部门发起组织，是在学校主管部门（一般隶属于院校共青团组织或学生主管部门）社团指导老师的指导下开展活动的学生团体。大学生社团一般分为三大类：兴趣类社团、专业类社团、职业发展类社团。其覆盖面非常广泛，几乎可以包罗大学生活的各个方面，足以影响大学生的人生方向及其目标、理想的实现。在时间上，它可以贯串于整个大学阶段。对于一个把自己定位在创业发展方向上的大学生来说，准确地选择应加入的学生社团，积极参加各种校内外社团活动，是由学校学习过程迈向创业实践阶段不可缺的一座必经桥梁。例如，大学生社团的创立、开展过程就是实践过程。你可以把一个社团的创立看作一个项目，把握学校校园文化的空白，争取学校管理机构和学生的支持，从而立足。社团的日常运作可以借鉴项目管理的思想和理念，模拟企业的管理形式，把社团的活动看作为学生“客户”提供服务。社团所遵循的相关制度、组织活动的实施可以看作品牌建设，社团经费的使用可以看作企业的财务核算。以上这些过程就是个人“F”资本积聚的有效途径。

二、大学生社会实践

（一）社会实践的内涵

社会实践，即通常意义上的假期实习或是校内外兼职，对于在校大学生具有加深对本专业的了解、确认适合的职业、为向职场过渡做准备、增强就业竞争优势等多方面的意义。目前更多学生则是倾向于选择与专业相关的单位实习（包括有偿和无偿）。大学生参加社会实践，了解社会、认识国情、增长才干、奉献社会、锻炼毅力、培养品格，对于加深对中国特色的社会主义理论的理解、深化对党的路线方针政策的认识、坚定在中国共产党领导下走中国特色社会主义道路、实现中华民族伟大复兴的共同理想和信念，增强历史使命感和社会责任感，具有不可替代的重要作用。同时，对于加强自身独立性也具有极其重要的意义。

大学生的社会实践与大学生创业资本的积累、提升有着密切的联系。通俗地说，一个积极参与社会实践的大学生和整天称为"手机控"的"宅男宅女"，其表现出来的精神风貌和毕业后的处境是完全不同的。对于把自己奋斗梦想定位于创业的大学生们来说，要实现梦想，更好地缩短梦想与现实的距离，就必须珍惜在校学习生活的宝贵时间，利用课余时间积极、主动地投身到社会实践中去。

（二）大学生社会实践的意义

1. 道德品质和规则意识得到提高

在现代市场经济社会里，规则意识十分重要。大学生缺乏遵循、认识、把握规则的意识，就不可能合理、适度、恰当地利用规则为自己的立足创造空间和条件，并有可能犯下不可弥补的过错，付出本不需要付出的代价。

2. 公民意识和契约精神得到提高

在校大学生终有一日会踏入社会，成为一名真正的社会公民。树立公民意识，意味着承担更大的社会责任。创业的"用户价值观"建立在社会责任的基石上。缺失责任意识，创业之梦就可能是空中楼阁。同时，通过社会实践可以了解各类市场经济的运作法则。市场经济也是"契约经济"，各类国家和地方法律法规及政策，都应予以高度关注。

3. 团队合作精神和能力得到提高

社会实践的历练，不管是校内实践还是校外实践，都可以提高大学生在团队中的合作精神。树立分工协作的意识，团队合作不仅是个人良好素质的体现，也是个人能力的体现。如表达、沟通、协调、组织、交际等多方面的能力，而这些能力资源对于创业活动来说，也起着不可或缺的作用。

4. 个人的视野得到扩展

所谓"眼界决定高度"，一个人知识面的拓展不仅是知识上的改变，而且能发现无穷的创意。大学生通过社会实践接触到形形色色的人和事，能够不断地调整自己的奋斗途径，选择一条最便捷的路。同时，在智慧的力量的作用下，还能够发现创意点。这也就是说，目力所及决定创造力的高度。

案例分享

那一次出山

因为贫穷，某山沟里的孩子只能读几年书，很少有人读到初中，更不要说读高中、上大学了。一位年轻的老师决心改变这一切。

当他教五年级时，学校得到一笔助学捐款，叮嘱老师们要将款项用在刀刃上，用到改善办学条件上去。在其他班级纷纷增添教学工具、购买图书时，这位年轻的老师用这点不多的钱将全班十几名学生带到南方一个城市转了一圈。钱不够，他们就睡车站、啃馒头，孩子们第一次走出山旮旯，第一次看到闪烁的霓虹、不息的车流、拔地的高楼。

那名年轻老师回来后，指责之声铺天盖地，说他是借学生之名去旅游，说他贪污捐款。虽然最后保住了饭碗，但所有人都知道，他这辈子毁了。

1年后，这名年轻老师所教班级的十几名学生参加中考，大大出人意料的是全部学生都考上了初中，有的还考上了县域重点中学，这在山区学校是绝无仅有的。而这些孩子的弟弟妹妹们也纷纷跟着他们的足迹，陆续走出了大山。

10年后，这个班的学生有的当了公务员，有的当了教师，有的从事科研，有的则当了老板。后来，几位做了老总的同学集资组织了同学会，相约回乡拜访恩师。他们笑谈当年的“镀金”一事。人们这才知道，那一次出山，不仅改变了那个班级学生的命运，也影响了整个山村。后来，这个故事在这个小山村流传了好多年。

——资料来源：企汇网

第五章

创业机会与创业模式

案例导读

开心网创始人程炳皓的反思：犯了三大错误、错失八大机会

由程炳皓创办于2008年3月的开心网，在短短2年多的时间就获得亿万用户的喜爱，其社交游戏“偷菜”爆火。据统计显示，截至2009年底，页面浏览量（Page Views）超过20亿，每天登录用户超过2 000万。Alexa全球网站排名中，开心网位居中国网站第八位，居中国SNS网站第一名，很多人认为开心网会发展为一家互联网大公司。

然而，开心网却从2010年开始用户活跃度下滑；最后，转型成为一家手机游戏公司，不再是一家平台公司。2015年开心人公司利润有几千万元，这是开心人们聪明和奋斗的结晶，但离2009年看到的“最好的可能”相去甚远。为什么？

2016年7月22日，开心网创始人程炳皓在微信发布题为《八年开心》的总结文章，反思自己创办开心网8年来，犯下的三个错误和错失的八个机会。

犯了三大错误

从现在看过去的结论，在各种事情纵横交错之时，我们犯了“成功者的错误”，这些错误其实我自己创业前经常批评别人，但是轮到自己，一点没有进步。

1. 成功者的错误心态：天之骄子。作为成功者，我们总是愿意相信自己一定会成功，而友商，一定会失败。我们不愿意真正相信自己的成功其实无比脆弱，随时有可能失败。但是诺基亚从极盛到售出只有不到5年时间，市场、政府及我们自身，都随时可能发生我们根本无法预测的变化。

说白了，我们在情势好时，弥漫着骄傲情绪；情势差时，又迅速转成抓狂情绪。

2. 成功者的错误方法：路径依赖。成功本来有无数偶然因素，但是我们当年没有认识到这个，我们开始总结，给自己总结了很多光辉的理论，然后说，我们今后就还坚持这么干，扩大战果。

“学我者生，似我者死”，更何况是学自己。

一件事做对了，应该忘记它往前看。再回头一看，就已经不是了。

成功者的错误逻辑：因为我是。因此做。我们就要。

这貌似和亚里士多德三段论一样完美。

我们做了很多新产品，都不脱离“社交”，甚至很多都是“熟人社交”。

其实，身处这个剧变的时代，每隔2~3年一小变，每隔3~5年就全变了，自己之前成功与否，自己是沿着什么路径做的，以及自己打下的那一亩三分地，相比外界，就变得不重要。

3. 成功者的错误心态：一定要超越自己。一家从高峰开始下滑的公司，背了一个巨大的包袱，过去的成功，可能转化为负资产。一方面，每天都是用户活跃度下滑，每天都有挫败感，士气低落；另一方面，又容易产生“你们看我再憋个大招”这种心态，失去了平常心。因此，一家曾经成功又走下坡的公司，要再起飞，非常地难。有一段时间，我们的一位友商，经常在市场上散布“从来没有起来又下去的公司，再起来过，因此，开心网肯定完蛋了”，说的是有道理的。

错失的八大机会

现在重新审视2010年之后，开心网这家公司，该怎么做呢？我们本来有可能抓住哪些机会呢？

1. 利用人气的聚集和熟人网络关系，做通信功能。最好能与微软达成合作，掌控MSN，获得独立开发运营MSN的权利。当然，与微软达成这样的合作难度非常大。

实际情况：与MSN好像有过接触，记不清了。2010年开发IM，因为对手非常强大（你懂的），因此产品负责人对产品要求很高，没有完成。之后发现Kik，马上推出了我们的类似产品“飞豆”。结局？产品当然有巨大需求，只是赢的是微信。

2. 扩展开心网的熟人社交圈子，发展出类似微博的功能。或者，在微博早期与之整合。

实际情况：我们很早就看到Twitter的价值，但我们也看到这个模式的风险，归结到“成功者心态”，我们一开始不想冒风险。

看到新浪微博做起来，对我们造成威胁，我们马上在2010年做了一个微博，但刚发布就因为一些外部原因下线了。

在新浪微博早期谈过整合，但我们团队的心态还是认为“我能”，因此没有达成。

3. 做“交友”或“兴趣社交”，例如：知乎模式，在开心网内部，或者独立产品，用开心网的人气培养。

实际情况：做过一个产品算是兴趣社交，失败。现在回想是执行中的问题。

4. 大力投入移动互联网，学习市场已有的成功模式，用开心网的既有流量和人气强推。

实际情况：2012年才开始做与开心网无关的移动互联网新产品，而且主要是从社交概念出发，做创新产品。每个产品，从产品实现的各个环节看，水平都很高，但是均失败，可能还是失败在定位、概念。创新的风险是极高的，社交的概念其实不必坚守。

5. 做网页游戏研发。在社交游戏团队基础上，分出团队做网页游戏业务，成立独立公司，使团队运作灵活，一开始背靠开心网平台支持，渐渐独立发展。

实际情况：没有做。

6. 拓展海外市场。无论是开心网平台、社交游戏、网页游戏，都适合拓展海外市场。也应该成立独立公司运作。

实际情况：做了一段时间，进展不好，刚好其他项目缺人。

7. 早日上市，这是一把双刃剑，但是上市后，可以获得更大的资源去拓展。

实际情况：一开始是想“大公司都是不急于上市，能上市而不上市多么酷啊，因此我们一定也是不着急上市”，后来公司准备上市的进程中，用户活跃度下滑，券商建议暂停就一直停了下去。

8. 做真正的“开心农场”，与线下有能力的公司合作。

实际情况：没有做。当时想的是“不熟不做”“专注”，做不好伤害品牌，这件事与我们用户活跃度的下降又没有关系。

以上有很多问题，都是被流行概念所害，教条主义害死人，尽信书不如无书，归根结底还是怪自己没有经验，更不够有勇气直面自己内心去取得答案，向外界求安全是最不安全的。

——资料来源：程炳皓. 八年开心（有删减）

思考

1. 创业机会的重要性。

2. 开心网错失八大机会的原因是什么？

第一节　创业机会概述

据中国创业招商网统计，90%的人有过创业冲动，其中60%的人会付诸实施，但是仅有10%的人会成功。在成功的创业项目中，选择良好的具有发展潜力的项目是关键。一个良好的创业项目，能让创业者少走好多弯路，大大增加创业者成功的概率。可见，一个良好的创业项目的选择就能成就一个美好的未来。

选择好的创业项目是一个对创业信息获取并且加工的过程，能很有效地减少投资的不确定因素，能很好地增加成功的筹码。选择创业项目需要把握住以下几个关键：第一是创业机会来源。创业者要科学地把握创业机会的产生，评估具体信息。第二是创业信息的收集。创业者在选择创业项目时往往面对海量信息，需要寻求那些可信度高和可行性高的创业项目，这个过程就是信息收集的过程。第三是创业信息的分析。创业信息的真实反馈需要科学的分析，并做出决策。第四是创业信息的评估。这是创业者在创业前的决策行为，创业者需要综合自身实力、创业者的热情和执行力、市场环境和政策因素等情况，做出可行性评估，并开展创业行为。

一、创业机会界定

创业机会的几种常见定义：

创业机会是可以为购买者或使用者创造或增加价值的产品或服务，它具有吸引力、持久性和适时性。

创业机会是一种新的“目的—手段”关系，它能为经济活动引入新产品、新服务、新原材料、新市场或新组织方式。

目前广为学术界接受的定义是：创业机会是未明确的市场需求或未充分使用的资源或能力，它不同于有利可图的商业机会，其特点是发现甚至创造新的目的—手段关系来实现创业，对于产品、服务、原材料或组织方式有极大的革新和效率的提高。

大多数创业者都是把握了商业机会从而成功创业，例如，蒙牛的牛根生看到了乳业市场的商机，好利来的罗红看到了蛋糕市场的商机。在现实生活中，这样的例子不胜枚举。但是，仅有少数创业者能够把握创业机会从而成功创业，一旦创业成功，不仅会改变人们的生活和休闲方式，甚至能创造出新的产业。随着人们对创业机会价值潜力的探索，会逐渐衍生出一系列的商业机会，从而滋生出更多的创业活动，例如互联网创业中的例子。

二、创业机会的类型

（一）按创业机会的来源划分

按创业机会的来源可以分为问题型机会、趋势型机会和组合型机会。

问题型机会，指的是由现实中存在的未被解决的问题所产生的一类机会；趋势型机会，就是在变化中看到未来的发展方向，预测到将来的潜力和机会；组合型机会，就是将现有的两项以上的技术、产品、服务等因素组合起来，以实现新的用途和价值而获得的创业机会。

（二）按目的—手段关系的明确程度划分

按目的—手段关系的明确程度可以分为识别型机会、发现型机会和创造型机会。

识别型机会是指市场中的目的—手段关系十分明显时，创业家可通过目的—手段关系的连接来辨识机会；发现型机会则是指当目的或手段中的任意一方的状况未知，待创业者去进行机会发掘；创造型机会，指的是目的和手段皆不明朗，因此创业者要比他人更具先见之明，才能创造出有价值的市场机会。

三、创业机会的基本特征

（一）普遍性

凡是有市场、有经营的地方，客观上就存在创业机会。创业机会普遍存在于各种经营活动过程之中。

（二）偶然性

对一个企业来说，创业机会的发现和捕捉带有很大的不确定性，任何创业机会的产生都有“意外”因素。

（三）消逝性

创业机会存在于一定的时空范围之内，随着产生创业机会的客观条件的变化，创业机会就会相应地消逝和流失。

《创业学：21 世纪的创业精神》的作者杰弗里·蒂蒙斯（Jeffry A. Timmens）教授提出，好的创业机会有以下四个特征：

（1）它很能吸引顾客。

（2）它能在你的商业环境中行得通。

（3）它必须在机会之窗存在的期间被实施（注：机会之窗是指商业想法推广到市场上去所花的时间），若竞争者已经有了同样的想法，并已把产品推向市场，那么机会之窗也就关闭了。

（4）创业者必须有资源（人、财、物、信息、时间）和技能才能创立业务。

四、创业机会的来源

变化是创业机会的重要来源，没有变化，就没有创业机会。创业机会的来源主要有以下三种：

（一）技术变革

这是机会的重要来源，能使人们以新的更有效的方式做事。它主要来源于新的科技突破和社会的科技进步。技术上的任何变化或多种技术的组合都可能给创业者带来某种商业机会，表现为三种形式：

（1）新技术替代旧技术。

（2）实现新功能，创造新产品的新技术的出现。

（3）新技术带来的新问题。

（二）政治与法律变革

这种变革使人们能够开发出商业创意，从而用新的方法使用资源，这些方法或者更有效率，或者将财富重新分配。这种变革带来的创业机会是指由于政府制定的法律、法规有所变动而带来的新的行业、新的市场、新的创业机会；或是由于政府的国家发展计划重点的转移，原来没有受到重视的区域市场重新受到人们的重视，创业者也跟随政府开发这一没有开发的市场，从中获取新的创业机会。主要表现为：

（1）法律法规消除准入条件而带来的创业机会。

（2）因政府在地区政策上的差异而带来的创业机会。

（3）新政策的实施所带来的创业机会。

（三）社会与人口的变化

社会与人口的变化是创业机会的重要来源，主要表现为以下两点：

（1）社会和人口的变化改变了人们对产品和服务的需求。

（2）社会和人口的变化使人们针对顾客需求所提出的解决方案比目前能够获得的方案更有效率。

拓展阅读

德鲁克的七大创业机会来源

“现代管理之父”德鲁克在《创新与企业家精神》一书中认为创业机会来自七个方面：

1. 意外情况（战争）。
2. 不一致的状况。
3. 基于程序需要的创新。
4. 基于产业和市场结构上的改变。
5. 人口统计特性（人口的变动）。
6. 社会认识的变化。
7. 新知识。

——资料来源：德鲁克. 创新与企业家精神

第二节　识别创业机会

一、创业机会识别的关键因素

作为创业者，难能可贵的地方就在于他能发现其他人所看不到的机会，并迅速采取行动来把握创业机会和实现创业机会的价值。在很长一段时间里，人们认为一般人群不可能看到创业机会，发现机会并成为创业者的个体具有别人所没有的特殊禀赋。识别创业机会难以模仿，更不可学习。但是，随着学术研究的深入，人们逐渐总结出了一些识别创业机会的规律和技巧。正如物理学教授不可能指望每个人都成为爱因斯坦一样，掌握有关识别创业机会的知识，虽然不能保证每个人都能够发现创业机会，但确实能给人们的行动提供思路和指导。

（一）影响创业机会识别的因素

对于是什么因素导致一些人更善于识别出有价值的创业机会，不少学者进行过研究，下面是取得共识的四类主要因素：

1. 先前经验

在特定产业中的先前经验有助于创业者识别出商业机会，被称为走廊原理。它是指创业者一旦创建企业，他就开始了一段旅程，在这段旅程中，通向创业机会的“走廊”将变得清晰可见。这个原理提供的见解是，某个人一旦投身于某产业创业，这个人将比那些从产业外观察的人，更容易看到产业内的新机会。

2. 认知

机会识别可能是一种先天技能或一种认知过程。有些人认为，创业者有“第六感”，使他们能看到别人错过的机会。多数创业者以这种观点看待自己，认为他们比别人更“警觉”。警觉在很大程度上是一种习得性的技能，拥有某个领域更多知识的人，比其他人对该领域内的机会更警觉。

3. 社会关系网络

社会关系网络能带来承载创业机会的有价值的信息，个人社会关系网络的深度和广度影响机会识别。研究已经发现，社会关系网络是个体识别创业机会的主要来源，与强关系相比，弱关系更有助于个体识别创业机会。

4. 创造性

创造性是产生新奇或有用创意的过程。从某种程度上讲，机会识别是一个创造过程，是不断反复的创造性思维过程。在听到更多趣闻逸事的基础上，你会很容易看到创造性包含在许多产品、服务和业务的形成过程中。对个人来说，创造过程可分为五个阶段，分别是准备、孵化、洞察、评价和阐述，如图 5-1 所示。

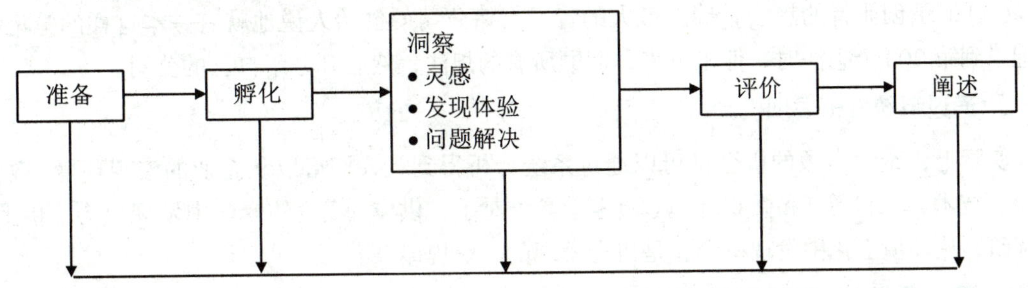

图 5-1　产生创造性创意的五个阶段

（二）识别创业机会的规律

获取别人难以接触到的有价值的信息和具备优越的信息处理能力，共同构成创业者发现创业机会的前提条件。要获取别人难以接触到的有价值的信息，要求创业者在社会网络中处于更佳的位置，拥有有助于获取信息的工作或生活圈子，具有创业警觉。创业警觉本质上是一种个体的禀赋，是对信息的敏锐把握和解读能力，它受到个体创造力、先前知识与经验、社会关系网络等因素影响。

获取别人难以接触或忽视的信息是发现创业机会的必要条件。在此基础上，创业者还必须具备相应的信息处理能力，能够看到信息背后的商业价值和含义，从而发现创业机会。优秀的信息处理能力依赖于良好的智力结构，乐观的心态和敏锐的洞察力。

 案例分享

李维斯的例子

大家都知道牛仔裤的发明人是美国的李维斯。当初他跟着一大批人去西部淘金，途中被一条大河拦住了去路。许多人都感到愤怒，但李维斯却说“棒极了”。他设法租了一条船给想过河的人摆渡，结果赚了不少钱。不久摆渡的生意被人抢走了，李维斯又说“棒极了”。因为人们采矿会出汗，饮用水很紧张，于是别人采矿他卖水，又赚了不少钱。后来卖水的生意又被抢走了，李维斯又说“棒极了”。因为采矿时工人跪在地上，裤子的膝盖部分特别容易磨破，而矿区里却有许多被人抛弃的帆布帐篷，李维斯就把这些旧帐篷收集起

来洗干净，做成裤子，销量很好，“牛仔裤”就是这样诞生的。李维斯把问题当作机会，最终实现了致富梦想，这得益于他有一种乐观、开朗的积极心态。

——资料来源：大学生创业浪潮网

（三）识别创业机会的常见方法

1. 新眼光调查

（1）注重二级调查。阅读某人的发现和出版的作品、利用互联网搜索数据、浏览寻找包含创业者所需要信息的报纸文章等都是二级调查的形式。

（2）开展初级调查。通过与顾客、供应商、销售商交谈和采访他们，直接与这个世界互动，了解正在发生什么及将要发生什么。

（3）记录创业者的想法。瑞士最大的音像书籍公司的创始人说他就有一本这样的笔记本，当记录到第 200 个想法时，他坐下来，回顾所有的想法，然后开办了自己的公司。

2. 通过系统分析发现机会

实际上，绝大多数的机会都可以通过系统分析得到。人们可以从企业的宏观环境（政治、法律、技术、人口等）和微观环境（顾客、竞争对手、供应商等）的变化中发现机会。借助市场调研，从环境变化中发现机会，是机会发现的一般规律。

3. 通过问题分析和顾客建议发现机会

问题分析从一开始就要找出个人或组织的需求和他们面临的问题，这些需求和问题可能很明确，也可能很含蓄。一个有效并有回报的解决方法对创业者来说是识别机会的基础。这个分析需要全面了解顾客的需求，以及可能用来满足这些需求的手段。

一个新的机会可能由顾客识别出来，因为他们知道自己究竟要什么，因此，顾客就会为创业者提供机会。顾客的建议多种多样，最简单的，他们会提出一些如“如果那样的话不是会很棒吗”这样的非正式建议，留意这些，有助于你发现创业机会。

4. 通过创造获得机会

这种方法在新技术行业中最为常见，它可能始于明确拟满足的市场需求，从而积极探索相应的新技术和新知识；也可能始于一项新技术发明，进而积极探索新技术的商业价值。通过创造获得机会比其他任何方式的难度都大，风险也更高。同时，如果能够成功，其回报也更大。这种情况下所产生的创新在人类所具有重大影响的创新中，居于压倒性的主导地位。索尼公司开发随身听（walkman）就是一个很好的例子。索尼公司察觉到人们希望随身携带一个听音乐的设备，并利用公司微缩技术的核心能力从事项目研究，最终开发出划时代的产品——随身听，取得了巨大的成功。

案例分享

酒仙网 5 周年：互联网创业抓住与没抓住的机会

在酒仙网 5 周年店庆的大喜日子里，本该对酒仙网过去几年的业绩和努力给予点赞，但我们也不得不指出，在其辉煌业绩的背后，酒业电商渠道正在发生着巨变。曾经引以为傲的B2C模式在物流成本更低廉的O2O模式面前，已经不再具有绝对优势，而酒仙网的O2O业务“酒快到”也存在模式层面的缺陷。

酒仙网抓住了什么机会?

酒仙网成立初期，创始人郝鸿峰当时面临的最大问题是，在一个代理体系和价格体系都非常严密的卖方市场上，谁会在以低价格为竞争优势的互联网上卖白酒？

初期大品牌都不愿直接供酒给酒仙网，于是郝鸿峰采用了打擦边球的方式，为白酒电商争取到了第一条出路。酒厂不合作，他就借助自己的资源，找大渠道商拿货；又自己花钱买酒，把一些高档白酒收入库存，假以时日以“老款”在网上低价销售，聚拢人气；同时，坚决维护酒厂“形象产品”的价格，让酒厂提供网络专供产品，不但与线下产品区隔，还保证了利润。

另外，郝鸿峰选择从区域性白酒品牌开始拓展机会。中国白酒市场庞大，几乎每个区域都有达到一定规模的品牌。酒仙网组建了一个100多人的采购团队，负责去寻找全国各地的区域品牌白酒。

同时，为了吸引传统酒企加入电商，酒仙网推出了一套电子商务整合营销方案，即为客户组建一个团队，对不同客户提供量身定制的个性化服务，帮助酒企实施全套电子商务方案，包括产品包装、定价、口味、运营策略，完成全国性推广和市场化建设。

这样一来，酒仙网与许多区域中小酒商建立了良好的合作关系，这为酒仙网今后的发展奠定了基础，因为它以农村包围城市的方式逐渐搞定了供应链上游资源。

但酒仙网的电商模式，就是垂直B2C：消费者在酒仙网的官网下订单，酒仙网负责配送。这就意味着酒仙网必须花大力气建仓储和物流。而郝鸿峰很会利用资本的力量，使得酒仙网先后完成三轮近10亿元的融资，大头都花在了扩建仓储、物流基建上。北上广、武汉、成都的集中仓建成，基本能在全国大多数地区实现24小时送达。

虽然资料显示，酒仙网卖酒已盈利，但巨大的物流成本却拖了后腿。不过，“赔钱赚吆喝”一向是电商的起步法门，酒仙网起初15亿元的销售额，已经激发了酒类电商的热情。

而决定酒仙网目前酒类电商B2C霸主地位的策略，则是郝鸿峰决定与各大第三方电商平台合作，独家代理经营酒类业务，几乎垄断了白酒企业在网上销售的渠道。通过签独家网络代理，把上游酒水截流，通过拿平台独家运营，来为自己打通下游酒水通道，酒仙网可谓搭出了一个利润、规模、效率最大化的“大坝”。

之后更大的变化是受政策影响，白酒尤其是高端白酒的销售陷入了前所未有的低谷，白酒行业稳固的体系遭受重创。行业内并购潮迭起，大小酒厂纷纷找出路——做小酒、“回归”大众市场及尝试电商。酒仙网也因此成为酒厂争相合作的对象，成为当之无愧的酒类电商No. 1。

酒仙网没抓住什么机会?

“酒类O2O是个伪命题！”郝鸿峰曾公开表示O2O线下店的租金费用和人力成本“是走回头路”。对此，发力O2O的中酒网COO也意有所指地回应：酒类B2C最致命的是物流成本，而O2O可以把成本从几十上百元降低到5元。这正戳到了酒仙网运营成本过高的痛处。

一直以来，线上的低价特征和物流的高费用使得酒仙网的B2C业务一直颇为鸡肋，正如上文所说，卖酒虽然盈利，但巨大的物流成本并不是酒仙网这样的垂直电商可以玩得起的。为此，郝鸿峰不得不重新审视酒仙网的“位置”。

酒仙网的优势在线上，其B2C积累下来的品牌影响力、上游供应商和线上超过400万的忠实用户，都为其转型提供了先天优势。后来郝鸿峰一改对O2O的“偏见”，酒仙网推出了自己的O2O战略——移动客户端APP“酒快到”，甚至宣称“9分钟送达”，但O2O的线下门店，酒仙网可谓是“从零做起”，早已错过了布局的最佳时机，因此，“酒快到”的门店是与如街边店这样的小型实体酒类零售商合作。

按郝鸿峰的说法，通过“酒快到”，消费者可以查找附近5千米范围内的酒类零售店铺，实现就近消费，并可享受送货上门服务。理论上讲，这就如同使用大众点评一类的LBS应用一样，消费者可以挑最近的买，也许就是自家小区的某个店铺，那么9分钟送达也是有可能的。

但其商业模式的隐忧则来自其和线下门店的关系。如郝鸿峰所言，就如同打车软件和出租车的关系，酒仙网仅是提供一个平台，“酒仙网不参与门店的配送、顾客的上门体验及付费。”而通过服务这些零售商，实际也就服务了厂家和经销商。

但这样的模式缺失了O2O最关键的一条：缺乏物流供应链。卖产品的O2O模式不同于团购类那种卖服务的O2O模式，由于卖产品的O2O模式的关键是降低物流成本和提供用户从订单到配送整个过程的良好体验，因此，它需要在货源、门店、配送上更加统一，控制力也更强。

而且，不管是门店规模，还是控制力，都只是酒类O2O要突破的第一关，更重要的是后期对终端门店的产品信息管理，因为这可能对用户体验直接产生影响。

一方面，终端的产品是在不断变化中的，库存、配送等都是动态数据，线上展示是否能及时反映终端情况，决定了用户体验的优劣；另一方面，现在的O2O大多整合传统渠道，而传统经销商们习惯了“打款、进货、卖货”模式，在配合O2O严密紧凑的系统管理上还需要适应时间。

这种后端更精细化的比拼，或许才是酒业电商O2O模式在未来分出胜负的关键。

互联网创业：酒仙网的挑战，来自它能否一边拖着沉重的B2C肉身，一边利用其B2C积累下来的品牌影响力、上游资源和忠实用户的优势，实现O2O模式的成功转型。对于没有在物流供应链与门店规模运营进行深耕的“酒快到”，我实在无法点赞。

——资料来源：阿里云资讯网

二、创业机会识别的一般过程和行为技巧

创业机会识别的过程主要包括创业机会信息的收集和创业机会的评估。

（一）创业机会信息的收集

1. 创业信息概述

创业信息收集是指通过各种方式获取创业所需要的信息。信息收集是信息得以利用的第一

步，也是关键的一步。信息收集工作的好坏，直接关系到整个创业活动工作的质量。

信息可以分为原始信息和加工信息两大类。原始信息是指在经济活动中直接产生或获取的数据、概念、知识、经验及其总结，是未经加工的信息。加工信息则是对原始信息经过加工、分析、改编和重组而形成的具有新形式、新内容的信息。两类信息都对创业活动发挥着不可替代的作用。

创业信息的主要类型有：

(1)政治政策状况。

(2)经济发展状况。

(3)人口统计、社会文化与风土人情。

(4)技术发展趋势。

2. 创业信息的收集渠道

联合国教科文组织(UNESCO)在其出版的《文献术语》中将信息源定义为："组织或个人为满足其信息需要而获得信息的来源。"信息源一般分为实物型信息源、文献型信息源、电子型信息源和网络信息源。

(1)实物型信息源。实物型信息源，又称现场信息源，是指具体的观察对象在运动过程中直接产生的有关信息，包括事物运动现场、学术讨论会、展览会等。

(2)文献型信息源。文献型信息源主要是指承载着系统的知识信息的各种载体信息源，包括图书、报纸、期刊、专利文献、学位论文、公文等。

(3)电子型信息源。电子型信息源是指通过使用电子技术实现信息传播的信息源，包括广播、电视、电子刊物等。

(4)网络信息源。网络信息源是一种比较特殊的信息源，是指蕴藏在计算机网络，特别是因特网中的有关信息而形成的信息源。

3. 收集信息的方法

(1)间接法收集市场信息。

①互联网。

②统计部门与各级各类政府主管部门公布的有关资料。

③各种经济信息中心、专业信息咨询机构、各行业协会和联合会提供的市场信息和有关行业情报。

④国内外有关的书籍、报纸、杂志所提供的文献资料，包括各种统计资料、广告资料、市场行情和各种预测资料等。

⑤有关生产和经营机构提供的商品目录、广告说明书、专利资料及商品价目表等。

⑥各地电台、电视台提供的有关市场信息。

⑦各种国际组织、外国使馆、商会所提供的国际市场信息。

⑧国内外各种博览会、展销会、交易会、订货会等促销会议，以及专业性、学术性经验交流会议上所发放的文件和材料。

(2)直接法收集市场信息。

①问卷调查法。

②面谈访问法。面谈访问法是通过访问信息收集对象，与之直接交谈而获得有关信息的方法。它又分为座谈采访、会议采访、电话采访和信函采访等方式。

③观察法。观察法是通过开会、深入现场、参加生产和经营、实地采样、进行现场观察并准确记录（包括测绘、录音、录像、拍照、笔录等）调研情况。主要包括两个方面：一是对人的行为的观察；二是对客观事物的观察。观察法应用很广泛，常和询问法、收集实物法结合使用，以提高所收集信息的可靠性。

④实验法。实验法能通过实验过程获取其他手段难以获得的信息或结论。实验者通过主动控制实验条件，包括对参与者类型的恰当限定、对信息产生条件的恰当限定和对信息产生过程的合理设计，可以获得在真实状况下用调查法或观察法无法获得的某些重要的、能客观反映事物运动特征的有效信息，还可以在一定程度上直接观察和研究某些参量之间的相互关系，有利于对事物本质的研究。

（3）新兴的网络调研信息方法。

①基于微信、QQ群、E-mail的问卷调研法。

②网上焦点座谈法。

③使用BBS电子公告板进行网络市场调研。

④委托市场调查机构调查。

⑤合作方式的网络市场调研。

（二）创业机会的评估

尽管发现了创业机会，但这并不意味着要创业，更不意味着成功就在眼前。创业活动是创业者与创业机会的结合，并非所有的创业机会都有足够大的价值潜力来填补为把握机会所付出的成本，并非所有机会都适合每个人。尽管在整个创业过程中，评价创业机会非常短暂，但它非常重要，是创业者发现创业机会之后做出是否创业决策的重要依据。

1. 有价值创业机会的特征

（1）有吸引力。

（2）持久性。

（3）及时性。

（4）依附于为购买者或终端用户创造或增加价值的产品、服务或业务。

时间对创业者来说，既可以是朋友，也可以是敌人。如果想要通过深刻细致的方法来评价创业机会，一个季度可能不够，一年不一定够，甚至十年都不一定够，这就是残酷的事实。而在这个现实中最困难的一点就是：创业者必须找到能把好的思路付诸实施的最佳时机，并准确把握住这个时机。

2. 创业机会评价框架

对创业者来说，关键在于如何能够从众多机会中寻找出有价值的创业机会，并采取快速行动来把握机会。

有“创业教育之父”之称的杰弗里·蒂蒙斯提出了备受推崇的创业机会评价框架。其评价框架涉及行业和市场、经济因素、收获条件、竞争优势、个人标准、理想与现实的战略差异等六个方面的45项指标，见表5-1。

表5-1 创业机会评价框架

行业和市场	1. 市场容易识别，可以带来持续收入 2. 顾客可以接受产品或服务，愿意为此付费 3. 产品的附加价值高 4. 产品对市场的影响力大 5. 将要开发的产品生命长久 6. 项目所在的行业是新兴行业，竞争不完善 7. 市场规模大，销售潜力达到1 000万元到10亿元 8. 市场成长率在30%~50%甚至更高 9. 现有厂商的生产能力几乎完全饱和 10. 在5年内能占据市场的领导地位，达到20%以上
经济因素	1. 达到盈亏平衡点所需要的时间在1. 5~2年或更短 2. 盈亏平衡点不会逐渐提高 3. 投资回报率在25%以上 4. 项目对资金的要求不是很大，能够获得融资 5. 销售额的年增长率高于15% 6. 有良好的现金流能占到销售额的20%~30%或更多 7. 能获得持久的毛利，毛利率要达到40%以上 8. 能获得持久的税后利润，税后利润率要超过10% 9. 资产集中程度低 10. 运营资金不多，需求量是逐渐增加的 11. 研究开发工作对资金的要求不高
收获条件	1. 项目带来的附加价值具有较高的战略意义 2. 存在现有的或可预料的退出方式 3. 资本市场环境有利，可以实现资本的流动
竞争优势	1. 固定成本和可变成本低 2. 对成本、价格和销售的控制较高 3. 已经获得或可以获得对专利所有权的保护 4. 竞争对手尚未觉醒，竞争较弱 5. 拥有专利或具有某种独占性 6. 拥有发展良好的网络关系，容易获得合同 7. 拥有杰出的关键人员和管理团队
个人标准	1. 个人目标与创业活动相符合 2. 创业者渴望进行创业这种生活方式，而不只是为了赚大钱 3. 创业者可以承受适当的风险 4. 创业者在压力下状态依然良好

续表

现想与现实的战略差异	1. 理想与现实情况相吻合 2. 管理团队已经是最好的 3. 在客户服务管理方面有很好的服务理念 4. 所创办的事业顺应时代潮流 5. 所采取的技术具有突破性，不存在许多替代品或竞争对手 6. 具备灵活的适应能力，能快速地进行取舍 7. 始终在寻找新的机会 8. 定价与市场领先者几乎持平 9. 能够获得销售渠道，或已经拥有现成的网络 10. 能够允许失败

（三）评价创业机会价值的方法

大卫·贝奇教授在《创业学》中提到的四种方法：标准打分矩阵、Westinghouse法、Hanan Potentionmeter法、Baty的选择因素法。

（1）标准打分矩阵。通过选择对创业机会成功有重要影响的因素，并由专家小组对每一个因素进行极好、好、一般三个等级的打分；最后，求出每个因素在各个创业机会下的加权平均分，从而可以对不同的创业机会进行比较。

（2）Westinghouse法。实际上是计算和比较各个机会的优先级，公式如下：

[技术成功概率×商业成功概率×（价格－成本）×投资生命周期]/总成本＝机会优先级

（3）Hanan Potentionmeter法。这种方法可以通过让创业者填写针对不同因素的不同情况，预先设定好权值的选项式问卷的方式，来快捷地得到特定创业机会的成功潜力指标。对于每个因素来说，不同选项的得分可以为-2~2分。通过对所有因素得分的加总得到最后的得分，总分越高说明特定创业机会成功的潜力越高。只有那些最后得分高于15分的创业机会才值得创业者进行下一步的策划，低于15分的都应被淘汰，见表5-2。

表5-2　Hanan potentionmeter法

因素	分值（-2~2）
1. 对税前投资水平的贡献	
2. 预期的年销售额	
3. 生命周期中预期的成长阶段	
4. 从创业到销售额高速增长的预计时间	
5. 投资回报期	
6. 占有领先地位的潜力	
7. 商业周期的影响	
8. 为产品定制A价的潜力	

续表

因素	分值(-2~2)
9. 进入市场的容易程度	
10. 市场实验的时间范围	
11. 对销售人员的要求	

(4)Baty的选择因素法。通过对11个选择因素的设定来对创业机会进行判断，如果某个创业机会只符合其中6个或更少的因素，那么该创业机会就很可能不可取；相反，机会就很大。Baty的选择因素法的11个因素，见表5-3。

表5-3 Baty的选择因素法

因素	是否符合
1. 这个创业机会在现阶段是否只有你一个人发现	
2. 初始的产品生产成本是否可以承受	
3. 初始的市场开发成本是否可以接受	
4. 产品是否具有高利润回报的潜力	
5. 是否可以预期产品投放市场和达到盈亏平衡点的时间	
6. 潜在的市场是否巨大	
7. 产品是否属于一个高速成长的产品家族中的第一个成员	
8. 是否拥有一些现成的初始客户	
9. 是否可以预期产品的开发成本和开发周期	
10. 是否处于一个成长中的行业	
11. 金融界是否能够理解你的产品和顾客对它的需求	

(四)对创业机会的自我评价

对创业机会的自我评价，可以从三个方面进行：

(1)在个人经验层面，要考虑以前的工作和生活经验是否能够支撑后续开发创业机会所必需的知识和技能。

(2)在社会网络层面，要考虑自己身边认识、熟悉的人能否支撑后续开发机会所必需的资源和其他因素。

(3)在经济状况层面，要重点考虑的是能否承受从事创业活动所带来的机会成本。

案例分享

把握住“大兴土木”的机会

梁稳根尽管是农家孩子，但凭借不懈的努力，在恢复高考后的第二年考取了中南矿冶学院（现为中南大学），学的是材料学专业。他那时是茅塘镇为数不多的几个大学生之一。据说，当时镇里还为此庆祝了一番。当年，梁稳根大学毕业后被分配到国家兵器工业部下属的湖南洪源机械厂，2年后就升任该厂体改委副主任（副处长级）。后来，他放弃了“铁饭碗”“下海”创业。关于他“下海”的原因，媒体说他是“向往万元户生活”。但据记者对梁稳根好友的采访了解，真正的原因其实是洪源机械厂属于军工系列，在当时的社会环境下效益差，为了生存，梁稳根不得不“下海”创业。梁稳根当时对厂里说：“如果下海失败了，我就回老家当教书先生去。”在创业之初，梁稳根曾经尝试着做贩羊的生意，因为听说当时卖一只羊就能赚20块钱。可当他从常德等地进了大批的羊之后才发觉，原来该消息过时了，最后钱都打了水漂。后来他又卖过白酒、倒腾过玻璃纤维等，但也都是赔得一塌糊涂。然而，梁稳根并没有因此去当“教书先生”，反而在商海里越游越有兴趣。他认为，虽然自己赔了钱，但碰到了3个好兄弟，大家表示成败与否都不离不弃。这在后来被看成梁稳根“三一团队”的雏形。

如今，有很多人说梁稳根的成功很偶然，但他的好友却对记者说：“梁稳根是一个很勤奋、很会抓机会的人，他敏锐地把握住了国家大兴土木的机会。”在几次创业失败后，梁稳根开始分析失败的原因，他认为主要失败在产品方面。因此，他决定投产一种市场上缺乏的有色金属焊接材料。于是，梁稳根号召其他3个兄弟一起回家借钱，4个人最后凑足了6万元，就大胆地成立了涟源茅塘焊接材料厂。当初厂子建在一个地下室里，条件极为简陋。后来，这个厂区已经成为“三一集团”员工的厂史教育基地。当年，梁稳根等几个人，每天钻到地下室，钻研实验配方，进行工艺改造。经过数百次的努力，他们终于生产出了一种叫作“105铜基焊料”的产品。然而，匆匆生产出的新产品，却达不到消费者的要求，结果被全部退货。梁稳根终于明白，靠眼下的几个“外行”，根本不可能成功。于是，他回到大学，恳请自己的老师帮忙。看着自己的学生如此执着，老师也加入了这个研发团队。最终，改良版的“105铜基焊料”成功问世。靠这个产品，他们的第一笔货款就挣了8 000元。大家欣喜若狂，抱在一起激动得落下泪水。

有了钱，梁稳根瞄上了各地大兴土木搞基建这个大市场。他拿出所有资金投身重工业制造领域，他说：“基础建设我们虽然不懂，但基建行业的设备我们还是懂的。”对于这段历史，现在也有两种不同的解读版本。一种说法是梁稳根也曾尝试过电子等其他领域，重工业只是其中一次试水；另一种说法是他一直以“产业报国”为理想，渴望改变中国重工业落后的局面。然而，不管怎么说，梁稳根这一步走对了。他的小厂在当年实现了千万元的收入。后来，梁稳根的企业正式改名为“三一集团”。在之后的10年里，“三一集团”以年利润50%的增长率飞速发展。

——资料来源：人民网

第三节　选择创业模式

选择适合自己的创业模式是创业成功的关键。创业者从小的生活细节中发现自身潜质，确立自己的创业方向，是至关重要的一步。同时，准确选择适合自己的创业方式也是迈向成功的关键一步。大学生创业者受资金少、经验少、社会关系匮乏等诸多因素的困扰，通常裹足不前，其实他们忽略了一点：创业的模式方法有很多，选择最适合自己的创业方式，很多不利因素是可以得到化解的。下面来谈谈几种常见的创业模式：

一、白手起家模式

白手起家是从无到有、从零开始的创业模式。犹如先有了一个鸡蛋，用蛋孵出了小鸡，再鸡生蛋，蛋生鸡，从而一步步积累资产的过程。白手起家是最困难的创业方式，因为缺少资金、没有人脉，只能靠艰苦奋斗一点一滴地积累和摸索。白手起家的创业秘诀是：必须有市场预见性；有良好的信誉和人品；吃苦耐劳的精神。

案例分享

“80后”海归把“洋玩意”带回台州白手起家创立洋行

现如今，留学在我们身边已经十分常见，“80后”的王昕炜作为留美归来的学子，他选择创业，把国外优质的食品、差异化的理念带回浙江台州。2年多的时间，他的事业已经步入正轨，目前他已拥有自创品牌“王记洋行”，同时合伙办起了“悦世荟”音乐餐厅。

白手起家创立洋行，把生鲜洋货带回台州

王昕炜的创业路，是从进口橄榄油开始的。

“2013年10月，我从美国堪萨斯州立大学毕业，回国后便在上海自贸区开始了第一份正式的工作，所属职业是进口食品。”王昕炜透露，在自贸区工作的那段时间，他发现这些生鲜进口食品在台州也有很大需求，并且这块市场还处于空白状态。

王昕炜说，当时的台州与上海等一线城市有些区别，市场上售卖的进口食品多为预包装食品，缺少进口生鲜，因此具有消费能力的台州人却缺乏购买进口生鲜的渠道。

在这样的状况下，王昕炜不仅瞄准了进口生鲜食品的市场，创立了自主品牌“王记洋行”，还对这一市场充满了信心。“虽说现在流行网上购物，但生鲜与常规的产品不一样，追求高品质的海鲜、肉制品者，都会倾向于线下购买。”因此，他将市场定位于高端的进口生鲜。

此时，王昕炜手头上的资金并不宽裕，这些资金也不足以支撑售卖进口高品质生鲜的设备投入。“从何做起”成了最大的问题。

“那时正好有一个从英国留学回国的朋友，互相探讨有个想法，可以从橄榄油入手。”王昕炜说，因为橄榄油比较好储存，同时，吃橄榄油的理念也在上升，便代理了一个国外的橄榄油品牌，开始在台州推广。

当时正值11月，临近年关，整个市场对于礼包的需求相对较大。王昕炜就顺应市场需求，做一些礼包销售，例如配合海鲜、肉制品等进口的食材搭配起来。这样的礼包在台州接触的人不多，不少人也觉得很有新意，受到顾客的青睐。

“过年的那段时间，店内销售额整体有了一个非常好的提升，整个王记的整体储备和配置也因此增添了60%，完善了销售肉制品的功能。”王昕炜说。如今，王记洋行已经实现

了原有的预想，集中在生鲜这一块，有澳大利亚的牛肉和新西兰的羊肉、鳕鱼、阿拉斯加帝王蟹等一些产品。

"洋"理念落地台州，合伙创立悦世荟

在王记洋行不断发展的同时，王昕炜遇到了3位"合伙人"，这也成了王昕炜事业发展的一大契机。

"在一次偶然的机会，我认识了3位朋友，一位从事餐饮事业20余年、一位从事红酒销售、一位经营着KTV。"王昕炜说，大家聚在一起就有了一个想法：我们这边有食材、有美酒、有音乐，那我们是不是可以把这些资源整合到一起，由从事餐饮的朋友把它规划一下？4人一拍即合，便开始悦世荟的筹备。

"我们希望在台州打造这样一个地方：在这里可以吃到高品质的美食，又可以享受到音乐。"

为了达到这样的效果，悦世荟的筹备时间着实不短。"首先在装修方面就花了很多心思。"王昕炜说，由于在美国住过几年，对于美式的装修风格十分喜欢，也觉得简单大气才耐看，整个装修基本采用简单的钢筋、水泥、红砖，配合稍微温暖一点的灯光，暖光系的风格配上优质的家居，显得十分休闲。

但这一简单的呈现方式对很多台州的工艺师傅却十分陌生，为了让其更好地领会悦世荟的风格，几个合伙人多次把台州的工艺师傅、铁艺师傅带到上海去学习。"悦世荟的整个架构就是用铁艺焊起来的，我们给出的一些想法经常做出来的效果不尽如人意，要拆掉重新做。基本上每次涂料、颜色不满意都要重新上一遍。灯具、沙发都是定制的……"

在一次次的精益求精下，2 000多平方米的实体空间，预计2个月的装修时间；最后，做了3个半月。

为了能够给顾客一个别致的地方，让食客能够品到好酒，享受到好的食物，获得更好的体验，在提供美酒美食的前提下，悦世荟每天晚上6点到9点都安排有驻唱。"为歌手准备的东西也是比较齐全的，不仅有先进的音响设备，同时在后面放了一个10平方米的液晶屏，进一步把舞台的氛围烘托出来。"

王昕炜介绍，像外婆家等知名餐饮店都是大厅式的，没有包厢，但鉴于不少台州人的就餐习惯，一些商务宴请等不希望在嘈杂的环境里面就餐，希望能够在私密一点的空间里面，因此，餐厅分为包厢和大厅两种餐位。

后来，悦世荟正式开业。"营业以来每天晚上都要排队的。"王昕炜笑着说。

尝试开发餐厅周边产品，欲让顾客把"悦"带回家

"接下来，我们将打造一个垂直体系的链条，从货源采购到直销，同时也会延伸出悦世荟的周边产品。"王昕炜介绍。

"自己的主业原本就是做贸易，接下来，会把餐厅经营与贸易进一步结合，我们可以引进一些在台州没有的东西，让食客能够感受一些不同；也能够在做好更多菜品的同时给到更优惠的价格，做一个垂直性的体系，从货源采购到直销。"

在悦世荟餐厅内，另有两个独立的空间，一个是红酒超市，另一个则是悦世荟超市。顾名思义，红酒超市就是可以自行购买红酒。"如果顾客在吃饭的过程中品到不错的酒，

可以直接在红酒超市购买。”同时，隔壁的悦世荟超市也能够满足部分“外带”。例如悦世荟将一些食材做成一个便携式的、可外带的，顾客吃完东西，如果感觉这东西不错，就可以在悦世荟超市里面买到，在包装上还会有一些怎么烹饪这个食材等相关的温馨提示。不仅是你在当场吃到的牛排、鱼等生鲜食材都可以买到，同时一些腌制的东西，例如酱鸭、菜梗等可以作为零嘴的食材也能带回家。

“这就相当于悦世荟餐厅的外延，顾客能够在这些悦世荟的周边产品里把‘悦’带回家。”王昕炜说，悦世荟外延项目大概会马上推出，届时，喜欢的食客便能在悦世荟里实现“食材外带”了。

小餐小聚、商务宴请、企业年会、商城销售……悦世荟把作为餐厅的功能不断放大化。接下来，“悦世荟还将尝试入驻超市，结合贸易、餐饮这些概念性的东西，做一个迷你版的悦世荟，可能是我们的一个方向，做得好的话会把这个复制出去。”王昕炜说，希望能够在做到差异化的同时，用品质和其他一些延伸体验，把悦世荟的品牌树立起来。同时，他们也将不断创新，让喜欢来的常客每次来都能觉得有些不一样。

——资料来源：创业故事网

二、收购现有企业

对于初创业的青年大学生来说，可以通过接手经营别人转让的公司。例如：饭店、理发店、服装店等一类的小生意；也可以通过收购公司重组转卖，也就是低价买进，高价卖出。这样做的优点是具备一定的基础，不用从头开始，节省时间。缺点是有一定的风险。成功与否的关键在于投资者的眼光，要对企业做全面的了解，仔细评估。例如：生意不好的原因是什么？我能不能解决？未来的趋势如何？

案例分享

接手转卖小生意利润也不错

上海的沈小琪就是通过收购现有企业起家的。如今他甚至琢磨出了一种收购现有企业，进行改造后再转手的盈利模式。他说，如果运气好，买进卖出小生意要比经营小生意积累财富快得多。他甚至认为，以目前的市场行情，手里有3万元就可以入行了。

沈小琪当年是因为找不到理想的工作，而且手中的资金又十分有限，才想到这一招的。七八年前，如果想做一家中等档次的街角便利店大约需要4万~5万元，而当时沈小琪手中只有2万元，于是他找到了一家生意不好、但有发展潜质的店。

以沈小琪的经验，一个小生意是否有发展潜质，关键是看其生意不好是否因经营不善所致。他说，有些便利店因为附近有太强的对手，所以生意额无法做上去。而有些店则是因为品种不对路或者太陈旧，或者店面太脏太乱造成生意不好，这类店就有做好生意的潜力。另外，有些店处于正在发展中的地区，例如周围正在造新的住宅群等，将来生意额很有可能继续增大。

沈小琪在经营这家便利店一年半以后将店铺出售，由于当年他买进该店时的周生意额只有1 000多元，但卖出时周生意额已上升至3 500元左右，结果以4万元（不计存货价）

卖出。一年半时间里，沈小琪赚了2万多元。且在这段时间，他每月也有一定收入。

此事给沈小琪很大的启发，他觉得买进卖出小生意显然比自己经营小生意嫌钱容易得多。接着他又以4万元买进一家同样性质的便利店，两年后以6.5万元卖出。其间他还用1万元在一个新开发地区“开出”一家街角便利店，一年多后又以4万元卖出。八年中，他转手的便利店共有六家，取得了可观的利润。

沈小琪认为，做这类转手买卖小生意的生意，关键是眼光要准，看准是将来可以升值的生意才下手。否则买下生意不好且无发展前景的小生意，不要说日后脱手难，眼前每天的苦撑也不好过。沈小琪说，商业眼光并非天生而成，看多了经验就自然会老到。

沈小琪收购现成企业的做法多少有些另类，但是也实实在在地说明了一个道理。对于资金少却期望利用现有条件迅速积累资本的人来说，收购现有企业是一个可行的方法。

——资料来源：叶雪飞．商店转让：做生意里的生意

三、代理

代理是一种很常见的创业方式。代理商是生产商的经营延伸，做代理商虽然是为他人作嫁衣，但同时也是在为自己积累经验。通过代理可以完成自己的原始资本积累，同时还能学习营销知识，建立渠道网络。寻找那些品牌信誉好、发展潜力大的产品做代理，是一桩本小利大、事半功倍的买卖，适合初始创业者。中关村有很多品牌电脑代理就是借助别人的品牌发展自己。

但要注意：

（1）选择大牌，品牌信誉好、发展潜力大的公司的产品。

（2）代理最大的危险是被厂家卸磨杀驴，因此只能依附，不能依赖。

（3）要建立自己的品牌，维护自己的渠道。不能将自己的命运始终交给别人掌握。

四、加盟（特许经营）

一份调查资料显示，在相同的经营领域，个人创业成功的概率很低，但加盟创业的成功率则高达80%~90%。加盟者不必自己探索开创新事业的路子，只需向加盟商支付一定的加盟费，就可以经营一个知名的品牌，并长期得到特许者的业务指导和服务。初期可以免费享受市场调查、投资风险预测、效益评估等经营策划、员工免费培训、设备及维修保障，还有统一的物流、管理模式和广告宣传。这样可以降低投资风险，有利于加盟商短时间迅速扩大公司规模并获利。加盟成功的关键因素是：选择适合自己的特许品牌；选址是非常重要的一环，要小心挑选，宁缺毋滥；善用总公司的资源来配合业务的发展，如广告、印刷品、培训等；合同切勿草率。

拓展阅读

连锁加盟创业的9条“潜规则”

目前连锁加盟已成为创业的主流方式之一。连锁加盟虽有着“大树底下好乘凉”的优势，但很多创业者都有同感：面对诸多的加盟品牌，不知如何才能踏出正确的第一步。

对此，业内专家建议，创业不是儿戏，千万不能急躁！创业者按照以下九个步骤进

行，才能走稳创业之路。

步骤一：兴趣是先导

开创一个新事业，前三年比较辛苦。兴趣、理想与热情，是支持创业者坚持到底的原动力，甚至决定着新事业未来的发展，因此，创业者选择连锁加盟的项目时，一定要以兴趣为先导。

步骤二：能力最重要

每一个行业都有进入门槛，创业者如果不具备这方面的条件就贸然涉足，失败的可能性较大。

因此，选择连锁加盟的项目时，自己的能力是最重要的参考因素，要量力而为。

步骤三：资讯不能少

俗话说，知己知彼，百战百胜。创业者在选择连锁加盟项目时，要充分掌握相关信息。例如，该项目的市场前景如何？盈利状况如何？投入资金多少？竞争激烈程度如何？……创业者可通过一些加盟说明会获得资讯，或向加盟总部索取资料。

步骤四：选择看获利

资料收集完整后，创业者可选择2~3个连锁加盟项目，与特许商洽谈，了解总部的经营实力与经营理念。在货比三家的过程中，创业者关注的焦点问题，并不是总投资金额的高低，而是加盟后成功获利的概率多高。

步骤五：访问很必要

一般来说，特许商为吸引创业者，在介绍时都是王婆卖瓜，说得天花乱坠。对此，创业者应“耳听为虚，眼见为实”。创业者在与特许商洽谈时，可要求其提供一些加盟店的名单，然后从中挑选两三家进行实地考察。考察重点应该是加盟店的经营实况、特许商的配套设施是否周到等。

步骤六：比较少不了

实地考察后，创业者就应该冷静地进行分析比较。各特许商的加盟模式与条件一般都大同小异，但正是这些“小异”的地方，如加盟金的支付方式、总部供货的价格问题等，可能影响加盟后的经营利润，因此，创业者选择项目时，互相比较这一环节必不可少。

步骤七：培训得重视

创业者与中意的特许商签订初步协议后，特许商一般都会提供一系列的开业前训练课程。这个培训课程往往针对创业可能遭遇的问题，传授解决的方法，此外，可能还会传授一些与加盟项目相关的行业知识，因此创业者应该认真对待。

步骤八：选址得多跑

选择一个好的营业地点，创业就成功了一半。店面的含金量不在于租金的高低，而是看能够创造出多少的营业额。要寻找价廉物美的店面，实地考察是最有效的手段。因此，四处奔波，跑来跑去，是创业者选址所必做的功课。

步骤九：开店早准备

开店前的准备工作一定得做足、做好。在店面装潢、购置设备的同时，创业者要多走动走动，与附近的邻居做好和亲睦邻的工作，并且熟悉当地市场，开发潜在顾客；在筹备期间，就应招募足够的工作人员，并事先做好训练工作，才能从容应对开业时的繁忙。

——资料来源：创业邦

五、网络创业

随着网络技术的应用，网络创业已经越来越为社会所接受。这种创业方式比较灵活、自由，投资少、门槛低。只需要具备一定的技术基础，熟悉网络基本操作，例如发送邮件、聊天软件、营销软件、建立网站等。这对青年大学生来说并非难事，而且无论是专职还是兼职创业均可。主要的形式有网上开店、网上加盟、网上代购等。需要注意的是信誉显得尤为重要。通过这种方式创业成功的可以说是不计其数。

案例分享

“90后”小姑娘自媒体+米线创业两年做到月入5万元

当别人还在思索微信自媒体如何盈利时，1992年出生的刘大白已经凭借自媒体实现月入2万元以上。而当微信自媒体人开始思考如何转型时，刘大白已转战传统餐饮业，她的米线店才试运营3个月，每月个人的纯收入已经超过2万元。从月入3 000元的上班族到月入5万元，刘大白只用了两年时间。这个“90后”的小姑娘说，移动互联网时代，激发了她身上所有的能量。

创业前曾失业在家近一年

2013年7月，从北京理工大学毕业的刘大白，同其他毕业生一样，按照自己的专业，投简历、找工作；最后，她在徐州一家商贸公司应聘为出纳。但性格大大咧咧的她很快发现，这份精细的工作并不适合她。她发现，自己在学校学的东西，与实际工作中的应用差别很大。自己虽然是新人，但公司并不是培训机构，没有时间让自己适应。“总是出错，老是挨训。”刘大白说，有一次她写错一个小数点，公司要多交1万多元的税，老板大为恼火，狠狠骂了她一顿。也是那次，刘大白开始反思，自己虽然像父母期待的一样，成了一个白领，每月有3 000多元稳定收入，但自己并不开心，也不喜欢这份工作，为何还要继续在这里呢？大半年后，刘大白从公司辞职。

“为别人打工，不如自己创业。”但这句话说得容易，做起来难，刘大白说。她有近一年的时间窝在家里，不知道干什么。她每日在网上收集创业资讯，观察周围朋友在做什么。在那段思索的日子里，刘大白说，她也一度迷茫，甚至想再找份工作。但按照自己的兴趣爱好找工作，实在太难。“既然找工作难，为何不自己做呢？”刘大白说，自己喜欢吃喝玩乐，平时经常看这方面资讯。和朋友聚餐，就喜欢看别人的推荐后再去。而她发现，很多做吃喝玩乐方面的自媒体公众号，已经有不少成功者。刘大白和一位在互联网工作的朋友商量后，两人一拍即合，在微信注册了自媒体公众号。

创业经营自媒体，一年之后月入两万元

刚起步时，需要做大量活动吸引粉丝订阅，但这也要投入大量资金。刘大白拿出自己

仅有的2万元积蓄，不断组织活动，以朋友带朋友的方式，积累了一些订阅用户。但2万元钱很快用光，刘大白的父母对微信自媒体并不看好。刘大白说，为了让父母支持自己，她甚至采用“威胁”的方法：如果父母不支持她创业，她就赖在家里啃老。后来，通过不断与父母沟通，将别人的成功案例及自己的想法告诉父母，父母最终同意支持她。

谈到创业之初的艰辛，这个1992年出生的女孩，又是满腹感慨。2016年夏天，刘大白的微信订阅号还只有2万多粉丝。为了扩大自己的影响力，刘大白和朋友顶着烈日，每日扛着印有他们微信二维码的展板到市中心摆摊。他们给逛街的年轻人介绍自己的平台，告诉对方，关注他们平台就可以领取饮料、娃娃等小礼品。一日，刘大白热情地为一名男孩介绍自己的平台。但男孩直接说：“你这个平台对我来说没有用，我关注领东西了，马上就会取消。”刘大白说，男孩很是瞧不上她的辛苦和努力，她感觉很受打击。因为她发现，男孩的话有一部分说对了。例如一天有150人通过领礼品关注了他们的公众号，但很快就有一半以上的人取消。

刘大白的信心产生了动摇，她把自己关在房间里两天没出来。她说，那两天她想了很多。最终她成功战胜了质疑。刘大白想到，自己为何要因为别人的否定，就否定了自己的所有努力？自己已经投入这么多，还有父母的支持，真的要因为别人一句话放弃吗？刘大白想起那段日子，白天组织活动，晚上编辑要推送的文字、视频到深夜，有时候累得脸都没洗就睡着了。

刘大白认为，自己的路是行得通的，只是还没到收获的时间。想通后，她和朋友举办了几次大型活动。两三个月后，订阅用户突破5万人。她的微信订阅号开始有商业广告进入。然后，她成立了自己的公司，并雇用了3个业务员拉广告。目前，刘大白的微信自媒体，已经带给她每月两万元以上的纯收入。

自媒体+米线=品牌梦想

移动互联网，激发了刘大白的能量。她说，她也把这份事业想得更加长远了。“自媒体发展也受制于人，我想在事业上有自己的品牌。”刘大白想到利用自媒体，转战传统行业，创立自己的品牌。在做自媒体时，刘大白发现，徐州的男女老少都好“喝”那一碗米线。徐州人更是对米线汤里的肉酱情有独钟。她发现，某一品牌的连锁米线店，在徐州市区，就有90多家。很多小巷子里，更是遍布各种米线店。

机缘巧合的是，自己的一位朋友有调制米线的配方，而朋友家做的卤鸡爪、鸡翅、猪蹄、牛肉更是美味，还有徐州人爱吃的把子肉。但这位朋友本身月收入1万元，对餐饮业并不感兴趣。

在刘大白创业的“鼓动”下，这位朋友愿意拿出秘方与刘大白合伙。经过选址、装修，挑选食材进货渠道，刘大白的米线店终于试营业了。

自媒体遇上米线，会产生什么化学反应呢？刘大白通过自媒体平台，宣传促销、组织试吃等活动，吸引了第一批食客。“宣传只能吸引一次，好口碑才是我们的目的。”刘大白说，很多来店里吃过的朋友，主动发送她家米线图片到朋友圈，推荐给朋友。她也被众多吃货赐予“米线西施”的称号。

昨天，这个身材高挑、长相秀气、皮肤白皙、长发披肩的美女老板，亲自下厨调制了一碗把子肉米线。对于如何辨别米线的品质，这个“90后”女孩说得头头是道。但说再多，不如亲自尝一口。一口肉汤下去，鸡汤的鲜香立刻充盈齿间。秘制的耙子肉，不仅嚼劲十足，更是浓香四溢，让人回味无穷。

秘制的美味、干净的环境、健康的食材，刘大白说，这些都是她做餐饮最基本的坚持。她说，相信借助自媒体的传播威力，她的米线店会越做越大。她说，这个二层的米线店，是她朝着品牌连锁梦想迈出的第一步。经过 3 个月，刘大白的米线店每天的销售量都在几百碗以上，她个人每月也纯收入 2 万元以上。

刘大白认为，在这个自媒体时代，每个人都是连接的基点，年轻人，只要找对方向，坚持下去，一定也会成就自己的事业。

——资料来源：青年创业网

拓展阅读

大数据时代：如何创业？

什么是大数据？百度一天处理 60 亿个搜索请求，每一个搜索请求都对应着一个用户的行为。这个用户的行为就构成了一个数据，把众多的数据聚集在一起，就成了大数据，就能抽象出用户的行为、特征。在移动互联网时代，数据的形式当然不限于文字搜索，例如使用百度地图，会有位置数据，而位置数据跟个人数据进行匹配又可以更好地发现用户的特征和需求。因此在移动互联网时代，一切的数据在云平台汇集之后就变成了大数据。

简单粗暴的经济模式已经成为过去，今天是数据的时代。未来的一切都是数据化的。过去的十年，传统企业跟互联网企业是泾渭分明的。传统企业觉得互联网跟它们根本没什么关系。说起互联网，谈得最多的就是电子商务和互联网推广。电子商务上淘宝，互联网推广上百度。传统企业认为互联网无非是一个工具、一个渠道而已。但在 2013 年，一切都发生了变化。互联网已经不是简单的工具和渠道，互联网企业已经越来越多地跨界进入了传统行业。互联网企业和传统企业最大的差别是互联网企业的一切运营都是数据化的，而传统企业对数据的敏感度远远不及互联网企业，未来将不会有传统企业和互联网企业之分，互联网和传统企业将水乳交融，谁能更好地掌握数据，掌握用户，谁就能在竞争中立于不败之地。

一家家具创业公司的老板高扬在 3 年前刚进入这个行业时对家具一窍不通，进来以后发现这个行业很奇怪。一个暴利的行业，从出厂到消费者手里好几倍地加价，但奇怪的是这个行业几乎所有人都不赚钱，工厂亏本，卖场也倒闭。高扬是从硅谷回来的，最后，他分析行业亏损是效率问题，这是一个效率很低的行业。家具不是快消品，消费者无须天天买家具，因此挑战在于如何精准地在客户需要时找到客户。用传统的办法做的话，消费者 10 000 元买的家具里有 4 000 元是交租金的。高扬于是通过搜索引擎去百度精准地找客流，通过数据分析找到最流行的款式。这种单品 1 个月可以把全国的需求聚集起来，做几百上千件，这样生产就会很高效，单件成本低；最后，商家和消费者得到双赢。

——资料来源：飞象网

第 六 章

创业前的准备

案例导读

没经过市场调查就盲目开店，因此打了败仗

那是一个万物复苏的季节，春节过后“身边的他”不想再出门打工了，想想几年的打工拼搏也没挣到多少钱，在外还少了一种“家”的归属感。“身边的他”是个性情中人，喜欢结交朋友，在家乡朋友不少，其中也有很多酒肉朋友，想当然地以为利用自身优势，再占天时地利人和，在自己家乡小镇开个小饭店应该没问题。虽然自己没做过饭店生意，但他觉得请一个厨师、租个铺面就可以开张了，想想困难不是很大。这样，一来可以和家人及哥们儿在一块儿，二来也为自己打个创业的基础，图个日后发展。当然，开饭店也是需要一些资金的，几年打工下来的钱凑了2万多元，在镇上开个小饭店应该不成问题。于是，“身边的他”在镇上租了个铺面，租金不贵，一个月400元，可以摆上10张桌子，店面在镇上相比起来不算小，店铺的位置也不错，对面有个菜市场，在镇上也算是热闹的地方了。店面租好了，“身边的他”就叫了一些哥们儿帮忙。由于帮忙的人多，不到一天的时间要用的都基本上买全了。

开张的这天就热闹了，朋友们都来为小店捧场，那天就做了40桌的生意，一天下来真是把“身边的他”累得晕头转向，但心里感到欣慰的是：生意如果能天天这么好，累一点也值得。

生意再好也只是在一个小镇上。镇上每天客流量不大，朋友们也不可能天天来捧场，到镇上来购物的一般都是农民，钱包捂得比较紧。到了农忙时，更是没几个人大老远地跑到镇上吃饭。铺面租金虽然不是很贵，但是雇的厨师要工资啊，杂七杂八的开支，一个月也得几千元。在此之前，“身边的他”也没有开店的经验，管理上存在许多漏洞，再加上一些人的赊账，不到1年的时间，由于客流量小，有些欠账收不回，资金周转不过来，“身边的他”的店就慢慢地撑不下去了，不得已只能把店转作他用了。

“身边的他”总结自己的失败时说，没通过什么市场调查，没看看这里到底有多少客源，仗着身边有那几个吃吃喝喝的朋友，就稀里糊涂地“创业”，不打败仗才怪。“身边的他”认为自己没有创业的头脑，最终的结果只能是失败。事实也是如此。

吃一堑长一智，每天都重复发生创业失败的相似案例。“身边的他”的问题出在不懂行，自己设计的经营方式埋下了后期失败的隐患。创业是个多种因素的综合过程：创业前要有最基本的调查，必须将这些因素一条条、一项项地找出来，在经营中一个个地试验、对比、分析，然后寻找、发现、创造出一套适合自己的创业方案来。饮食行业不管店大店小，第一因素就是人气。人气旺，带来的必定是财气旺。有个知名的老字号饭店在开业选址时，在备选的几个地址派人采取投豆入罐的方式计算人流量；最后，定在了人流量多的店面上。这说明了饮食行业对于客流量的重视程度。没有客流，再好的饭菜、再好的服务都没用。再就是朋友来就餐，要掌握分寸给予一定幅度的优惠，给钱要收，要高高兴兴地送他们出门。只要优惠，朋友下次也会来的，因为他也不忍心经常接受你的免费款待，经常来蹭饭赊账的毕竟是少数。

——资料来源：周口大众创业网

思考

1.“身边的他”失败的原因是什么？

2. 以你感兴趣的创业项目为例，应该如何进行市场调查？

第一节　创业市场调查

一、创业市场调查的内容与方法

（一）创业市场调查的概念

广义的市场调查是以科学的方法和手段，收集、分析产品从生产到消费之间一切与产品销售有关的资料，如产品的生产、定价、包装、运输、批发、零售及产品宣传情况、销售策略、渠道和市场开发情况，以及政治、经济形势等。广义的市场调查包括：市场环境调查，消费需求调查，消费状态调查，产品、定价、销售渠道调查，广告效果调查，企业形象调查，消费者生活习惯调查，政治、经济形势调查等。狭义的市场调查是以科学的方法和手段收集消费者对产品（或服务）的意见，以及购买情况、使用情况和产品（或服务）销售情况等信息的工作。

（二）创业市场调查的内容

案例分享

市场调查成就创业

黄某他们在考察当地服装市场时发现，当地20~40岁这个年龄段的人购买力强并且都喜欢选择外贸服装、休闲服装作为平时的装束；相反，一些相对较为正规的服装多靠单位团购来保证销售。同时，当地的商圈非常集中，当地人的服装基本上都选择在当地步行街周围1平方千米内的商场和铺面购买。而外贸服装、休闲服装全部采用租用临街铺面的方式销售，一个铺面里同时经营多种品牌，除了几个牛仔、运动品牌外，没有一家外贸品牌专营店，店中的服装靠经营者自己到千里之外的广东、上海等地批发回来，经营者既是老板又是员工，一人兼店内需要的全部职位和工种；商场内则采用专柜销售的形式，一个专柜基本上只能经营一个品牌，款式相对临街铺面的风格较为严肃、正规，不少品牌是厂家直接设点经营，管理上分工较为细致，职能也较为合理。通过以上的资料分析，黄某认为临街铺面经营较为灵活，物品较丰富，给消费者的选择较多，但缺乏厂家的指导和支持，无论是形象还是经营管理上都有很大空间和潜力；商场则正好相反，形象和管理上有优势，但缺乏经营和物品、款式上的灵活。如果能够两者结合，相互取长补短，那将会是一个很好的商机。不过，经营外贸服装、休闲服装需要经营者对时尚敏感并在服装选择上独具慧眼；商场设置专柜需要获得代理权，同时也需要一笔较大的资金。这两个条件黄某都感到自己有些不符合。

黄某重新整理思路，发现女士成衣在当地经营者众多，各种品牌、各种经营方式都有，竞争激烈，利润不断下滑，不适合自己；内衣基本两极分化，较好的品牌基本都选择在商场开专柜，临街铺面全部是二三线品牌，并且基本上都是以专卖店的形式经营，或许经营女士内衣是个方向？

经过有针对性的市场调查黄某发现，由于女士自身的因素，她们对内衣的要求较高，特别是一些高档品牌的体验，会不断提升她们对产品本身质量、款式和体验的需求。加上前几年进入当地市场的一线品牌厂家的宣传和市场运作，当地20~40岁的女性所需求的中高档内衣已经进入产品成长期，此时如果引进一个新的品牌，采取较灵活的经营方式，会比较容易打开市场。同时黄某还了解到，经营内衣店的投资并不是很大，店铺选址也不需要在商圈内的黄金地段，只是库存压力因为型号、款式、规格的不同会比其他的成衣大，但如果采取在引进商场做专柜经营的同时配合临街铺面专卖的办法，库存的压力就可以得到解决。至此，黄某决定以经营品牌女士内衣作为他们的创业之道。

——资料来源：阿里巴巴生意经

从案例中可以看出，市场调查的内容涉及市场营销活动的整个过程，主要包括的内容有以下几方面：

1. 市场环境调查

市场环境调查主要包括经济环境、政治环境、社会文化环境、科学环境和自然地理环境等。具体的调查内容可以是市场的购买力水平，经济结构，国家的方针、政策和法律法规，风俗习惯，科学发展动态，气候等各种影响市场营销的因素。

2. 市场需求调查

市场需求调查主要包括消费者需求量调查、消费者收入调查、消费结构调查、消费者行为调查。具体的调查内容包括消费者为什么购买、购买什么、购买数量、购买频率、购买时间、购买方式、购买习惯、购买偏好和购买后的评价等。

3. 市场供给调查

市场供给调查主要包括产品生产能力调查、产品实体调查等。具体表现为某一产品市场可以提供的产品数量、质量、功能、型号、品牌、生产企业的情况等。

4. 市场营销因素调查

市场营销因素调查主要包括产品、价格、渠道和促销活动的调查。产品的调查主要包括了解市场上新产品开发的情况、设计的情况、消费者使用的情况、消费者的评价、产品生命周期阶段、产品的组合情况等。产品的价格调查主要包括了解消费者对价格的接受情况、对价格策略的反应等。渠道的调查主要包括了解渠道的结构、中间商的情况、消费者对中间商的满意情况等。促销活动的调查主要包括各种促销活动的效果，如广告实施的效果、人员推销的效果、营业推广的效果和对外宣传的市场反应等。

5. 市场竞争情况调查

市场竞争情况调查主要包括对竞争企业的调查和分析，了解同类企业的产品、价格等方面的情况，同类企业采取了什么竞争手段和策略，做到知己知彼，通过调查帮助企业确定竞争策略。

（三）创业市场调查的方法

市场调查与研究是发现创业思路的催化剂，没有深入实际的市场调查和社会调查，就不会发现与环境兼容并且能够创造顾客需要的创业项目。

调查是研究的前提和基础，研究是调查的延续和升华。这两个环节，第一个环节是科学地定义问题，了解、掌握市场真实的资料；第二个环节是对所得的各种资料进行去粗取精、去伪存真、由此及彼、由表及里的分析，以实现对市场商机的正确认识。

创业思路调查研究的主要方法包括以下几种：

1. 观察法

观察即用眼睛看。观察法是通过对环境的观察产生和修正创业思路的方法。

人们获得信息的 70% 来自视觉，因此通过观察能够获得大量的创业思路与信息。例如，若要在一条 200 米长的街面上开饭店，那么就应该拿上一支笔和一个本，在这条街上至少走上 100 次，反复观察这条街的商业环境、人员结构、店铺布局、卫生状况、交通情况、企业联系等相关因素。做到每走一次发现一个问题，并记录在本子上。显然，将这 100 个问题一一解答后，创业思路也就有了。

观察法的要领是“用心观察”，只有用心地看、用心地想才能发现所蕴藏的商机，从而形成创业思路。

2. 体验法

体验即用身体的实验来认识事物。体验法就是通过亲身体验来发现和修正创业思路。

俗话说“不当家，不知柴米贵”“不养儿，不知父母恩”“不尝梨子就不知道梨子的滋味”。体验是比观察更深入一步的调查研究。观察主要是用眼睛捕捉创业思路，体验则主要用自己的身体感受引发创业思路，如通过找不到橡皮的亲身体验萌发把橡皮和铅笔连接在一起的创业思路。当你带着开饭店的梦想，遍尝了别的饭店的手艺后，就会知道自己能否开饭店或开什么样的饭店了。

不仅如此，体验法也是克服创业者偏爱自己的创业思路的好方法。在经过多年创业培训后，笔者发现，人们很容易对自己的创业思路产生脱离实际的偏爱。创业者偏爱是一件很可怕的事情，因为对不曾经历过的事情无论认为好还是坏、易还是难都是靠不住的，很多看似浅显的事情，一做才发现不像想象的那样，正所谓“出水方见两脚泥”。因此，只有亲自实践才能揭示事物的本质和内幕，克服创业者偏爱。

3. 询问法

询问即打听或征求意见。询问不是自己直接去看或体验，而是了解别人的体验和感受，属于第二手资料。观察法和体验法所得到的结果是自己亲眼所见和亲身感受，无疑是客观事实，但自己的知觉未必就是别人的知觉，因此，要向顾客询问、向干系人询问，了解他们的感受与看法。而创业者的经验与教训也是无法靠简单的观察和体验获得的，在询问中使创业者“兼听则明”，进而发现新的创业思路。

创业者在形成创业思路时，既要亲自观察和体验，又要注意向业内资深专家请教，请他们为自己的思路把脉。特别是在你所不熟悉的领域创业，创业者更要倾听业内人士的意见，无论是否定还是肯定意见，都十分有价值。

4. 换位法

换位即转换自己的位置，从干系人（特别是顾客）的利益角度对商机进行调查研究。换位法不仅是调查研究的方法，而且是调查研究的理念。因为创业思路是否具有商机，不是由创业者的主观愿望而定，而主要受外部关系人态度的影响，从这个意义上说创业是在给别人选择项目。因此，在进行调查研究时，要站在顾客、竞争者、供应商、公众、政府甚至反对者的位置思考创业思路，从他们的视角和利益出发，运用观察法、体验法和询问法进行调查和收集第一手资料。

当然，大学生还可以运用其他调查研究的方法，如跟踪调查、抽样调查、蹲点调查、问卷调查等，运用互联网手段进行调查研究也是十分有必要的。

二、在市场调查中发现商机

案例分享

三位推销员

美国著名的市场营销权威菲利普·科特勒（Philip Kotley）在北京对外经济贸易大学的报告中讲了一个如今家喻户晓的故事：一家制鞋公司为寻找国外市场，总裁派一名销售员到一个非洲国家，让他了解一下能否向该国卖鞋。这个推销员一下飞机就给公司发回电报：“这里的人不穿鞋，没有市场。”总裁看了电报后很不满，因为他没有提供任何有用的商业信息。于是又派去另一名销售员。第二位销售员在该国待了1周，然后发回电报：“这里的人不穿鞋，市场巨大。”总裁看了电报后仍然很不满，因为他和第一位销售员一样，只不过从相反的视角发回一封没有商业价值的电报。于是又派去第三位销售员。第三位销售员在该国待了3个星期，发回电报：“这里的人不穿鞋，有脚疾，需要鞋，不过他们不需要我们生产的鞋，我们的鞋太窄，不适合他们长年赤足而形成的宽脚，我们必须生产宽鞋。这里的部落首领不让我们做买卖，除非我们搞大营销。我们只有向他的金库进贡，他才批准在这里经营。我们需投入大约1.5万美元，他才能开放市场，我们每年能卖大约2万双鞋，在这里卖鞋可以赚钱，投资收益率为15%……”这个故事教育了一代人，使我们明白了什么是市场调查与研究。

——资料来源：人人网

（一）发现创业机会

1. 问题型创业机会

问题型创业机会，即现实生活中存在的缺陷、不完备的或完全空白的问题。只要涉及生产生活、消费娱乐等诸多领域的种种不便、不足都可能是问题型的创业机会。

2. 趋势型创业机会

趋势型创业机会，即在变化中看到未来的发展方向并能预测到良好前景的创业机会。如今，科学技术发展日新月异，人们的生活发生了翻天覆地的变化，人口形势、风俗习惯、审美取向等都在随着时代的发展改变旧貌换新颜。从中发现机会并把握机会，是创业者成功创业的重要前提。

3. 组合型创业机会

组合型创业机会，即将现有的技术、产品或服务等因素加以组合以实现新的价值产生创业机会，如把旧有表象组合、加工创造出新的表象。

案例分享

“猪肉大王”的神话

陈生毕业于北京大学，十多年前放弃了自己在政府中让人羡慕的公务员职务毅然下海，倒腾过白酒和房地产，打造了“天地壹号”苹果醋，在悄悄进入养猪行业后，在不到两年的时间在广州开设了近100家猪肉连锁店，营业额达到2亿元，被人称为广州千万富翁级的“猪肉大王”。

实际上，之所以能在养猪行业里很短时间就能取得骄人成绩，成为拥有数千名员工的集团的董事长，还在于陈生此前就经历的几次创业的“实战经验”：陈生卖过菜，卖过白酒，卖过房子，卖过饮料。这使得陈生有着这样的独到的见解：很多事情不是具备条件、做好了调查才去做就能做好，而是在条件不充分的时候就要开始做，这样才能抓住机会。

虽然走的还是“公司+农户合作”的路子，但针对学生、部队等不同人群，却能够选择不同的农户，提出不同的饲养要求，比如，为部队定制的猪可肥一点，学生吃的可瘦一点，为精英人士定制的肉猪，据传每天吃中草药甚至冬虫夏草，使公司的生猪产品质量与普通猪肉“和而不同”。在这样的“精细化营销”战略下，陈生终于在很短的时间内叫响了“壹号土猪”品牌，成为广州知名的“猪肉大王”。

——资料来源：百度文库

（二）在热点旁边找创业思路

杰夫·贝索斯从互联网用户快速上升这一热点中，萌生了创办亚马逊在线零售业的创业思路。类似的，高档住宅热产生了物业新行业，私人轿车热产生了汽车美容新行业，出国热产生了出国中介新行业，独生子女教育热产生了儿童校外教育新行业……总之，热点与新产业或新行业有着紧密的联系。

我国目前具有许多大趋势性质的社会热点现象。例如：社会老龄化产生的老年护理需求热、高考产生的家教热、独生子女产生的校外特长教育热、环境污染产生的优良环境需求热、食品安全问题产生的绿色食品热、下岗失业问题产生的就业热、网络时代产生的网络游戏热等。类似的还有单亲家庭问题、城市扩大与农民转入城市问题、个体创业、宗教的兴起、文明病的增多、国外求学投资等。这些热点旁聚集着庞大的人群，他们有着共同需要，并期盼能够满足需要的创业项目。

案例分享

万方物流公司创业市场调查

第一部分　调研设计与组织实施

一、调研设计

（一）调研目的

（1）通过调查，了解湖州市高校的基本情况，并了解高校的师生对现有快递业务的看法。

（2）了解湖州市高校快递业务的发展及现有快递的基本情况，分析竞争者的优势、劣势，确定万方的目标客户群及其对产品和价格等的取向。

（3）充分了解湖州市高校师生对快递业务的需求，更好地为湖州高校的师生服务，树立万方物流的品牌形象，获得广泛的公众认知度和关注度。

（二）调研内容

（1）客户：湖州高校的基本情况及现有的服务等。

（2）现有竞争者：现有竞争者的基本情况，竞争者的实力、主要客户等。

（三）调研方法

1. 宏观调查

（1）报纸文献资料收集与分析。

（2）互联网相关资料收集整理。

2. 需求市场调查

（1）问卷调查（1人1份，总共30人）。

（2）访谈（对20人进行访谈）。

3. 竞争市场及替代品调查

(1) 现场踩点调查。

(2) 报纸文献收集与分析。

二、组织实施

(一) 调查时间安排表

调查时间安排表，见表 6-1。

表 6-1 调查时间安排表

调查时间	调查事项
2011-09-08	对湖州现代教育园区及附近市场环境概况做调查分析
2011-09-09	对湖州现代教育园区及附近快递客户消费市场做分析
2011-09-10	对湖州现代教育园区及附近竞争对手的调查并做分析
2011-09-11	了解湖州现代教育园区及附近快递需求特征、市场形势及发展趋势
2011-09-12	对替代品调研做分析
2011-09-13	对客户补充调研并做分析
2011-09-14	最后做出总结

(二) 调研小组成员

组长：钱一芳

组员：陆二芳、王大平、李大国等

第二部分 调研问卷

调研问卷一 基本情况调研（访问调查法）

您好！我们是××大学的学生。为了更好地了解快递公司在校园里的运营情况，设计了这份问卷进行调查。问卷由调查员统一发放，定时统一回收，请您留下姓名和联系方式以便核实问卷内容的真实性。为了保障您的权益，遵循相关的法律法规，采取严格的保密措施，本问卷不会对您产生不良影响。本次调查的目的是学术研究，在此诚挚地感谢您的信任和支持。

(1) 请问您所在城市有几所学校（高校园区）？

记录：______

(2) 您所在学校（高校园区）大约有多少名学生？有多少名教师？

记录：______

(3) 您所在学校（高校园区）中的师生大约有多少是本市的？有多少是本省外市的？有多少是外省的？

记录：______

(4) 您所在学校（高校园区）的师生目前采用哪种方式邮寄物品？有什么样的服务？

记录：______

(5) 您所在学校（高校园区）的师生快递的主要目的地是哪里？（本市、本省外市、

外省）

记录：＿＿＿＿＿＿＿＿＿＿＿＿＿＿＿＿＿＿＿＿＿＿＿＿＿＿＿＿＿＿＿＿＿＿

(6) 您所在学校（高校园区）快递物品一般的收费是多少？您的心理价位是多少？

记录：＿＿＿＿＿＿＿＿＿＿＿＿＿＿＿＿＿＿＿＿＿＿＿＿＿＿＿＿＿＿＿＿＿＿

(7) 现有的服务有哪些优点？有哪些缺点？

记录：＿＿＿＿＿＿＿＿＿＿＿＿＿＿＿＿＿＿＿＿＿＿＿＿＿＿＿＿＿＿＿＿＿＿

(8) 您希望快递公司能够提供什么样的服务？快递公司急需改善的是什么？

记录：＿＿＿＿＿＿＿＿＿＿＿＿＿＿＿＿＿＿＿＿＿＿＿＿＿＿＿＿＿＿＿＿＿＿

(9) 据您所知，您所在高校目前是否有学生创立从事快递业务的公司？您对学生或者老师的创业公司持什么样的态度？学校对此有什么相关政策？

记录：＿＿＿＿＿＿＿＿＿＿＿＿＿＿＿＿＿＿＿＿＿＿＿＿＿＿＿＿＿＿＿＿＿＿

调研问卷二　竞争者情况（实地调研）

(1) 本市有哪些快递公司？有哪些在学校（高校园区）附近有营业点？

(2) 这些快递公司的实力怎么样？

(3) 快递公司提供了哪些服务？

(4) 快递公司的价位是多少？

(5) 快递公司有哪些优势？有哪些劣势？

第三部分　调研报告

略。

——资料来源：MBA智库文档

第二节　撰写创业计划书

一、创业计划书

创业计划书就是一个创业构思产生后，形成具体创业项目的完整实施方案。

一个完整的创业计划书包括的主要内容是封面、创业计划摘要、行业分析、公司介绍、产品与服务、市场分析、营销策略、创业团队与组织机构、制造计划、财务规划、财务分析等，以上内容根据创业项目的具体情况可进行分解或整合。

（一）封面

封面包括标题、虚构实体企业的名称及企业标志三个主要内容，标题为项目名称+创业计划书，同时封面要有体现创业计划特色的背景图案。

（二）创业计划摘要

该部分内容是创业计划书的缩影，必须充分体现创业计划书的要点与亮点，以便阅读者在最短的时间内对该计划书中所提创业项目的质量、新颖性等做出判断。

(三)行业分析

一个创业计划书在拟订之前必须有一个创业构思，这个构思来源于对相关行业的分析，也就是对该行业的现状及未来发展趋势有一个判断。该项分析准确与否取决于创业者对宏观政策、技术发展要求与趋势及进入该行业必备条件的了解是否充分。

(四)公司介绍

一份创业计划书必须虚拟一个实体的公司，既然是公司就必须确定公司的名称、性质、标志(大家常说的logo)、宗旨及理念、目标客户、产品、发展阶段等主要内容。

(五)产品与服务

产品与服务是创业计划书中比较核心的内容，在一定程度上体现了该创业计划书的特色，包括：产品的概念、性能及特性；主要产品介绍；产品的市场竞争力；产品的研究和开发过程；发展新产品的计划和成本分析；产品的市场前景预测；产品的品牌和专利等。

(六)市场分析

市场分析是创业者对市场范围、规模、特点及市场容量等项目进行调查分析，并判断该项目投产后所生产的产品在一定的时间内是否有市场，以及采取何种营销策略实现销售目标。

(七)营销策略

企业营销策略的制定体现在市场营销组合的设计上。为了满足目标市场的需要，企业对自身可以控制的各种营销要素，如质量、包装、价格、广告、销售渠道等进行优化组合。重点应该考虑产品策略、价格策略、渠道策略和促销策略，即“4PS”营销组合。随着网络等信息技术的发展，近年又有人提出了“4CS”(顾客、成本、便利和沟通)为主要内容的市场营销组合。

(八)创业团队与组织结构

在创业计划书中，必须要对主要管理人员及研发人员等加以阐明，介绍他们所具有的能力，他们在本企业中的职务和责任，他们过去的详细经历及背景。组织结构的内容包括：公司的组织机构图；各部门的功能与责任；各部门的负责人及主要成员；公司的股东名单(包括认股权、比例和特权、公司的董事会成员及其背景资料)。

(九)制造计划

制造计划也是产品形成的关键，主要包括产品制造和技术设备现状、新产品投产计划、技术提升和设备更新的要求、质量控制和质量改进计划。

(十)财务规划

财务规划包括资金需要量的预测，资金的来源，资金的投放，资金的使用、管理及资金的分配，财务预算等。

(十一)财务分析

财务分析主要是重点分析偿债能力、营运能力、盈利能力和发展能力。

以上这些内容在实际撰写创业计划书时可以根据需要做适当的整合、分解或增减。

二、创业计划书范文

案例分享

"麦面包"创业计划书

一、项目概况

(一)项目描述

随着中国经济发展的快速提升，人们消费需求的变化和消费水平的提高，人们生活习惯开始了多元化的趋势，西餐、糕点、面包等食品开始得到一部分高收入人群的青睐，行业利润较高，发展前景好。对时尚、健康、品位和异国文化的追求成为最有消费潜力群体的消费理念。

(二)盈利模式

吸引顾客味蕾，购买面包。特色面包，可自己动手制作。

二、创业团队

(一)团队成员背景

应届毕业生

(二)团队优势、劣势

优势：对制作食物有自己的热忱，对工作热情、有信心。

劣势：工作经验缺乏。

三、市场评估

(一)目标顾客描述

面包店主要是针对解决中老年人因患高血压、糖尿病等病不能吃甜食的困扰，制作一些适合中老年人吃的有益健康、有益改善病症的面包，以荞麦面包、藻类面包、麦麸面包等为主。

(二)市场变化的趋势

随着现代人生活水平的提高，生活节奏的加快，在日常生活中对各种烘焙食品的需求不断增加，这个市场有着不可估量的前景。一位在烘焙行业工作多年的人员介绍说，目前花样繁多的面包、西点、蛋糕，正受到越来越多的年轻人和小孩子的欢迎，对于广阔的市场前景是毋庸置疑的。走在大街上，面包店随处可见，装潢考究，陈列的面包样式繁多；走进超市里，每家都有面包、糕点专柜，品种琳琅满目。知名的面包店更是在发展中加大新口味新产品的开发力度，营销方式上不断推陈求新以博取顾客眼球。

近年来，国外大品牌和港台知名实力企业强势进入，给国内品牌树立了积极的榜样。星巴克、面包新语等大品牌不断提高产品质量，加快新产品的研发，加大营销推广力度，抢占中国面包市场份额。国内的品牌除元祖食品、好利来等实力较强的全国性品牌外，上海克莉丝汀、宁波新美心等地方性品牌也在快速崛起，并向周边地区扩张。随着市场准入制度的实施，面包行业进入“门槛”不断提高。国内市场竞争已从打“价格战”的恶性竞争，步入以产品质量和产品研发为核心的良性竞争轨道。随着消费者收入的增加和品牌意识的增强，一些产品品质低、缺乏特色的面包店会退出市场舞台。

（三）本企业相对竞争对手的主要优势与劣势

优势：

1. 特色经营

对消费市场进行深入研究，针对不同消费群体，以特色单品蛋糕和各式面包、小甜点为特色产品，以客户亲手制作蛋糕为特色服务。

2. 操作方便

制作工艺规范化，传统秘方公开化，专业设备齐全。

3. 口味创新

在保持甜点和新口味的基础上，又根据各地的饮食习惯和时令性进行变换，让人们常吃常新。推出多种不同口味、不同吃法、不同情趣的西点，老少皆宜，品位时尚。

劣势：

对于店面来说，客户来源很重要，而对刚刚建立的店面来说，拥有信任的顾客是首要任务，要加大宣传力度，了解人们喜爱的口味，建立品牌。

四、市场营销计划

（一）产品或服务特色

1. 按风味分类

（1）主食面包。（2）花色面包。（3）调理面包。（4）丹麦酥油面包。

2. 按加工程度分类

（1）成品：散装面包、包装面包、蛋糕、点心。

（2）半成品：急冻面包。

3. 按产品来源分类

（1）自制面包。

（2）供应商面包。

（3）客户自制产品。

（二）价格策略

企业定价策略是指企业在充分考虑影响企业定价的内外部因素的基础上，为达到企业预定的定价目标而采取的价格策略。

1. 各式西式小点

黑森林 8 元 / 个；

提拉米苏 10 元 / 个；

幸运星 15 元 / 个；

其余各种款式 12 元 / 个；

蛋挞 3.5 元 / 个。

2. 面包类

吐司类 5.5 元／包；

切片面包类（牛奶、红豆、奶茶）6.5 元／包；

其余单个袋装面包 3.5~10 元不等。

3. 饮品

原味奶茶及咖啡 8.5 元。

（三）销售方式或选址策略

销售方式：

1. 可以和一些公司合作，让公司的福利改为发放面包屋的券票。

2. 面包口味要多样化，而且可以进行捆绑式销售，如可以买面包送牛奶。附近有学校，早上可以拿到学校门口特卖。

3. 下班高峰时期在店门口进行试吃活动（将蛋糕切成小块，派发给目标顾客）。

4. 可以在每周日做一些优惠活动。对小孩进行更大的一些优惠来吸引客户。对老人和学生实行一种价格优惠政策，这两类人群是很重要的，会影响很多人。

5. 增加外卖服务（电话和网络订购），提高工作人员的服务素质，进行专业的行业培训。

6. 可以搞小赠品的活动，例如购买数量、金额达到一定标准的顾客，可以赠送一块小点心，或者小蛋糕之类的，这些赠品最好质量高一些，因为这也是在变相宣传自己的产品，顾客吃好赠品，可能还会回头来买赠品的。

选址策略：

1. 要根据自己店铺的经营定位进行选址。

2. 要尽量避免在受交通管制的街道选址，店铺门前要有适合停放车辆的位置。

3. 要选择居民聚集、人口集中的地区，不要在居民较少和居民增长较慢的地区开店。

4. 要事先了解店铺近期是否有被拆迁的可能，房屋是否存在产权上的纠纷或其他问题。

5. 要选择同类店铺比较聚集的街区，或者选择适合自己店铺的专业市场。

五、企业组织结构

（一）企业的法律形式

个体工商户。

（二）组织结构及人员配备

1. 店长。

2. 销售人员。

3. 现场的技术管理人员。

4. 糕点师。

六、投资预测及资金来源

（一）启动资金预测

房租：36 000 元。装修费：6 000 元。设备及原料：10 000 元。雇用费：6 000 元。

（二）固定资产预测

50 000 元。

（三）流动资金预测（月）

1. 原材料（月）

各项原材料总费用见表 6-2。

表 6-2　各项原材料总费用

项目	数量/千克	单价/元	总费用/元
高筋粉	100	2	400
低筋粉	100	2	400
糖	50	2. 5	250
鸡蛋	100	4. 5	900
香料	50	1. 5	150

2. 其他经营费用（不包括折旧费和贷款利息）（月）

其他经营费用见表 6-3。

表 6-3　其他经营费用

项目	费用/元	备注
工资	2 500	
租金	3 000	
物业费	200	
营销费用	1 500	
登记注册费	500	
其他	1 000	水电费
合计	8 700	

七、销售收入预测（12 个月）

销售收入预测见表 6-4。

表 6-4　销售收入预测

项目	1月	2月	3月	4月	5月	6月	7月	8月	9月	10月	11月	12月	合计
销售数量/个	600	700	805	900	908	1 000	1 067	1 050	1 200	1 300	1 400	1 500	12 430
平均单价/元	5	5	5	6	6	6	6	6	6	6	8	8	
月销售额/元	3 000	3 500	4 025	5 400	5 448	6 000	6 402	6 300	7 200	7 800	11 200	12 000	78 275

八、销售和成本计划

销售和成本计划见表 6-5。

表 6-5 销售和成本计划

单位：元

项目		1月	2月	3月	4月	5月	6月	7月	8月	9月	10月	11月	12月	合计
销售收入		3 000	3 500	4 025	5 400	5 448	6 000	6 402	6 300	7 200	7 800	11 200	12 000	78 275
成本	业主及员工工资	3 000	3 000	4 000	4 000	4 000	4 000	4 000	4 000	4 000	4 000	4 000	4 000	46 000
	租金	3 000	3 000	3 000	3 000	3 000	3 000	3 000	3 000	3 000	3 000	3 000	3 000	36 000
	营销费用	1 000	600	500	400	300	200	100	50	0	0	0	0	3 150
	其他费用*	500	400	300	200	200	200	200	200	200	200	200	200	3 000
	登记注册费	500	0	0	0	0	0	0	0	0	0	0	0	500
	原材料费（列出项目）	500	500	550	550	600	600	600	650	650	650	700	700	7 250
	合计总成本	8 500	7 500	8 350	8 150	8 100	8 000	7 900	7 900	7 850	7 850	7 900	7 900	95 900
利润（税前）		-5 500	-4 000	-4 325	-2 750	-2 652	-2 000	-1 498	-1 600	-650	-50	3 300	4 100	-17 625

注：*折旧、贷款利息、维修费用、水电费、物业费等。

九、经营风险及规避措施

（一）经营风险

1. 竞争对手开业多年，有一定固定消费群。

2. 经济的发展虽然使人们对面包的需求更大，但其他食物也在不断发展，热门的选择余地更多了。

3. 新店刚开业，品牌知名度不够。

（二）规避措施

质量——严格的管理控制体系，在严谨中精益求精。

服务——亲切、热情，让顾客的每一次购买倍感温馨。

清洁——作为食品业的必修课，时刻以超标准的要求规范自我。

第三节 整合创业资源

一、创业资源的类型

创业资源既有物质的，也有精神的；既有有形的，又有无形的。对于一般的创业者而言，成功的创业离不开以下几种创业资源：周密的创业计划书、优秀的创业项目、创业人才队伍、创业资金、社会关系网络等。这几种创业资源共同作用，形成创业产品和创业市场，并决定创业项目的利润水平及创业资本的积累能力，进而左右创业企业成长发展的速度。

（一）周密的创业计划书

创业计划书是创业者引导企业走向成功的路线图，它是详细描述企业投资的书面文件，又被称为商业计划书。对于正在寻求资金的企业来说，创业计划书的好坏，往往关系到投资交易的成败。对初创企业来说，创业计划书的作用尤为重要。一个酝酿中的项目往往很模糊，通过制订创业计划书，把优势与劣势都书写下来，然后再逐条推敲，就能对这一项目有更清晰的认识。可以说，创业计划书首先把计划中的企业推销给创业者自己，其次再把计划中的风险和收益推销给风险投资家。

优秀的创业计划书不仅要介绍创业者的人品、素质、修养、能力、个人魅力等特性，还要阐述创业企业所拥有的产品技术比较优势、产品后续研发能力、广阔的市场前景、创业团队的特色、优势能力、其他有利因素等。可以说，创业者和创业团队的创业共同愿景和以此为基础形成的企业文化及企业的核心竞争力、企业创新产品的市场前景和市场潜力，共同构成了创业计划书的"灵魂"。

（二）优秀的创业项目

好的创业项目也是创业的一种重要资源。企业在创立之初可能有一个或几个项目，这些项目可能具有广阔的市场前景和丰厚的投资回报。但是对于一个初创企业，同时选几个项目进行开发和市场调研，无论是从初创企业的人力、物力还是财力上说都显得有些不切实际。在创立初期，企业往往面临着资金短缺、人力资源相对不足等问题。在这样的条件下，创业项目的选择就显得十分重要。从不少企业的创立实践来看，创业的失败多数是由于创业启动项目选择不当而引起的，因此，选择创业的启动项目应慎之又慎。下面以产品项目为例，选择创业的启动项目时，需要考虑以下几个方面：

1. 产品先进性、市场优势及前景

一般而言，功能先进、预期成本水平适当的产品才能算是先进的产品，同时要看该产品与同类产品或相近产品相比是否具有比较优势，以及是否具有广阔的市场前景。

2. 产品生产技术的先进性和成熟性

现实中不乏产品设计先进，但成品落后，从而缺乏市场竞争力，导致新创企业不战自溃的例子，其原因往往就在于创业者没有掌握先进的、成熟的技术。

3. 特定产品项目的投入要求和生产许可

一般而言，推动任何产品项目，创业者都需要投入一定量的生产资金，并需要获得政府有关部门的生产许可。

4. 项目预期的财务效益

起步项目可能产生的财务效益，是新创企业生存与发展的资金源泉，往往也是创业者选择创业的原因，因此，选择起步项目就必须关心项目可能形成的财务效益。

5. 特定项目对于企业技术价值成长性的贡献

在创业企业特别是高新技术企业创立过程中，新创企业技术价值成长性决定着企业未来的命运。如果企业的价值不具有成长性，随着新技术的不断涌现及技术进步的加快，特定企业的

技术日趋陈旧，必将被市场无情地抛出高新技术企业的行列，因此，企业在选择起步项目时，还必须预计特定项目对于新创企业价值成长性的贡献。

（三）创业人才队伍

在创业的众多要素中，人是最核心的要素，人力资源是所有企业中最宝贵的资源，被经济学家称为第一资源。

创业者作为创业企业的发起者和领导者，其个人品质、素质及能力对创业企业的成败起着至关重要的影响作用。对于一个创业人员，首先要具备创业品质，包括具有独立性、勇气、吃苦耐劳的精神、毅力、社会责任感及良好的信用。同时，还要具备一定的创业知识素质，例如要有一定的专业知识背景，了解与创业相关的各种知识，有一定的市场经济理论基础，还要有一定的管理理论基础，懂得相关的法律知识。创业者还应具备一定的表达能力和人际交往能力，以及管理能力、经营能力和创新能力。

由于资金和市场是企业初创时期需要面对的最大的困难，因此，许多初创企业将大部分精力都投到了融资和开拓市场方面，这样往往使得他们没有更多的精力顾及人力资源管理。因此，常常看到大量初创企业是靠同学圈、朋友圈组建的，管理完全是家族式的，更多地依靠情感进行管理。

（四）创业资金

资金是企业运营的血液。没有资金，创业企业及创业管理团队就无法生存。创业过程的每一个环节、每一个阶段，都需要足够的资金支持。对于新创企业，企业的创立初期也是其高投入期，且任何不确定的风险因素都会直接或间接地转化为对投资增加的需求。创业者在设立企业和起步项目时要求的资金是创业所需的最基本的资金。在设立企业过程中，各种费用如调研费、咨询费、公关费、注册登记费、办公设施费及人员招聘培训费等都是必需的。同时，使企业得以生存与发展的起步项目的运行同样需要各种费用，如技术获取费用、固定资产投资、运行费用、许可证费用和市场开拓费用等。

在创业的起步阶段，创业者通常要筹集一定的自有资金，甚至是节衣缩食来加以筹集，作为创业起步的“开门资金”，这是国外创业者的常见做法。对于绝大多数缺少自有资金但持有技术的创业者而言，真正谋求起步的资金来源主要有以下几类：

1. 个人储蓄

个人储蓄是个人创业资金来源最有效，也是最便捷的方式。这种方式需要处理的问题最少，创业者创业成功后也不会引起权益纠纷。美国《企业》杂志通过对 3 500 个发展最快的创业企业进行调查，得到的结论是 79% 的创业资金是利用了个人储蓄。

利用个人储蓄进行创业是最稳妥的创业资金来源，但是创业者也要充分考虑其中的风险，投资的额度不应超过自己的承受能力与心理底线。能利用个人储蓄固然不错，可是很多创业者并不具备这样的条件，那么就得考虑其他的方式。

2. 亲戚朋友的借款

有时，向亲戚朋友们借款是新创企业获得启动资金的唯一途径。创业者通过这一渠道也能迅速筹集所需的创业投入资本。但是由于这一融资形式更多的是以个人感情与亲情为基础，因此，有时创业者遇到的烦恼就是这些提供了借款的亲戚朋友们，他们会经常过问企业经营状况或为企业的发展提供很多建议，似乎他们是企业的股东。尽管这是一种热心的表现，但有时会干扰企业的正常经营和管理。如果这些问题处理得不好，甚至会影响彼此之间的感情，这常常会使创业者背负感情的包袱。因此，有可能的话，创业者最好制订一个完善的还款计划，以增强亲戚朋友们的心理安全感，如果经营状况允许也可以考虑提前还款。

3. 银行贷款

近年来随着国家对创业者的重视与支持，我国各大商业银行都陆续推出了创业贷款计划。凡是具有一定生产经营能力或已经从事生产经营活动的个人，因创业或再创业需要，均可向开办此项业务的银行申请专项创业贷款。但一般来说，在我国大部分地区这种专项创业贷款的额度都相对较低，大多不超过 3 万元。因此，如果有条件的话，创业者最好还是考虑商业贷款，这样得到的额度会高很多，基本上可以解决大多数创业者的资金需求。

4. 天使投资

天使投资是自由投资者或非正式风险投资机构对原创项目构思或小型初创企业进行的一次性的前期投资。天使投资是风险投资的一种，是一种非组织化的创业投资形式。由于天使投资者较少受财务利益的驱动，因此他们要求的回报往往少于风险投资家。除了以赚钱为目的外，很多天使投资者投资新创企业也是为了参与该企业的创业过程。

5. 政府的投资与扶持

为了扶持与鼓励创业活动，我国政府陆续出台了许多相关政策，创业者可以充分利用这些有利条件进行融资或贷款。政府投资是我国科技创业资本的重要资金来源，特别是对高新技术而言，如果新创企业具备核心技术竞争力，且具有良好的外部经济性，申请政府的资金支持这一资金渠道便发挥着不可替代的作用。我国政府提供的主要企业融资项目有再就业小额担保贷款、科技型中小企业技术创新基金、中小企业国际市场开拓资金、青年创业贷款及各种地方性优惠政策等。

6. 其他企业资金

企业在生产经营过程中，往往会形成部分暂时闲置的资金，有的企业出于提高资本使用效率、拓宽经营范围、进行战略性投资等考虑，会直接对新创企业进行投资，或者对技术成果转化提供资本支持，或者设立创业投资机构。

（五）社会关系网络

社会关系网络包括个人的人际社会网络及个人作为成员与社会团体和组织所建立起来的稳定的联系，即个人的社会网络和组织的社会网络。社会关系网络作为一种重要的社会资本，同经济资本一样属于有用的创业资源，它对创业机会的开发和利用过程主要有三个方面的积极影响。第一，能为创业者提供关键性资源。例如，朋友可以带来某些资源，包括传统的生产要素（资本），与天使投资人或风险投资家的关系，通过适当有效的网络发布关键的生产或营销信息等。因此，如果能妥善利用社会资本，就可以在信息不完全、市场不完善的环境里得到资源。

第二，社会关系网络的构建影响创业决策，可以提高资源利用效率。第三，社会关系网络为新创企业提供竞争优势。如果创业者具有特殊的社会关系，就更容易取得其他企业或组织的信任，增强组织绩效。例如，比尔·盖茨就是因为特殊的家庭关系，得到IBM公司的软件开发订单。尽管这不是微软成功的决定性因素，但这样的社会关系网络的确降低了议价的成本，促进了创业的成功。社会关系网络有助于创业企业实现外部交易的内部化，同时节省大量的审查、谈判、监督等交易成本。创业企业拥有的企业关系网络，就是获得新资源、新市场、新产品的信息渠道。

创立新企业要求在资本有限的条件下积累大量资源，而创业者广泛的社会联系可以使他们具有广泛的资源获取途径。因此，成功的创业者应该懂得如何创造和构建有效的社会关系网络，从而增加企业的财富。

二、创业资源整合

（一）整合内容

1. 市场资源的整合

由于市场区分越来越细，全球各大企业开始合作构建商品和服务范围更广的联合电子市场，被称作市场间（Market to Market）电子商务市场，即各个市场横向合而为一。

新创企业在发展的过程中，依靠与企业外部上下游资源，企业外相关企业、相关业务资源的整合，可以增强自身竞争实力。在电子商务时代，这个规律仍然不变，并购的热潮及协同商务、市场间电子商务等现象的出现让我们看到了企业在整合资源、节约成本、实现利润最大化的过程中所做的探索和尝试。新创企业应该利用这种时机与优势，最大化地利用企业内外部的市场资源，弥补自身的不足，开拓更大更广泛的市场，降低成本以增强企业的竞争力。

2. 信息技术资源的整合

信息技术是大小企业之间的平衡器。有效利用信息技术资源能使新创企业充分利用后发优势，尽快缩短与行业内其他企业的差距。信息技术资源的整合包括选择和应用能使企业更强大和更具竞争力的信息技术。信息技术把小企业与大客户、潜在客户和供应商紧密地联系在一起。信息技术可以使小企业降低费用、更好地利用固定资产、节省时间和提高员工士气。客户、供应商和员工尊敬那些有良好系统和信息技术的企业，因为这些给企业塑造了一种良好的形象。

3. 人力资源的整合

人力资源的整合是新经济时代的新理念，是在人力资源开发理论的基础上提出的新命题。人力资源整合包括测试、评估、调整、配置等一系列手段，是对现存的、已开发的人力资源进行结构性的优化、重组，以释放其最大能量。人力资源的整合通常具有群体性，其核心是整体规划、优化配置、有序组织、合理使用。这是一项极具科学性的系统工程，它通过制度和文化的整合、结构和体制的优化、知识和经验的共享来发挥整体合力，达到既定的目标。新创企业进行人力资源整合，应该具有新思路、新做法，从而构成一种全新的工作格局。

企业创业初期、早期及发展阶段在人力资源上有很明显的特殊性，因此，必须培训一些经理人员，使之能够胜任多项任务，如一个人可以对所有与客户有关的部门负责，而另一个人可以对所有与运营有关的部门负责。创业者必须利用外部的合同服务、顾问部门、兼职和退休的职员；聘用最好的员工，并给予适当的报酬和良好的培训；运用与金钱无关的激励、业绩评估、授权进行具体的沟通；利用信息技术来有效地整合人力资源。

4. 财务资源的整合

财务资源的整合是资源整合的关键环节，财务资源整合要理顺创业企业内部经济关系，加强内部财力资源的整合与共享。财务资源整合的目的在于既要合理合法地辨识企业中的各项财务资源，又要快速调动企业的财务资源，实现资源整合优势和协同优势。

创业者将销售预测和费用预算与关键利润和利润率的控制结合起来，将会构成整个公司强大的控制系统。例如，女士运动服装公司的管理者知道，如果公司出售给零售商 400 万美元的产品，每一款式能得到至少 35% 的利润，而且销售费用和管理费用不超过 120 万美元，那么公司将会得到至少 20 万美元的税前利润，并且适当地控制应收账款和存货将会产生稳定的现金流。公司的主要风险包括：是否有足够的存货、维持价格的能力、失去主要客户或销售人员及整体经济形势的恶化。公司总裁和部门经理每月要一起核查项目预算费用和实际费用，将实际销售量和发货量与总体预测量及大客户预测数量进行比较，对每一条产品线、每个大客户和公司的毛利与预测值进行比较。对这些过程应该实时监控，如果有必要，就应该采取相应的纠错措施。

案例分享

诸葛亮借的为什么都不用还？

诸葛亮被大家喻为智慧的化身，他一生中的很多传奇故事都跟“借”字有关：借天时、借地利、借人和、借荆州、借东风、草船借箭、借火、借雨等。

诸葛亮在古时条件有限的环境下，充分利用了自然环境与人文环境的便利，成就了大业。这也是资源整合的智能。他借的都不用还，因此他是借又不是借，事实上他是在整合，因为整合是不用还的。反观现代企业的管理，最缺乏的恰恰就是这种“借”的智慧。

假如用一个字来替代资源整合，那就是“借”。

——资料来源：周嵘. 整合天下赢

（二）资源整合途径

资源整合有多种实现方式：既可以以所属行业作为整合的主线，也可以以某一项业务流程作为整合的主线。

1. 以所属行业为整合主线

互联网给企业造成一个有趣的冲突：是应该扩大规模，还是缩小范围。在电子商务模式中，交易量的增加并不意味着管理费用的增加，企业也许更愿意考虑开展大规模并购，以丰富自己的产品线，为现有的用户群提供更多增值服务，更是为了并购后充分利用彼此互补的资源。

2. 以业务为整合主线

真正的资源整合，应该是同时基于竞争与合作的互动整合。协作电子商务即是企业进行与外部资源整合的一种探索。下面是一个以运输业务为主线进行整合的案例。

众多巨头企业如安捷伦、可口可乐、通用面粉、凯洛格、Land O'Lakes等将试用一种基于互联网的独特的协作商业应用来降低物流成本。具体做法是：由Nistevo公司建立一个基于互联网的协作系统，该系统汇集了协作企业的调度和送货信息。协作企业之间达成协议，将遍布全国的装卸点连成一个"巡回送货网络"。举例来说，Land O'Likes公司在俄亥俄州肯特市有一家工厂，装满黄油的卡车从那里出发，将黄油送往佛蒙特州柏林顿市，现在管理者从Nistevo公司获得巡回送货建议，即途中在费城为坎贝尔汤羹公司装货，在纽约为韦倍曼斯超市连锁店卸货，而在驶往另一个销售点的途中可能也会装货。这样的话，整个来回卡车都是满载而行，没有死区，而且只有一辆卡车，而不是四辆。设想一下这种合作场景：一旦成员公司的需求从一辆卡车混装产品发展到共享仓库场地以减少卡车停靠，最终发展到对不同顾客只需开一次性发票，这个协作项目将变得更加吸引人，同时也变得复杂。但对资源的整合将达到一种比较理想的程度。

案例分享

资源整合实现蒙牛快速发展

蒙牛乳业（集团）股份有限公司成立于1999年8月，是国家农业产业化重点龙头企业、乳制品行业龙头企业，2017年营业收入超过600亿元。蒙牛集团的创立者牛根生当年离开伊利集团创业时，没有工厂、没有奶源、没有品牌等，可是却跑出了火箭一般的速度。

他们通过与工厂合作，将工厂、设备等生产资源化为己用。没有运输车，通过整合个体户投资买车；没有宿舍通过整合政府出地、银行出钱、员工分期贷款等解决。像这样，农民用信用社贷款买牛，蒙牛用品牌担保农民生产出的牛奶包销，蒙牛一分钱没花，整个北方地区300万农民却都在为蒙牛养牛。刚开始创业，没有品牌知名度他们则通过借势、整合资源等，如打出口号："蒙牛甘居第二，向老大哥伊利学习""伊利，鄂尔多斯，宁城老窖，蒙牛为内蒙古喝彩！"，与其他知名品牌关联，没有花一分钱，让自己的品牌迅速成为知名品牌。

从蒙牛的案例中可以看出：任何创业者都不可能拥有世界上所有的资源，个人手中可支配的资源总是有限的，想要实现自己的发展目标，就必须利用自己手中可占用和支配的资源与他人交换自己所需要的资源，同时让对方也能得到他想要的资源。创业的过程也是资源整合利用的过程。能不能把可以利用的资源整合过来为你所用，关键在于你有没有资源整合的思维。

——资料来源：江苏商贸职业学院创新创业实践教育中心

第 七 章

创业团队的组建与管理

案例导读

腾讯五虎将：难得的黄金创业团队

腾讯的马化腾创业5兄弟，堪称难得，其理性堪称标本。12年前的那个秋天，马化腾与同学张志东“合资”注册了深圳腾讯计算机系统有限公司。之后又吸纳了3位股东：曾李青、许晨晔、陈一丹。这5个创始人的QQ号，据说是从10001到10005。为避免彼此争夺权力，马化腾在创立腾讯之初就和4个伙伴约定清楚：各展所长、各管一摊。

之所以将创业5兄弟称为“难得”，是因为直到2005年的时候，这5人的创始团队还基本是保持这样的合作阵形，不离不弃。直到腾讯做到如今的帝国局面，其中4个还在公司一线，只有COO曾李青挂着终身顾问的虚职而退休。

都说一山不容二虎，尤其是在企业迅速壮大的过程中，要保持创始人团队的稳定合作尤其不容易。在这个背后，工程师出身的马化腾从一开始对于合作框架的理性设计功不可没。

从股份构成上看，5个人一共凑了50万元，其中马化腾出了23.75万元，占了47.5%的股份；张志东出了10万元，占20%的股份；曾李青出了6.25万元，占12.5%的股份；其他两人各出5万元，各占10%的股份。虽然主要资金都由马化腾所出，他却自愿把所占的股份降到一半以下，47.5%。“要他们的总和比我多一点点，不要形成一种垄断、独裁的局面。”而同时，他自己又一定要出主要的资金，占大股。“如果没有一个主心骨，股份大家平分，到时候也肯定会出问题，同样完蛋。”保持稳定的另一个关键因素，就在于搭档之间的“合理组合”。

据《中国互联网史》作者林军回忆说，“马化腾非常聪明，但非常固执，注重用户体验，愿意从普通的用户的角度去看产品。张志东是脑袋非常活跃，对技术很沉迷的一个人。马化腾技术上也非常好，但他的长处是能够把很多事情简单化，而张志东更多是把一个事情做得完美化。”许晨晔和马化腾、张志东同为深圳大学计算机系的同学，他是一个非常随和而有自己的观点，但不轻易表达的人，是有名的“好好先生”。而陈一丹是马化腾在深圳中学时的同学，后来也就读深圳大学，他十分严谨，同时又是一个非常张扬的人，他能在不同的状态下激起大家的激情。

如果说，其他几位合作者都只是“搭档级人物”的话，只有曾李青是腾讯5个创始人中最好玩、最开放、最具激情和感召力的一个，与温和的马化腾、爱好技术的张志东相比，是另一个类型。其大开大合的性格，也比马化腾更具备攻击性，更像拿主意的人。不过或许正是这一点，也导致他最早脱离了团队，单独创业。

后来，马化腾在接受多家媒体的联合采访时承认，他最开始也考虑过和张志东、曾李青3个人均分股份的方法，但最后还是采取了5人创业团队，根据分工占据不同的股份结构的策略。即便是后来有人想加钱、占更大的股份，马化腾说不行，“根据我对你能力的判断，你不适合拿更多的股份”。因为在马化腾看来，未来的潜力要和应有的股份匹配，不匹配就要出问题。如果拿大股的不干事，干事的股份又少，矛盾就会产生。

——资料来源：中金在线

思考

1. 马华腾是如何凝聚团队的？
2. 以你感兴趣的创业项目为例，应该如何组建和管理创业团队？

第一节　创业团队概述

一、创业团队的内涵

卡姆和纽里克对创业团队做了以下的定义：创业团队是指两个或两个以上的个人参与创业的过程并投入相同比例的资金。这一定义着重于创业团队的创建和所有权两大特性；艾斯利和卡茨延伸了卡姆和纽里克对创业团队的定义，他们认为创业团队“包含对策略选择有直接影响的个人”，也就是说董事会，尤其是占有一定股权的创投业者皆包含在其定义之中。布尔发现高科技产业的创业团队具有以下共通性：创业团队往往是2~5人的团队组合，而非个人式的创业；创业团队创业前的经验能迅速且高度地移转至新的事业；创业团队以专业技术为取才之标准。布鲁诺发现美国硅谷的高科技公司，其创业团队一般有以下特质：大部分创业团队在某些重要的职能领域上严重欠缺经验，尤其以财务职能为最；对工程方面很有经验，对于营销方面的职能也具有普通或专精的经验；一般是2~4人的团队组合。

根据上述定义和分析，可以将创业团队界定为：是一个由较少的企业创始人组成的为实现某一个目标，共同创建，共同投资，分享决策权的一个紧密合作的团队。也就是说，共同投资、共同创建、分享决策权为组织创业团队的三个要素。一般情况下，只要符合上述三项要素中的其中两项即可被认定为创业团队。创业团队不是创业者简单的汇聚，创业团队的总体素质除了每个创业者单独的素质以外，还在很大程度上取决于创业团队的团队文化、团队人员结构和具体的运行情况等。

二、创业团队的类型

创业团队从组成结构上来看，可以分为两大类：

（一）“核心式”创业团队

“核心式”创业团队具有权威的核心主导，一般是有一个人想到了一个商业点子或有了一个商业机会，这个人开始组成所需要的团队。组建团队的人往往就是这个团队的领导核心，其他人力资源围绕着这个领导核心运转，如图 7-1 所示。例如，太阳微系统公司创业当初就是由维诺德·科尔斯勒确立了多用途开放工作站的概念，接着他找了另外两位软件和硬件方面的专家一起创业。

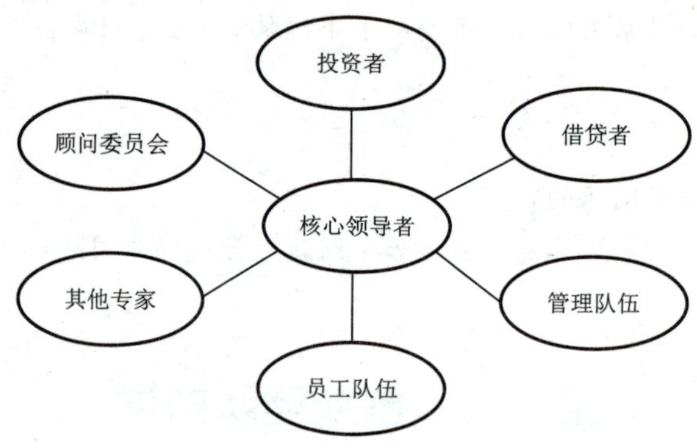

图 7-1 “核心式”创业团队结构图

（二）“圆桌式”创业团队

“圆桌式”创业团队也称群体性的创业团队，其建立主要来自由经验、专长和共同目标而结成的一个群体，经由群体成员彼此在一起发现商业机会，并且能充分运用团队内部分工、发挥各自专业优势，组建呈圆桌形状的、参与者都有较大发言权的团队协作关系，如图 7-2 所示。例如雅虎的杨致远和同学大卫·费罗就是基于一些互动激发出的创业点子，然后合伙创业的。

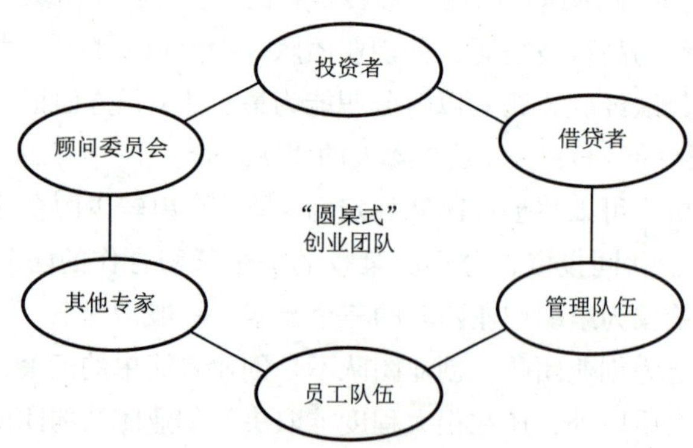

图 7-2 “圆桌式”创业团队结构图

三、组建创业团队的意义

在创业过程中，组建创业团队有以下意义：

（一）有利于提高创业绩效

团队的作用在于把工作上相互联系、相互依存的人们组成一个群体，以便能够以更加有效的合作方式达成团队的目标。创业团队对所要达到的目标清楚地了解，并坚信这一目标包含重大意义和价值。这种对目标的认知将激励着团队成员把个人目标升华到企业目标中去。在高绩效的团队中，成员清楚组织希望他们做什么工作及他们怎样共同工作来完成任务。

（二）有利于塑造一种团队合作的氛围，提高参与者士气

优秀的创业团队往往注重成员之间的相互配合，提高参与者的士气，通过彼此之间的合作来发展团队成员之间的友谊，塑造一种团队合作的氛围。团队成员之间要互相帮助，以团队方式开展工作，促进成员之间的合作并提高员工的士气。团队规范在鼓励其成员追求卓越的同时，还创造了一种增加工作满意度的氛围。

（三）有利于促进多元化和创意，进行战略性思考

有不同背景和经历的个人组成的群体，看问题的广度比单一性质的群体要大。同样，由风格各异的个体组成的团队所做的决策，往往比单个个体所做的决策更有创意。通过团队的组建和管理，可以减少浪费，减轻官僚主义作风，提高工作效率。

（四）有利于找到或培养必要的技术与人才

创业企业是否掌握创业需要的核心技术或“根部技术”，是否拥有技术的所有权，决定着创业的成本及新创企业能否在市场中取得成功。尤其对依托高科技创业而言更是如此。创业不仅需要持续的技术支持，还需要具有出色的创业团队，创业投资者真正看中的往往是创业所依赖的技术的潜能及出色的创业团队。优秀的创业团队需要三方面优秀的人才，如图 7-3 所示。

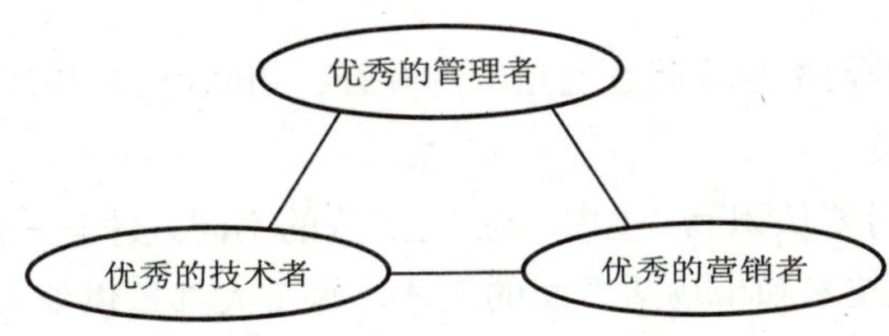

图 7-3　创业团队的三方面优秀人才

（五）有利于吸引风险投资，扩大企业规模

创业团队对创业成功的重要作用已得到风险投资家的广泛认同。一个喜欢独立奋斗的创业者固然可以创业，然而一个团队的营造者却能够创建出一个能够创造重要价值并有收益选择权的公司。没有团队的新创公司也许不一定会失败，但要创建一个没有团队仍具有高成长潜力的

企业却极其困难。美国学者一项对20世纪60年代创立的104个高技术企业的研究指出，年销售额达500万美元或更多的高成长公司中的83.3%是由团队创立的，而那些夭折的公司大多只有少数几个创业者组成，这类公司占53.8%。在对美国波士顿地区沿128号公路构成新企业群的顶级100个企业的研究中发现，70%的企业有多个发起人，其中包括有3~4个发起人的企业，4个或更多发起人的企业，5个或更多发起人的企业。正因为如此，风险投资者在帮助组建创业团队方面已经变得更加积极。

第二节　组建创业团队的原则和内容

一、组建创业团队的原则

组建一个优秀的创业团队对一个企业来说至关重要。创业团队虽小但应该说是五脏俱全，在团队的组建过程中，并不一定是有共同兴趣爱好的人在一起就可以组建一支好的创业团队。一支优秀创业队伍的组建应遵循以下法则：

（一）志同道合法则

志同道合法则是创业团队组建的前提。即团队成员应该是在理念、价值观等方面高度相似，这也是团队做大的基础。如果大家的志向不同，早晚会分道扬镳。一个团队的成员只能同甘，不能共苦，一定不利于企业的发展。

（二）互补法则

互补法则是在志同道合法则的基础上创业者应遵循的另一条法则。虽然同与你有相似背景、教育、经济状况的人一起工作你会感到身心愉快，却不能为你的企业提供丰富的人力资源基础。

首先，在技能、经历、经验等方面要体现互补，要有差异性，这样才有助于创新，才能做到资源整合。

其次，应注意个人的性格与看问题的角度的互补，团队里必须有总能提出建设性意见和不断地发现团队问题的成员。

创业者在组建团队时要认识到“主内”与“主外”的不同人才——耐心的“总管”和具有战略眼光的“领袖”，顾及技术和市场两方面的人才。每个人都提供他人没有或者少有的独特技能、经验，这样，公司才会非常顺利和有效地运转。创业者要意识到在一个团队中存在太多喜欢说好话的成员一定不利于企业的发展。

（三）激情和踏实共存法则

作为创业企业的核心领导者，创业者应关注团队成员对创业项目是否有热情，同时是否踏实肯干。在此基础上，团队成员如果在本地市场是专家，那么更应该是你的团队选择的对象。

企业的发展离不开企业员工脚踏实地的努力，而衡量一个企业主要看它发展的结果。创业团队一定要选择对项目有高度热情的人加入。任何人，不管他有无专业水平，如果对事业的信心不足，将无法适应创业的需求。而这种消极因素，对创业团队所有成员产生的负面影响可能是致命的。创业初期，整个团队成员可能需要长时间不停地工作，并要求在高负荷的压力下仍能保持创业的激情。

（四）团队法则

团队法则是企业具有凝聚力的基础。企业的成功是团队共同努力的结果。成员需要同甘共苦，团队不应该存在个人英雄主义，每一位成员的价值表现为其对于团队整体价值的贡献，每一位成员都应将团队利益置于个人利益之上，个人必须愿意牺牲短期利益来换取长期的成功果实，团队成员间建立有效的沟通渠道。这样的团队才有望成功。

（五）规矩法则

俗话说“没有规矩不成方圆”。作为一个创业团队，在创业初期就应定好自己的规则，其中包括团队成员的义务和责任、股权的配置、利益的分配，如企业的增资、扩股、融资、撤资、人事安排及解散等。只有先定好比较明确的规矩，才能防止企业壮大后成员之间产生矛盾。

案例分享

小团队　大能量

宋永锋在2001年毕业于浙江大学华家池校区农业机械化及自动化专业。毕业后有将近三年时间从事于软件技术服务和PDM、ERP项目实施等工作，曾为当时规模还小的阿里巴巴做过网络安全相关服务，为省内知名中小学校做过校园ERP系统，在软件行业可谓是接触很多，经验也有。

在2006年、2007年当时注册公司需求旺盛的背景下，宋永锋选择了通过网站优化（SEO）做起了如公司代理记账、公司注册等项目，但当时重心不在商标上面，把商标业务转包给其他合作公司。而2008年的经济危机的到来让宋永锋放弃公司代理记账和注册业务。在通过网站等发现商标的需求量在以50%的速度增长后，从而转入商标业务。创业这件事不是说一个人就可以完成的。宋永锋因业务结缘现在的合作伙伴林维可，在工作上两人分工明确，林维可专注于国内业务，宋永锋则专注于国际商标业务。整个公司业务资源是客户主动找上门的，也有和财务公司、同行业等进行合作的。那为何专注于做一件事？宋永锋觉得当你一件事都做不好，也无法再去进行全方面发展。不管在生活还是工作上，宋永锋都是个随性的人。当面对他不喜欢的客户时，他会不愿意并且也不会去接此业务。其实整个公司可以招员工、主动找客户去进行扩大，但宋永锋是个佛系的人，认为一切事情顺其自然。有的时候一个公司做大不一定是个好事情，扩展得越快，可能结束得也越快。

一个小小的团队创办并发展了杭州信诺知识产权，公司有了自身的客户群，有了自身的发展模式。公司为中小企业服务，拓展国内国际市场。信诺指的就是“诚信、守诺”，也是公司的经营理念；坚持“客户第一、员工第二、股东第三”是企业文化。

——资料来源：Monshare创享会

现在我们虽然了解了这些规则，但究竟如何来组建团队，创业团队中应该有哪些成员呢？大学生创办企业的类型一般都属于小微企业，他们也更偏爱选择团队创业。为了使企业顺利运转，必须合理地安排团队成员，在选择成员前也要清楚地知道企业有哪些工作要做。

二、组建创业团队的内容

（一）团队成员

在小微企业中，一个创业团队中应该有这些成员：业主（老板）、股东（合伙人）、企业顾问、员工。

业主（老板）应该是一个企业里的核心领导人物。他应该行使的职责为：开发创业项目，制定目标和制订行动计划；资本的筹集；组织和调动团队成员实施行动计划；协调团队成员间的关系；确保计划的执行，使企业达到预期的目标。

作为一名业主（老板），制订企业计划时应考虑好自己企业的经营能力，要明确哪些工作可以由自己做，哪些工作是自己没能力也没时间做的。在小微企业里，企业老板往往是多面手，自己通常既是老板又是员工。

股东（合伙人）是指和业主共同创业的人，这些股东与业主共享收益、共担风险。有时一个企业不止一个业主（老板）。

股东（合伙人）间应该准备合伙协议，明确各自的责任和义务，讲好股权配置、利益分配等内容。

企业顾问是企业中的一种职位，泛指在某件事情的认知上达到专家程度的人，他们可以提供顾问服务。因此在一个企业中，各种咨询可能都有意义。因为创业者不可能是各方面的专家，因此，创业者们可以选择那些曾经对自己企业有所帮助、以后可能扶持自己企业的行业专家作为企业的顾问。这些专家包括专业协会会员、会计师、银行信贷员、律师和政府部门官员等。

在寻找企业顾问时，可以考虑从一些企业、贸易和教育机构那里获得帮助、信息、咨询意见和培训。当然从谨慎的角度讲，在企业聘请顾问前，一定要注意验证他们的资质，以免上当受骗。

员工是指企业（单位）中各种用工形式的人员，包括固定工、合同工、临时工及代训工和实习生。在雇用员工前，应列出自己企业里所有的工作岗位，根据团队成员的特点将他们安排在各个岗位。如果创业者没能力或者没时间把全部工作都包下来，就需要雇人。一般小微企业在刚起步阶段不宜雇用太多的人，一般 1~2 名就可以了。

对于一个小微企业不能承受员工中有无用之人，因此在招聘员工前就应花时间搞清楚用人需求，应搞清楚岗位需要什么样的个性、经验和教育背景，工作岗位上需要有哪些技能，使用什么样的设备，需要具备什么样的资格。

在创业者明确了岗位需求后就可以发出招聘广告了。在招聘广告中应写明职位的目标，责任和职责及招聘人员的教育背景、期待的经验及专业技能，还要列出薪金及福利；最后，留好应聘人投递简历的邮箱和负责招聘人的联系方式。

招募员工的渠道可以利用个人和职业关系网、联系学校负责就业的办公室、在公共场所张贴广告，利用信息服务社、出版物、网络发布用人信息。

（二）设计团队的组织结构

组织结构是组织的全体成员为实现组织目标，在管理工作中进行分工协作，在职务范围、责任、权力方面所形成的结构体系。刚创业的团队成员不会太多，组织结构相对简单，设计组织结构时应注意三个问题。即企业内部部门和岗位设置；部门和岗位之间的关系；各岗位的职责。

1. 常见小微企业的组织结构

小微企业一般由于人员较少，工作关系简单，组织结构相对简单，过于复杂的组织结构不但不实用，反而会给企业运营增加成本，带来麻烦。

小微企业最常见的组织结构是直线职能式组织结构，也就是把企业的人员按照工作责任分成若干部门，并且每个部门设立一个领导职务，然后明确各部门之间的关系。这种组织结构使企业内部从上到下实行垂直领导。下属部门只接受一个上级领导，部门领导对所属部门的一切问题负责，如图 7-4 所示。

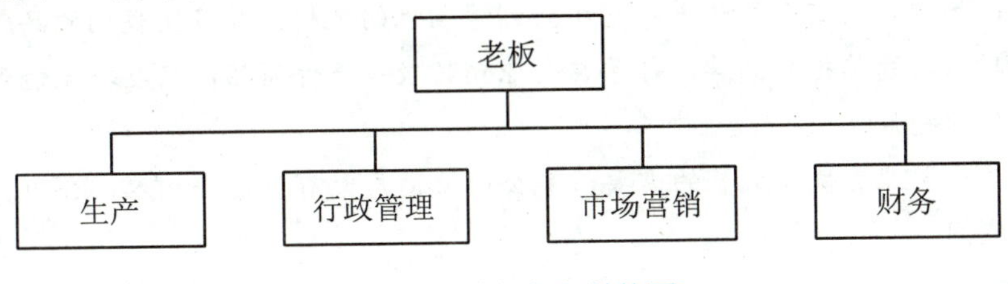

图 7-4 常规组织结构图

2. 设计企业组织结构

创业者可以按照以下步骤设计企业组织结构。

步骤一：弄清企业内部有哪些工作职能。内部应该划分成哪些部门，设置哪些岗位。

步骤二：明确各个工作部门和岗位之间的关系。是从属关系还是并列关系，并考虑并列关系的部门和岗位之间如何进行协调和配合。

步骤三：明确各部门和岗位的工作职责和内容。

步骤四：考虑各部门和岗位应该设置哪些人员，设置多少。

良好的组织结构可以帮助企业在人员有限的情况下使你的团队有更高的执行力和战斗力。以某网络科技有限公司为例，从它的组织结构图（见图 7-5）中，可以清楚地体会到，在小微企业中，往往会出现一人多职的情况。

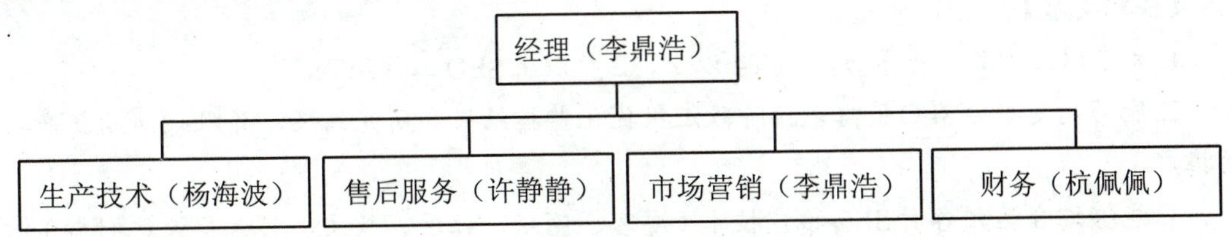

图 7-5 某网络科技有限公司组织结构图

案例分享

张家港路达服装进出口有限公司网络招聘广告

一、公司简介

张家港路达服装进出口有限公司于2015年在苏州创立，是一家集礼服设计、生产、销售于一体的专业礼服公司。

公司的主要业务是通过B2C和B2B的模式，面向全球市场销售专业礼服。我们拥有多年的时尚礼服生产与销售经验，服务过来自全球各地的成百上千位时尚女性。梵尚团队为客户提供个性化的服务，旨在为客户创造独特且舒适的购物体验，得到广大国际消费者的认可。

路达服装旗下拥有Ever-Pretty、Alisapan等多个国际时尚礼服品牌，都汇聚着欧美风格的大气、高雅和东方的婉约时尚。自品牌创立以来，梵尚服装一直遵循着我们的宗旨：Make you pretty forever。以满足全球数百万女性对美丽的追求为目的，我们的设计团队致力于为各地的时尚女性提供高品质的时尚礼服，并使之兼具有竞争力的价格。我们的首席执行官Anna Shi建立了这个团队并将它扩大到跨国性的规模，并且使我们的品牌成为广大海外服装代理批发商热抢的品牌，每年在全球销售数百万件商品，只要物流能到达的地方就能看到我们的礼服。

现在因为公司业务快速成长的需要，本公司诚邀广大有识之士加入，公司会为您提供足够的发展空间。

二、招聘职位

职位标签：SEO英文网站运营1名。

职位职能：SEO搜索引擎优化网络推广经理/主管。

职位描述：

【工作职责】

1. 制订并实施公司所属网站SEO推广方案，负责网站SEO优化及关键字排名。

2. 通过对网站的分析，提出前台页面和系统架构等网站排名及优化的整体解决方案。

3. 监控网站关键字，监控和研究其他网站相关做法，制定公司产品SEO规范与实施。

4. 分析、建议网站的关键词解决方案并实施方案使其达到效果，并且负责效果提升跟踪汇报。

5. 开展搜索引擎的优化研究和分析，并围绕优化提出合理的网站调整建议。

【任职要求】

1. 大专以上相关专业学历，CET4以上，2年以上SEO工作经验。

2. 能够制定整站SEO策略，按阶段汇报优化监控结果和研究结果，并跟踪网站新产品的推广。

3. 能够综合运用各种SEO推广技术（博客、论坛、社区、软文、目录提交、付费）综合制定整站内/外链的建设。

4. 能够综合运用各种SEO软件，如Scrape Box、TBS、XRumer、SEnuke X、BMD等，

提高工作效率。

5. 熟悉各种资源站群的建设，搭建非典型站群关系网络。

6. 能够随时应对关键词的排名情况及Google算法变化，并及时对网站做出调整，遇到搜索引擎降权或惩罚时，能应对搜索引擎危机并及时处理。有过成功处理经验的优先考虑。

【待遇】

1. 每周双休。

2. 五险一金。

工资面议。

三、联系方式

公司地址：张家港市××路××号××室。邮政编码：××××××，投递简历邮箱：×× @163. com。

注：未通知面试前谢绝来访。

——资料来源：道客巴巴

第三节　创业团队的管理原则

创业初期，团队成员往往充满激情。创业伙伴往往也是多年的好友，彼此也会承诺一起无怨无悔地付出。但是随着时间流逝、事业成长，一些问题往往也会浮出水面。为了管理好创业团队，应遵循以下原则：

一、共同成功法则

迈克尔·乔丹说过这样一句话："一名伟大的球星最突出的能力是让周围的队友变得更好。"马斯洛的需求层次理论也指出，人的最高层次的需求为"自我实现需求"，因此，企业和创业者成功的同时，一定不要忽略员工的成功。因为只有员工的成功才能创造出企业的成功。员工的长期成功与企业的长久成功相互依存。如果没有员工在工作中的出色表现，企业也就不会有上佳的表现。企业的任何成功都是由员工工作中的点滴成功积累起来的，并不是一蹴而就的，因此，创业者要与员工一起成功。企业与员工一起成功，不只是给员工带来经济上的利益，更重要的是为员工搭建在企业有限资源的前提条件下的个人成长平台。对于一些能人，创业者可能暂时付不起很高的工资，但你一定不要把他们当成打工者。创业者要建立一种与人分享的分配机制，把能干的人变成企业的中坚力量，这样的"游戏规则"才是企业成长的根本。只有着眼于企业长久发展的创业者，才有可能与员工一起成功。

二、信任与监督并行法则

首先团队中应有比较权威的核心领导人，在大家意见产生分歧时，由核心领导人来仲裁决定。而能担任此重任的人应该受到团队成员的普遍信任，有宽广的胸怀和高尚的品质，有素养和能力来指挥团队成员，有较强的沟通能力，能够协调成员间的矛盾，能够激励团队成员，使团队的整体水平不断提高，适应企业的不断发展。

团队成员有强烈的责任心的同时需要互相信任。一个团队中，成员间的盲目信任和互不信任都无益于企业的发展，因此在团队运行过程中，要培养成员间的信任感，同时要有完善的监督机制。

三、文化建设法则

整个创业团队要有自己的创业思路，目标、经营理念、经营方式要取得一致。团队中不能无章可循。在创业初期不能忘记“先小人后君子”“亲兄弟明算账”的古训，认真执行团队组建时制定的规章制度。

打造学习型创业团队，建立良好的学习氛围。这种学习包括团队内部成员的相互学习和对外界知识的学习。

四、角色分配法则

在创业的过程中，团队的核心领导者应了解自己和员工的动机与价值观、性格特点，把不同动机、不同价值观、不同性格的人员安排在不同岗位。一个高效团队的岗位安排，应考虑到成员的优势和劣势。在团队内部一般有 9 种角色定位。

（1）创造者：产生创新思想。一般来说，此种角色要求富有想象力，善于提出新观点或新概念，独立性较强，喜欢自己安排工作时间，按照自己的方式和节奏进行工作。

（2）倡导者：拥护所产生的新思想。他们乐意接受、支持新观念。在创造者提出新建议后，他们擅长利用这些新创意，并找到资源支持新创意。

（3）开发者：分析决策方案。他们有很高的分析技能。

（4）组织者：提供结构。他们会设定目标，制订计划，组织人力，建立起种种制度，以保证按时完成任务。

（5）生产者：提供指导并坚持到底。他们坚持按时完成任务，保证所有的承诺都能兑现。他们的优点是自己生产的产品符合标准。

（6）核查者：检查具体细节。他们善于核查细节，并保证避免出现任何差错。

（7）支持者：处理外部冲突和矛盾。他们在支持团队内部成员的同时会积极地保护团队不受外来的侵害，他们能够增强团队的稳定性。

（8）建议者：寻求全面的信息。他们在鼓励团队做决定之前充分收集信息，而不是匆忙决策，在团队中起着非常重要的作用。

（9）联络者：倾向于了解所有人的看法。他们是协调者，是调查研究者，不喜欢走极端，而是尽力在所有团队成员之间建立起合作关系。

因此，管理者必须要进行个人优势分析，将人格特质、个人偏好和角色要求适当匹配，打造一辆高效运转的“团队战车”，见表 7-1。

表 7-1 某网络科技有限公司的岗位分工

岗位	工作说明	所需素质和技能	责任人	角色分配
经理	做计划，制定目标，监督实施，协调内部关系，与外界工商、税务等单位打交道	了解专业知识，有主见，认真，果断，善于应变，容易交往	李鼎浩	创造者 倡导者 组织者
技术总监	组织、监督生产开发，控制质量管理技术资料，制订开发方案	精通Java和Net程序开发。责任心强，有管理能力	杨海波	开发者 核查者
售后服务	对售出产品进行跟踪服务，教会客户使用软件等	性格开朗，具有较强的沟通能力	许静静	联络者 支持者
财务	出纳、收款、记账、管理现金	认真、踏实、有条理、诚实，有会计上岗证	杭佩佩	建议者
生产者	做网站前台开发、图像处理	熟练使用Flash、Photoshop等软件	李鼎浩	生产者

在企业的管理过程中除在大的方面遵循以上法则外，还应像某网络科技有限公司一样，把岗位职责制成岗位说明书。岗位说明书规定了某一特定领域里要做的工作，这样做的好处是员工将确切知道企业需要他们做什么样的工作，员工的工作绩效可以用此来衡量。另外，岗位说明书中还应该包括岗位名称、该岗位工作说明（这个岗位所从事的具体工作）、该岗位的上下级、以及该岗位员工所应具备的素质和技能。

案例分享

俞敏洪的创业团队

俞敏洪，1962 年 10 月出生于江苏江阴，1980 年考入北京大学西语系，毕业后留校担任北京大学外语系教师。1991 年 9 月，俞敏洪从北京大学辞职，开始了自己的创业生涯。1993 年，俞敏洪创办了新东方培训学校。创业伊始，俞敏洪单枪匹马，仅有一个不足 10 平方米的漏风的办公室，在零下十几摄氏度的天气里，自己拎着糨糊桶到大街上张贴广告，招揽学员。“任何事情都是你不断努力去做的结果，当你碰到困难时，你不要把它想象成不可克服的困难，在这个世界上没有任何困难是不可克服的，只要你勇于去克服它！”正是凭借着这种不怕困难、勇于克服困难的精神，新东方不断发展壮大着，俞敏洪还把“从绝望中寻找希望”作为新东方的校训。

1994 年，俞敏洪投入 20 多万元，新东方已经有几千名学员，在北京也已经是一个响亮的牌子。

一、聚集人才

在新东方创办之前，北京已经有三四所同类学校，参加新东方培训的多是以出国留学为目的。新东方能做到的，其他学校也能做到。就当时的大环境而言，随着出国热，以及人们在工作、学习、晋升等方面对英语的多样化要求，国内掀起了学习英语的热潮。如何先人一步，取得自己的竞争优势，把新东方做大做强？俞敏洪认识到英语培训行业必须具备一流的师资。

培训学校普遍做不大是有原因的，由于对个别讲师的过分倚重，每个讲师都可以开一个公司，但是每个公司都做得不大。因此，俞敏洪需要找到更多的合作伙伴，帮他控制住英语培训各个环节的质量。而这样的人，不仅要有过硬的专业知识和能力，更要和俞敏洪本人有共同的办学理念。他首先想到的是远在美国的王强、加拿大的徐小平等人，实际上这也是俞敏洪思考了很久后所做的决定——这些人不仅符合业务扩展的要求，更重要的是这些人作为自己在北大时期的同学、好友，在思维上有着一定的共性，肯定比其他人能更好地理解并认同自己的办学理念，合作也会更坚固和长久。

这时他遇到了一个和他有着共同梦想的惺惺相惜的朋友——杜子华，杜子华像一个漂泊的游侠，研究生毕业后游历了美国、法国和加拿大，凭着对外语的透彻领悟和灵活运用，在国外结交了各色朋友，也得到不少让人羡慕的机会。但是他在国外待的时间越久，接触的人越多，就越是感觉到民族素质提高的重要和迫切。要提高一个人、一个民族的素质唯有投资教育。

1994 年在北京做培训的杜子华接到了俞敏洪的电话，几天后，两个同样钟爱教育的人会面了。谈话中，俞敏洪讲述了新东方的创业和发展、未来的构想、自己的理想、对人才的渴望。这次会面改变了杜子华单打独斗实现教育梦想的生活，杜子华决定在新东方实现自己的追求和梦想。

1995 年，俞敏洪来到加拿大温哥华，找到曾在北大共事的朋友徐小平。这时的徐小平已经来到温哥华 10 年之久，生活稳定而富足。俞敏洪不经意地讲述自己创办新东方的经历，文雅而富有激情的徐小平突然激动起来：“敏洪，你真是创造了一个奇迹啊！就冲你那 1 000 人的大课堂，我也要回国做点事！”随后，俞敏洪又来到美国，找到当时已经进入贝尔实验室工作的同学王强。

1990 年，王强凭借自己的教育背景，3 年就拿下了计算机硕士学位，并成功进入著名的贝尔实验室，可以说是留学生中成功的典型。白天王强陪着俞敏洪参观普林斯顿大学，让他震惊的是，只要碰上一个黑头发的中国留学生，竟都会冲俞敏洪叫一声“俞老师”，这里可是世界著名的大学啊。王强后来谈到这件事时说自己当时很震惊，受到很大的刺激，俞敏洪说：“你不妨回来吧，回国做点自己想做的事情。”就这样，徐小平和王强都站在了新东方的讲台上。

1997 年，俞敏洪的另一个同学包凡一也从加拿大赶回来加入了新东方，新东方就像一个磁场，凝聚起一个个年轻的梦想，这群在不同土地上为了求学，洗过盘子、贴过广告、做过推销、当过保姆的年轻人，终于找到一个突破口，年轻人身上积蓄的需要爆发的能量在新东方得到充分的释放。

就这样，从 1994 年到 2000 年，杜子华、徐小平、王强、胡敏、包凡一、何庆权、钱永强、江博、周成刚等人陆续被俞敏洪网罗到了新东方的门下。

二、构建团队

作为教育行业，师资构成了新东方的核心竞争力，但是如何让这支高精尖的队伍最大限度地发挥作用，俞敏洪从学员需求出发，秉持着一种“比别人多做一点，比别人做得好一点”的朴素的创新思维，合理架构自己的团队，寻找和抓住英语培训市场上别人不能提供或者忽略的服务，使新东方的业务体系得以不断完善。

例如，当时新东方就开辟了一块由一个加拿大人主持的出国咨询业务，学员可以就近咨询，获得包括一些基本申请步骤、各个国家对待留学生的区别、各个大学颁发奖学金的流程和决策有何不同、读研究生和读博士生的区别在什么地方等必要知识。

1995 年，俞敏洪逐渐意识到，学生们对于英语培训的需求已经不只限于出国考试。例如，1995 年加入新东方的胡敏就应这种需求，开发出了雅思英语考试培训，大受欢迎，胡敏本人也因此被称为“胡雅思”。

徐小平、王强、包凡一、钱永强等人分别在出国咨询、基础英语、出版、网络等领域各尽所能，为新东方搭起了一条顺畅的产品链。徐小平开设的“美国签证哲学”课，把出国留学过程中一个大家关心的重要程序问题，上升到一种人生哲学的高度，让学员在会心大笑中思路大开；王强开创的“美语思维”训练法，突破了一对一的口语训练模式；杜子华的“电影视听培训法”已经成为国内外语教学培训极有影响力的教学方法，新东方的老师很多都根据自己教学中的经验和心得著书立说，并形成了自身独有的特色，让新东方成为一个有思想有创造力的地方。

俞敏洪的成功之处是为新东方组建了一支年轻而又充满激情和智慧的团队。俞敏洪的宽厚，王强的率直，徐小平的激情，杜子华的洒脱，包凡一的稳重，5 个人的鲜明个性让新东方总是处在一种不甘平庸的氛围当中。

谈到团队的组建，《西游记》中由唐僧率领的取经团队被公认为是一支“黄金组合”的创业团队。4 个人的性格各不同，却又同时有着不可替代的优势。例如，唐僧慈悲为怀，使命感很好，有组织设计能力，注重行为规范和工作标准，因此他担任团队的主管，是团队的核心；孙悟空武功高强，是取经路上的先行者，能迅速理解、完成任务，是团队业务骨干和铁腕人物；猪八戒看似实力不强，又好吃懒做，但是他善于活跃工作气氛，使取经之旅不至于太沉闷；沙僧勤恳、踏实，平时默默无闻，关键时刻他能稳如泰山、稳定局面。

新东方的创业团队就有些类似于唐僧的取经团队。徐小平曾是俞敏洪在北大时的老师，王强、包凡一同是俞敏洪在北京大学西语系 2008 级的同班同学，王强是班长，包凡一是大学时代睡在俞敏洪上铺的兄弟。这些人个个都是能人、牛人。因此，新东方最初的创业成员，个个都是“孙悟空”，每个人都很有才华，而个性却都很独立。俞敏洪曾坦承：论学问，王强出自书香门第，家里藏书超过 5 万册；论思想，包凡一擅长冷笑话；论特长，徐小平梦想用他沙哑的嗓音做校园民谣，他们都比我厉害。

俞敏洪敢于选择这帮牛人作为创业伙伴，并且真的在一起做成了大事，成就了一个新东方传奇。2006 年，新东方在美国纽约证券交易所上市，是中国大陆第一家在美国上市的教育机构。截至 2017 年 7 月，新东方公司的市值已经超过 110 亿美元（约合 750 亿元人民币），因此可以说，俞敏洪是一个成功的创业团队领导者。他知道新东方人多是性情中人，从来不掩饰自己的情绪，也不愿迎合他人的想法，打交道都是直来直去，有话直说，因此，新东方形成了一种批判和宽容相结合的文化氛围。批判使新东方人敢于互相指责，纠正错误；宽容使新东方人在批判之后能够互相谅解，互相合作。这就是新东方人的特点：大家互相之间不记怨，不记恨，只计较到底谁对、谁错、谁公正。

这种源自北大精神的自由文化，是俞敏洪敢用“孙悟空”，而且是多个“孙悟空”的前提条件，这是新东方成功的关键因素之一。而另一个关键因素就是俞敏洪本人所具备的包容性，帮助他带领着一帮比他厉害的“牛人”，不仅将新东方从小做大，还完成了让局外人都为之捏了一把汗的股权改制。

——资料来源：凤凰网

拓展阅读

李开复谈大学生创业：团队比点子更重要

郭广昌和李开复，一个是成功创业的企业家，一个是创办创新工场的风险投资人，却曾不约而同地向有志创业的大学生“泼冷水”，甚至是“冰水”——创业失败的一定比成功的多，梦想一毕业就可以成为下一个马化腾是不现实的，在没有做好充分准备时，不要过早出来自主创业。

创业要做好失败的准备：“创业失败概率很大，丝毫没有经验没有团队就出来，凭着自己拍脑子想出来的点子，那么你失败的概率就会是99.99%。”李开复反对大学生在没有准备好时过早出来创业，“大学生梦想自己一毕业就可以成为下一个马化腾，这在绝大多数情况下是不现实的。”

上海复星高科技（集团）有限公司董事长郭广昌提醒创业者，创业失败的一定比成功的多，在积极准备创业的同时，要为失败做好准备，更多的是想如果失败了会怎么样。“如果没有为失败做好准备，我建议大家不要轻易去创业。”

“大学毕业时你22岁，如果你25岁或者28岁能出来创业，这还是非常非常年轻的，不必要赶在今朝。”李开复建议有志创业的大学生，给自己几年时间，加入一个创业的公司，在里面接触一个有经验的领导者，看他怎么做事情，看市场怎么被建立起来，看产品怎么被创造出来。

团队比点子更重要：很多创业者认为，好点子就是一切。李开复对此不以为然，“真正改变一切的点子非常非常少。其实每个人如果仔细想想，都可能想出10～20个不错的点子，而且足够好到让‘风投’来投资，因此点子不是最值钱的。”

比点子更重要的是什么？李开复强调三点：一是在正确的时间做正确的事情；二是团队要非常地好，要看人；三是团队要有执行力，知道如何把一个点子落实下去。他举例说，如果40年前有人拿了谷歌的商业计划去投，会失败；如果30年前有人拿了Facebook的商业计划去投，也会失败。“今天他们成功了，是因为在正确的时间做了正确的事情，而不是点子本身改变了世界。”

郭广昌建议，创业者应把更多的时间和精力花在去体会市场上，花在跟团队的沟通上，花在自己的独立思考上。“细心去体会市场的确需要你吗？需要你的商业模式吗？你真的在为市场创造价值吗？”

风投真正的价值在“钱”之外：李开复认为，创业者往往还有一个误区，认为“风投”提供的价值就是钱。“其实真正成功的‘风投’所提供的价值，恰恰在金钱之外——他们能够帮你介绍人脉，提供下一轮融资，帮你把握市场方向，帮你把产品做得更好，让你了解国内外的市场，帮你介绍人，帮你招聘，帮你做更好的财务，让你能够更快地在合适的时候赚钱。这些才是风险投资者的本质，他们能提供的最大价值。”

李开复希望每一位创业者不要只看到钱的来源。在他看来。创业者如果有好的方向和团队，一定可以融到资金，这时候一定要“挑选给你最大加分的风险投资者”，这样才能对得起自己。

“千万不要在别人给了你钱之后，就以为有了第一次支持，之后还会有第二次。”郭广昌提醒创业者必须脚踏实地，必须珍惜每一分钱、每一个起步。而在每一分钱的创造过程当中，也一定要冷静冷静再冷静，不要自认为理想很伟大，就可以忘乎所以。

——资料来源：中国教育网

第八章

创办新企业

案例导读

迪士尼的选址

“米老鼠”青睐人口高度集中的繁华地

除了位于美国本土的奥兰多是一个典型的旅游城市以外，洛杉矶、东京、巴黎、香港和上海全都是某一区域内的经济中心，且无一例外的都是人口高度集中的城市。

这其中，洛杉矶的人口最少，大约400多万，但洛杉矶已经是全美人口第二大城市了，而且其所在的加利福尼亚州拥有将近4 000万人口，位居全美各州第一。而洛杉矶迪士尼也是最早建成的迪士尼乐园，于1955年开园。

从迪士尼乐园在美国以外地区的选址来看，更加能体现出其对于潜在客流量的重视。1982年建成的东京迪士尼是第一家非美国本土的迪士尼乐园，而从东京的人口情况来看，已多年位居世界城市第一的宝座。

之后，迪士尼选址在巴黎，巴黎的人口为法国城市中第一，但迪士尼想吸引的人群显然不仅只有巴黎或者法国，而是整个欧洲。

巴黎迪士尼乐园建成于1992年，与一个重要的时间节点非常临近，这个节点便是欧盟的诞生。从1973到1993年，欧盟的前身——欧共体共经历了5次扩展，成立欧盟已经是大势所趋。1990年6月起，欧洲多国签署《申根公约》，消除过境关卡限制；1991年，建立欧洲货币体系；1993年11月，欧盟诞生。没有过境关卡、拥有统一的货币，巴黎迪士尼显然也获得了吸引更多游客的先天条件。

香港的人口约为700多万，同样显而易见的是，香港迪士尼的目标也绝不会只是香港本地的游客。1997年香港回归，此后由于内地游客数量的逐年增加，香港旅游业也迎来了多年的爆发式增长。与此同时，由于香港“购物天堂”的美誉及交通便利等原因，香港接待国外游客的数量同样不容小觑，其客源也相对多元化。

上海的人口优势一样不言而喻，超过2 400万的人口数量已然高居世界城市中的第三名。

衡量客源的消费能力，人均GDP是入选标准吗？

不过，要吸引迪士尼，仅有人流攒动式繁荣是远远不够的，潜在客源的消费能力不可谓不是一个考虑标准。从迪士尼海外乐园的选址来看，很难说米老鼠不爱钱。

1982年东京迪士尼建成时，东京的人均GDP约为9 700美元，这个数字听起来似乎不多，但1982年的世界人均GDP只有约2 400美元，也就是说，当时东京的人均GDP是世界人均GDP的4倍。

1992年，法国人均GDP超过23 900美元，作为法国首都的巴黎，其人均GDP理应高于这个数字，可见，当时巴黎的人均GDP至少超过当年世界人均GDP的5倍。

2005年香港迪士尼开园，当年香港人均GDP约为26 600美元，约为当年世界人均GDP的3.7倍。

2015年，上海人均GDP约为15 000美元，约为当年世界人均GDP的1.5倍。

从人均GDP来看，上海并无明显优势，但从某种意义上来说，迪士尼落户上海表明了其看重的是一个城市乃至国家未来的经济增长潜力。

入选的城市无一不是交通便利且临近大海

6个迪士尼乐园的另一个共同特点便是无一不具备交通便利的优势。

值得注意的是，东京、香港和上海迪士尼乐园均与机场临近，而巴黎迪士尼则与火车站相邻。同时，每一个迪士尼乐园选择的城市，均拥有相当发达的公共交通。

在迪士尼于欧洲选址的过程中，选址范围曾一度缩小至法国和西班牙两国，但最终法国胜出。除了法国提供了更为优厚的投资条件之外，交通则是迪士尼最终落户法国的另一个重要原因。法国地处欧洲中心，巴黎则与欧洲各大城市建立了四通八达的交通体系。

此外，连接英国和法国的英吉利海峡隧道在1987年动工，并于1994年开通，这也于巴黎迪士尼开园的时间相契合。由于英吉利海峡隧道的开通，伦敦和巴黎之间的路上旅行时间比原来缩短了1倍，仅需3小时。这也意味着如果迪士尼选址法国巴黎，相比选择西班牙来说，更容易吸引另一个欧洲“大户”——英国的游客。

不过，从目前6个迪士尼乐园的选址来看，其所在城市无一是内陆城市，全部与海滨临近。这究竟是因为希望多一条水路的交通选择，还是因为米老鼠热爱大海，或仅仅只是一种巧合，尚不得而知。

极冷和极热的地区都没有入选

此外，在现有迪士尼乐园的选址中，极冷和极热地区都不在选择范围内。

现有6座迪士尼乐园选址城市全部位于北半球，最北边是巴黎，纬度为48°52′，巴黎也是6个城市中平均气温最低的，年均气温为10℃左右。

上海和东京纬度相近，气温和气候也极为相似，都为亚热带季风性气候，平均气温都在16℃左右。

从纬度上来看，洛杉矶的纬度与东京接近，不过，相比上海和东京来说，地中海气候的洛杉矶更为干燥，更为阳光充沛，年均气温在19℃左右。

奥兰多和香港纬度更低，也更热一些，奥兰多的年平均气温为22℃左右；香港则是迪士尼乐园选址中唯一位于热带地区的城市，年均气温为22.8℃，不过从气候类型上说，香港却属于亚热带气候，同样具有四季分明的特征，并不至于因为高温吓退游客。

——资料来源：和讯网

思考

迪士尼的选址都考虑了哪些要素？

第一节 企业组织形式与选址

一、企业组织形式选择

根据《中华人民共和国个人独资企业法》《中华人民共和国公司法》（以下简称《公司法》）和《中华人民共和国合伙企业法》，一家新创企业可以选择的组织形式有多种，主要有个人独资企业、合伙企业、有限责任公司（包括一人有限责任公司）和股份有限公司。

（一）个人独资企业

个人独资企业是指依法在中国境内设立，由一个自然人投资，财产为投资者个人所有，投资者以其个人财产对企业债务承担无限责任的经济实体。其主要特征有以下三点：

（1）投资主体只能是一个人。

（2）所有权与经营权合二为一。企业的全部资产属于投资者个人所有，因此在经营上由自己决策，不受他人制约。业主既是投资者，又是经营管理者。利润分配上，全部利润归自己所有。

（3）承担责任的无限性。以个人财产出资的，以其个人资产对企业债务承担无限责任。意思是如果企业负债经营，并且经营不善亏损了，以企业所有的资产抵债后，还有债务无法清偿（资不抵债），则个人独资企业的投资人要以其个人的全部财产对该企业债务承担责任，而不仅只限于出资额。以家庭财产出资的，则以家庭财产承担无限责任，因此相应的风险也比较大。

（二）合伙企业

合伙企业是指自然人、法人和其他组织依照法律在中国境内设立的、由合伙人订立合伙协议，并依据合伙协议共同出资、共担风险、共享收益，对合伙企业债务依法承担责任的经营性组织，包括普通合伙企业和有限合伙企业。

普通合伙企业由普通合伙人组成，合伙人对合伙企业债务承担无限连带责任。有限合伙企业由普通合伙人和有限合伙人组成，普通合伙人对合伙企业债务承担无限或无限连带责任，有限合伙人以其认缴的出资额为限对合伙企业债务承担责任。所谓无限连带责任就是如果企业负债，以企业所有的资产抵债后，还有债务无法清偿，则合伙企业的普通合伙人要以其个人的全部财产对该企业债务承担责任。当普通合伙人有两人以上的，其中，有限合伙人无力承担债务，则其他人应以其个人全部财产承担全部债务后，再向对方追讨。有限合伙人的有限责任则是如果企业负债经营，并且经营不善亏损了，以企业所有的资产抵债后，还有债务无法清偿，对无法清偿的这部分债务有限合伙人就不再承担责任了。也就是说这时候有限合伙人除了收不回出资的本金外，资不抵债部分的债务就一笔勾销了，无须再拿个人财产偿还了，因此是有限责任。

有限责任对投资人来说风险相对小一些。其特征有以下三点：

（1）以合伙协议为合伙企业成立的法律基础既然是合伙，合伙人当然应形成共同的合伙意向并就合伙企业的名称和主要经营场所的地点、合伙经营范围、合伙人的出资方式、数额和缴付期限等达成一致意见合伙企业才能成立。

（2）各合伙人按照协议分配利润，对合伙企业债务依法承担责任。

（3）合伙人之间利害相关、休戚与共、共同出资、共担风险、共享收益。合伙人被捆绑在一起，休戚与共，特别是普通合伙人之间，对合伙债务负无限连带责任，这种责任使普通合伙人利害相关，成了一条绳上的蚂蚱。相应的风险也就比较大。

（三）有限责任公司

有限责任公司是指由两个以上的股东共同出资，股东以其认缴的出资额对公司债务承担有限责任，公司以其全部资产对其债务承担责任的企业法人。主要法律特征有以下两点：

（1）股东人数限制性。需要由50个以下的股东组成，可以是自然人，也可以是法人。一个自然人或一个法人也可以投资办一人有限公司。

（2）责任有限性。股东以其认缴的出资额为限对公司承担责任。

一人有限责任公司是指只有一个自然人股东或一个法人股东的有限责任公司。一人有限责任公司的特征有以下四点：

（1）公司仅有一个股东，且该唯一股东持有公司的全部出资额或股份。

（2）一人有限责任公司的股东对公司的债务原则上承担有限责任，只要股东能将自己的财产和公司的财产分开，法律即可承认一人公司的独立地位。这是与个人独资企业的本质区别。

（3）内部结构相对简单化。一人有限责任公司不设股东会，往往股东、董事、经理身份重合。

（4）只能是有限责任公司。我国《公司法》只承认一人有限责任公司，即只有一个自然人股东或一个法人股东的有限责任公司。

（四）股份有限公司

股份有限公司设立程序复杂，对注册资本要求高，一般不适合创业者选择。

股份有限公司以其全部资本为等额股份，股东以其所持股份为限对公司承担责任，公司以其全部资产对公司的债务承担责任。

二、企业选址调研

一般来说，选择创业地点要考虑两方面的因素：要有利于创业活动的开展，促进企业各方面业务的开展；要控制购买或租赁的费用。但是这两方面却是相互矛盾和冲突的。好的经营地点，业务相对就会好一点，价格自然会贵。这是市场竞争的结果。对于开始创业的学生来说，要考虑自己的承受能力，量力而行；要对自己的创业项目进行分析，寻找矛盾中的平衡点。既要降低成本，又不能对业务产生太大的影响。

案例分享

麻辣烫的选址

四川的麻辣烫是非常有名的，因此麻辣烫的餐馆也是鳞次栉比。在四川的一个县城有一家老字号的卤水串串生意非常火爆，一般到了晚上6点就已经没有菜品了，于是在这家老店的旁边也开了一家相同的麻辣烫，尽管味道相差不大，但是两家店的生意可谓是天差地别，一边是排队等吃，一边是门可罗雀。从这里可以看出选址对于创业的重要性。如果只是一味地跟风。最后的结果肯定不会理想，因此好的选址等于成功了一半。

——资料来源：百度文库

（一）根据不同的项目对于创业地点的敏感性不同，寻找比较优势

有些项目，如时装店，只能在繁华闹市开办，大客流量、高营业额足以支付高额的租金，如果放在郊区，租金虽然便宜，却不会有人光顾。对于一些学生创办的科技企业来说，放在市中心或者放在郊区，虽然也会有差异，但对其业务和经营的影响不会像前者那么大，那么就可以考虑“两害相权取其轻”，把企业选在租金相对低廉的地点。

（二）可以利用成市、成行的效应

一家企业地处偏远，可能没有市场。但是如果有几十家某一类或某一行的企业都在一起，那么就可能人为造就一个市场。这是根据顾客货比三家的心理特点而形成的。我们经常看到各地城市的偏远地区有某某一条街、某某市场等，每年的经营销售额数以亿元计，就是这样的道理。但这里需要提醒的是，对于一些偏远的地区，如果只有一家独家经营的企业生意很好，这种时候要去划分市场的话，需要谨慎。

（三）可以利用兼容、共享的效应

有些行业或企业是具有兼容性的，双方都可以分享对方的顾客，从而做到相互依存、相互帮助、共享资源、共同发展，合则两利、离则两害。例如，百货公司周围经营的小企业，常认为百货公司是一个“好邻居”，因此大百货公司附近常吸引来许多餐馆、美容院、冷饮等相容的企业。

（四）有些服务行业对地理位置有明确的要求，切不可“因小失大”

有些服务行业对地理位置的要求十分明确。例如，小百货商店、粮油食品店、医药店、诊所、自行车摩托车维修点、蔬菜商店、洗衣房等离不开居民区；小吃店、旅馆、特产商品店、物品寄存点等要开在车站附近；书店、文具用品店、鲜花店等需要靠近文教区。

（五）把原材料供应、水电供应和运输条件当作关键因素

制造业选择位置时，考虑的因素不同于商业，其生产地点的选择不是根据客流量或生活方式，而是从生产出发，把原材料供应、水电供应和运输条件当作关键因素。高科技产业由于生

产和开发产品的高精度，往往更注重研发环境、试验设施、加工技术设施环境等。

（六）开店选址

服务性企业、零售店等，应设在离顾客比较近的地方，它们需要客流量比较大的地方。零售业甚至被称为“选址决定命运的产业”。

尽管在选择经营场地时，不同行业的考虑重点不尽相同，但是有两项因素是绝对不可忽略的，即租金给付的能力和租约的条件。对于那些流通迅速、体积小而又不占空间的行业，如精品店、高级时装店、餐厅等，可以选择高租金区；而家具店、旧货店等，因为需要较大的空间，最好设置在低租金区。

案例分享

星巴克如何选址

自1999年星巴克登陆北京后，目前在中国的分店数量已超过5 000家，且有持续增长的势头。一个从美国西雅图发家的咖啡店只用了20余年的时间，便在中国大部分一线城市开有门店，这样的开店速度让其他咖啡店难以匹敌。之所以能够如此，除了星巴克刻意宣传的企业理念和咖啡文化，正确的选址策略成为其迅速扩张的保障。

咖啡店的经营能否成功，很大程度上依赖于选址是否合理。在哪里开店，开什么样的店直接影响经营业绩。格林兰咖啡创始人王朝龙先生曾经为星巴克开创了咖啡连锁经营的传奇，带动了中国市场对咖啡事业的特别关注。从2001年接手星巴克到2006年离开，王朝龙在北京美大星巴克咖啡有限公司从首席财务官一直做到总裁，全面负责星巴克在北京、天津的拓展事宜。

在他看来，合适的店铺是投资经营咖啡店获取成功的必要条件。

咖啡店在选址过程中会遵循哪些规律？不同类型的咖啡店在选址策略上有哪些不同？

在旅游景点、高档住宅小区、写字楼、大商场或饭店的一隅，目前大都能发现咖啡店的身影。为何咖啡店通常会选择在这些地方开设店铺？王朝龙指出，“有无喝咖啡的消费人群成为咖啡店在选址过程中的唯一指标，在遵循这个指标的基础之上才会衍生出选址的各种参考条件。类似高档写字楼、商场和旅游景点等地方，自然会有很多喝咖啡的人群”。从2001年进入咖啡行业以来，王朝龙每次在开设新的咖啡店时都有着这样的习惯思维。

消费人群是考虑的唯一指标。以星巴克为例，当市场开发部门通过一系列考虑列出备选的项目之后，实地考察各个项目周边有无喝咖啡的人群便是王朝龙着重需要做的事情。

显然，如何在人流中判断出喝咖啡人群的大致数量显得至关重要。通常而言，可以从项目地理位置和周边物业的档次来推算。基于有喝咖啡习惯的人们大多有一定经济实力，因而在高档写字楼集中的商务区域、休闲娱乐场、繁华的商业区等地方喝咖啡的人群一定会比城市其他地方数量多。

星巴克极具针对性的选址策略，是其在全球范围内获得巨大成功的重要保证。目前星巴克的门店已经超过了30 000家，业务遍及76个国家，市值将近1 300亿美元。

——资料来源：创业邦

第二节 企业注册流程

一、企业名称设计

新创企业正式成立之前，必须进行企业名称设计，这是新创企业注册的第一步。

企业名称是该类产品或服务企业的专有名称，是一个企业区别于其他企业或组织的特定标志，俗称公司牌子。显然，公司牌子是企业的无形资产，是可以世代相传的宝贵财富。拥有一个响亮的企业名称，是让消费者久闻大名的前提条件，也有利于提升公司的知名度与竞争力。例如，“可口可乐”“家乐福”“宝马”“联想”“美的”等品牌让人留下深刻的印象。

办理企业名称预先核准需提交如下材料：全体投资人签署的《企业名称预先核准申请书》；全体投资人签署的《指定代表或者共同委托代理人的证明》及指定代表或者共同委托代理人的身份证复印件；申请名称冠以“中国”“中华”“国家”“全国”“国际”字词的，提交国务院的批准文件复印件；股东的主体资格证明或者自然人身份证件复印件。

企业名称核准在工商行政部门办理，大学生既可委托代理公司办理，也可自行办理，需提供投资人身份证原件及复印件并提供公司名称5个以上。

二、项目前置和后置许可

项目前置许可是在办理营业执照前需要先去审批的项目，审批完后再办理工商营业执照。项目后置许可是指对于应当予以前置审批的商事登记，为了提高商事登记的效率，促进商事活动的迅速开展，采取先行商事登记而后进行理应前置审批的审查，它代表了前置审批制度改革的方向。

三、具体注册流程

创业项目的企业法律形态选择好后，应按现行法律规定完成企业工商注册。根据企业法律形态不同，其注册流程不同。以常见的有限责任公司为例，其主要流程为：投资人间鉴定投资协议；注册公司名称预先核准；确立经营范围；确定投资人出资比例；制定公司章程；特定行业项目的前置许可；办理营业执照（五证合一）；到注册地管辖的公安局指定刻章点刻公章、财务章、法定代表人章；开设基本账户；代理记账；核定税种。

根据现行法律法规，普通公司的注册资本是认缴制，不再需要验资报告。但认缴制不是不缴，而是可以在一定期限缴纳，若一定期限内仍未足额缴纳，在商业活动中可能面临纠纷和责任；同时特殊行业的项目注册公司时还有注册资本的限制。

第三节 企业法律形式的种类

创业者在创建和经营企业的过程中，必须了解和遵守有关法律法规，以确保自身和他人利益没有受到非法侵害。与创业有关的法律主要包括专利法、商标法、著作权法、反不正当竞争法、合同法、产品质量法、劳动法等。表 8-1 给出了创业企业在不同阶段应当关注的一些基本法律。

表 8-1 创业企业不同阶段的基本法律问题

创建阶段的法律问题	经营现行业务中的法律问题
确定企业的法律形式	人力资源管理（劳动）法规
设立税收记录	安全法规
进行租赁和融资谈判	质量法规、环保法规
起草合同	财务和会计法规
申请专利、商标和版权保护	市场竞争法规

知识产权是人们对自己通过智力活动创造的成果所依法享有的权利。知识产权包括专利、商标、版权等，是企业的重要资产，知识产权可通过许可证经营或出售，带来许可证经营收入。知识经济时代，知识资产已经成为企业中最具价值的资产，现在几乎所有的企业（包括新创企业）都拥有一些对其成功至关重要的知识、信息和创意。创业者/创业团队为了有效保护自己的知识产权，也为了避免无意中对他人知识产权的侵犯，了解知识产权及其相关法律法规十分必要，见表 8-2。

表 8-2 中型创业企业各部门中典型的知识产权形式和保护方法

部门	典型的知识产权形式	常用的保护方法
营销部门	名称、标语、标识、广告语、广告、手册、非正式出版物、未完成的广告拷贝、客户名单、潜在客户名单及类似信息	商标、版权和商业秘密
管理部门	招聘手册、员工手册、招聘人员在选择和聘用候选人时使用的表格和清单、书面的培训材料和企业的时事通信	版权和商业秘密
财务部门	各类描述企业财务绩效的合同、幻灯片、解释企业如何管理财务的书面报告、员工薪酬记录	版权和商业秘密
管理信息系统部门	网站设计、互联网域名、公司特有的计算机设备和软件的培训手册、计算机源代码、电子邮件名单	版权、商业秘密和注册互联网域名
研究开发部门	新的和有用的发明及商业流程、现有发明和流程的改进、记录发明日期和不同项目进展计划的实验室备忘录	专利和商业秘密

一、专利与专利法

“专利”一词一般理解为专利权。国家颁发专利证书授予专利权的专利权人，在法律规定的期限内，对制造、使用、销售（有些国家还包括进口该项专利发明或设计）享有专有权（又称垄断权或独占权）。其他人必须经过专利权人同意才能从事上述行为，否则即为侵权。专利期限届满后，专利权即行消灭。任何人皆可无偿地使用该项发明或设计。

专利法是确认发明人（或其权利继受人）对其发明享有专利权，规定专利权人的权利和义务的法律规范的总称。

1980 年 1 月，我国政府正式筹建专利制度，后又成立了中国专利局。1984 年 3 月，六届全国人大四次会议通过了《中华人民共和国专利法》。

2001 年 6 月 15 日国务院颁布《中华人民共和国专利法实施细则》；2008 年 12 月 27 日第十一届全国人大六次会议通过关于修改《中华人民共和国专利法》的决定，自 2009 年 10 月 1 日起施行；2009 年 12 月 30 日国务院第 95 次常务会议通过关于修改《中华人民共和国专利法实施细则》的决定，自 2010 年 2 月 1 日起施行；2020 年 10 月 17 日十三届全国人大二十二次会议上对《中华人民共和国专利法》进行了第四次修订，该法自 2021 年 6 月 1 日起施行。

二、商标与商标法

商标是指在商品或服务项目上所使用的，由文字、图形、字母、数字、三维标志和颜色组合及上述要素的组合构成的显著标志，是用以识别该商品或者服务的原产地、原料、制造方法、质量或者其他特定品质的标志。

商标法是确认商标专用权，规定商标注册、使用、转让、保护和管理的法律规范的总称。它的作用主要是加强商标管理，保护商标专用权，促进商品的生产者和经营者保证商品和服务的质量，维护商标的信誉，以保证消费者的利益，促进社会主义市场经济的发展。

商标是企业在价值上可以量化的重要的无形资产，可以为企业带来巨大收益。商标只有经过注册，才会受到法律保护，才能取得商标专用权，否则企业的这部分无形资产就会大量流失或者严重缩水。商标不仅是消费者选择产品或者服务的依据，而且是企业参与市场竞争的主要载体。好的企业不仅需要好的产品和服务，更需要好的商标。不论是美国的可口可乐，还是中国的海尔，都是因为注册了商标才受到法律保护。

1982 年 8 月 23 日，我国颁布了《中华人民共和国商标法》，并于 1993 年 2 月 22 日对其进行第一次修正，2001 年 10 月 27 日进行第二次修正，2013 年 8 月 30 日进行第三次修正，2019 年 4 月 23 日进行第四次修正。

三、著作权与著作权法

著作权也称版权。著作权包括下列 17 项人身权和财产权：发表权、署名权、修改权、保护作品完整权、复制权、发行权、出租权、展览权、表演权、放映权、广播权、信息网络传播权、摄制权、改编权、翻译权、汇编权及应当由著作权人享有的其他权利。

著作权法是指保护文学、艺术和科学作品作者的著作权及与著作权有关的权益。按照法律规定，中国公民、法人或者其他组织的作品，不论是否发表，均享有著作权。具体包括以下形式创作的文学、艺术和自然科学、社会科学、工程技术等作品；文字作品；口述作品；音乐、戏剧、曲艺、舞蹈、杂技艺术作品；美术、建筑作品；摄影作品；电影作品和以类似摄制电影的方法创作的作品；工程设计图、产品设计图、地图、示意图等图形作品和模型作品；计算机软件和法律、行政法规规定的其他作品。

我国实行对作品自动保护原则和自愿登记原则，即作品一旦产生作者便享有版权，不论登记与否都受法律保护；自愿登记后可起到证据作用。署名权、修改权、保护作品完整权的保护期不受限制，发表权保护期为作者终生及其死亡后 50 年。使用他人作品应当同著作权人订立许可使用合同或转让合同。

1990 年 9 月 7 日，七届全国人大十五次会议通过了《中华人民共和国著作权法》，2001 年 10 月 27 日对其进行第一次修正，2010 年 2 月 26 日进行第二次修正，2020 年 11 月 11 日进行第三次修正。

除了与知识产权相关的法律外，还有反不正当竞争法、合同法、产品质量法、劳动法等法律法规也是创业者及其新创企业必须学习和了解的。限于篇幅，这里只着重讨论反不正当竞争法。

四、反不正当竞争法

反不正当竞争法是指在制止不正当竞争过程中发生的社会关系的法律规范的总称。

1993 年 9 月 2 日八届全国人大三次会议上通过了《中华人民共和国反不正当竞争法》（以下简称《反不正当竞争法》），2017 年 11 月 4 日对其进行第一次修订，2019 年 4 月 23 日进行第二次修正。其立法目的是促进社会主义市场经济健康发展，鼓励和保护公平竞争，制止不正当竞争，保护经营者和消费者的合法权益。创业者除了力戒不正当竞争行为外，更应当在创业过程中注重应用本法维护企业的合法权益。

（一）《反不正当竞争法》的基本原则

（1）自愿原则，当事人按自己的意愿设立、变更或终止商业关系，不得强买强卖。

（2）平等原则，参加交易的主体法律地位平等。

（3）公平原则，参加市场竞争主体按规则行事，不得非法获取竞争优势。

（4）诚信原则，善意、诚实、恪守信用、不得欺诈。

（5）遵守法律和商业道德原则。

（6）不滥用竞争权利原则。

（二）不正当竞争行为的界定

不正当竞争是指经营者在生产经营活动中，违反本法规定，扰乱市场竞争秩序损害其他经营者或者消费者的合法权益的行为。就企业而言，法律规定以下为不正当竞争行为：

（1）擅自使用与他人有一定影响的商品名称、包装、装潢等相同或者近似的标识。

（2）擅自使用他人有一定影响的企业名称（包括简称、字号等）、社会组织名称（包括简称等）、姓名（包括笔名、艺名、译名等）。

（3）擅自使用他人有一定影响的域名主体部分、网站名称、网页等。

（4）其他足以引人误认为是他人商品或者与他人存在特定联系的混淆行为。

（5）经营者采用财物或者其他手段贿赂下列单位或者个人，以谋取交易机会或者竞争优势：交易相对方的工作人员；受交易相对方委托办理相关事务的单位或者个人；利用职权或者影响力影响交易的单位或者个人。

（6）经营者对其商品的性能、功能、质量、销售状况、用户评价、曾获荣誉等做虚假或者引人误解的商业宣传，欺骗、误导消费者。

（7）经营者实施下列侵犯商业秘密的行为：以盗窃、贿赂、欺诈、胁迫、电子侵入或者其他不正当手段获取权利人的商业秘密；披露、使用或者允许他人使用以前项手段获取的权利人的商业秘密；违反保密义务或者违反权利人有关保守商业秘密的要求，披露、使用或者允许他人使用其所掌握的商业秘密；教唆、引诱、帮助他人违反保密义务或者违反权利人有关保守商业秘密的要求，获取、披露、使用或者允许他人使用权利人的商业秘密。

（8）经营者进行有奖销售存在下列情形：所设奖的种类、兑奖条件、奖金金额或者奖品等有奖销售信息不明确，影响兑奖；采用谎称有奖或者故意让内定人员中奖的欺骗方式进行有奖销售；抽奖式的有奖销售，最高奖的金额超过 5 万元。

（9）经营者不得编造、传播虚假信息或者误导性信息，损害竞争对手的商业信誉、商品声誉。

（10）经营者利用技术手段，通过影响用户选择或者其他方式，实施下列妨碍、破坏其他经营者合法提供的网络产品或者服务正常运行的行为：未经其他经营者同意，在其合法提供的网络产品或者服务中，插入链接、强制进行目标跳转；误导、欺骗、强迫用户修改、关闭、卸载其他经营者合法提供的网络产品或者服务；恶意对其他经营者合法提供的网络产品或者服务实施不兼容；其他妨碍、破坏其他经营者合法提供的网络产品或者服务正常运行的行为。

（三）法律责任

经营者违反《中华人民共和国反不正当竞争法》（2019 修正）规定，给他人造成损害的，应当依法承担民事责任。

（1）经营者的合法权益受到不正当竞争行为损害的，可以向人民法院提起诉讼。因不正当竞争行为受到损害的经营者的赔偿数额，按照其因被侵权所受到的实际损失确定；实际损失难以计算的，按照侵权人因侵权所获得的利益确定。经营者恶意实施侵犯商业秘密行为，情节严重的，可以在按照上述方法确定数额的 1 倍以上 5 倍以下确定赔偿数额。赔偿数额还应当包括经营者为制止侵权行为所支付的合理开支。经营者违反该法第六条、第九条规定，权利人因被侵权所受到的实际损失、侵权人因侵权所获得的利益难以确定的，由人民法院根据侵权行为的情节判决给予权利人 500 万元以下的赔偿。

（2）经营者违反该法第六条规定实施混淆行为的，由监督检查部门责令停止违法行为，没收违法商品。违法经营额 5 万元以上的，可以并处违法经营额 5 倍以下的罚款；没有违法经营额或者违法经营额不足 5 万元的，可以并处 25 万元以下的罚款。情节严重的，吊销营业执照。经营者登记的企业名称违反该法第六条规定的，应当及时办理名称变更登记；名称变更前，由原企业登记机关以统一社会信用代码代替其名称。

（3）经营者违反该法第七条规定贿赂他人的，由监督检查部门没收违法所得，处 10 万元以上 300 万元以下的罚款。情节严重的，吊销营业执照。

（4）经营者违反该法第八条规定对其商品做虚假或者引人误解的商业宣传，或者通过组织虚假交易等方式帮助其他经营者进行虚假或者引人误解的商业宣传的，由监督检查部门责令停止违法行为，处 20 万元以上 100 万元以下的罚款；情节严重的，处 100 万元以上 200 万元以下的罚款，可以吊销营业执照。经营者违反该法第八条规定，属于发布虚假广告的，依照《中华人民共和国广告法》的规定处罚。

（5）经营者以及其他自然人、法人和非法人组织违反该法第九条规定侵犯商业秘密的，由监督检查部门责令停止违法行为，没收违法所得，处10万元以上100万元以下的罚款；情节严重的，处50万元以上500万元以下的罚款。

（6）经营者违反该法第十条规定进行有奖销售的，由监督检查部门责令停止违法行为，处5万元以上50万元以下的罚款。

（7）经营者违反该法第十一条规定损害竞争对手商业信誉、商品声誉的，由监督检查部门责令停止违法行为、消除影响，处10万元以上50万元以下的罚款；情节严重的，处50万元以上300万元以下的罚款。

（8）经营者违反该法第十二条规定妨碍、破坏其他经营者合法提供的网络产品或者服务正常运行的，由监督检查部门责令停止违法行为，处10万元以上50万元以下的罚款；情节严重的，处50万元以上300万元以下的罚款。

（9）经营者违反该法规定从事不正当竞争，受到行政处罚的，由监督检查部门记入信用记录，并依照有关法律、行政法规的规定予以公示。

（10）违反该法规定，构成犯罪的，依法追究刑事责任。

第九章

初创企业的成长与风险管理

麦当劳的管理模式

麦当劳的人力资源管理有一套标准化的管理模式，这套管理模式具有鲜明的独特性，不用天才与花瓶。

麦当劳不用所谓的“天才”，因为“天才”是留不住的。在麦当劳里所有人都得从零开始，脚踏实地工作，炸薯条、做汉堡，这是在麦当劳里走向成功的人的必经之路。这对那些不愿从小事做起，踌躇满志想要大展宏图的年轻人来说，是难以接受的。但是，他们必须懂得，麦当劳请的是最适合的人才，是愿意努力工作的人。脚踏实地从头做起才是在这一行业中成功的必要条件。

没有试用期

一般企业试用期为3个月，有的甚至是6个月，但在麦当劳3天就够了。麦当劳招工先由人力资源部门去面试，通过后再由各职能部门面试，合适则请来店里工作3天，这3天也给工资。麦当劳没有试用期，但有长期的考核目标。考核，不是一定要让你做什么。麦当劳有一个360度的评估制度，就是让周围的人都来评估某个员工：你的同事对你的感受怎么样？你的上司对你的感受怎么样？以此作为考核员工的一个重要标准。

培训模式标准化

麦当劳的员工培训，也同样有一套标准化管理模式，麦当劳的全部管理人员都要学习员工的基本工作程序。培训从一位新员工加入麦当劳的第一天起，与有些企业选择培训班的做法不同，麦当劳的新员工直接走向了工作岗位。每名新员工都由一名老员工带着，一对一地训练，直到新员工能在本岗位上独立操作。尤其重要的是，作为一名麦当劳新员工，从进店伊始，就在日常的点滴工作中边工作边培训，在工作和培训合二为一中贯彻麦当劳Q. S. C. & V.黄金准则。Q. S. C. & V.分别是质量、服务、清洁和价值。这就是麦当劳培训新员工的方式，在他们看来，边学边用比学后再用的效果更好，在工作、培训一体化中将企业文化逐渐融入麦当劳每一位员工的日常行为中。

晋升机会公平合理

在麦当劳，晋升对每个人都是公平合理的，适应快、能力强的人能迅速掌握各个阶段的技术，从而更快地得到晋升。面试合格的人先要做4~6个月的见习经理，其间他们以普通员工的身份投入餐厅的各个基层工作岗位，如炸薯条、做汉堡等，并参加BOC课程（基本营运课程）培训，经过考核的见习经理可以升迁为第二副理，负责餐厅的日常营运。之后还将参加BMC（基本管理课程）和IOC（中间管理课程）培训，经过这些培训后已能独立承担餐厅的订货、接待、训练等部分管理工作。

培训成为一种激励

麦当劳的培训理念是培训就是让员工得到尽快发展。麦当劳的管理人员都要从基层员工做起，升到餐厅经理这一层，就该知道怎样去培训自己的团队，从而对自己的团队不断进行打造。麦当劳公司的总经理每3个月就要给部门经理做一次绩效考核，考核之初，先给定工作目标，其中有两条必须写进目标中，那就是如何训练你的下属——什么课程在什么时候完成，并且明确告诉部门经理，一定要培训出能接替你的人，你才有机会升迁。如果事先未培养出自己的接班人，那么无论谁都不能提级晋升，这是麦当劳一项真正实用的原则。

——资料来源：赢商网

思考

1. 如何评价麦当劳的管理模式？

2. 以你感兴趣的创业项目为例，思考其是否适合麦当劳的管理模式？

第一节　初创企业成长管理

创业初期管理是新企业遇到的第一个挑战，十分关键，同时创业者此时也面临极大的风险。新企业的运作是一个从无到有的展开过程，包括开始建立相应的内部流程到获得外界认可，任何环节出问题都会带来难以估计的麻烦，因而会比既有企业遭遇更高的失败率。

一、新企业管理的特殊性

新企业成立初期易遭遇资金不足、制度不完善、因人设岗等问题，因此，新企业成立初期应以生存为首要目标，其特征是主要依靠自有资金创造自由现金流，实行充分调动“所有的人做所有的事”的群体管理及“创业者亲自深入运作细节”。

（一）新企业是以生存为首要目标的管理

据统计，全球每年有高达70%的创业公司在成立两年内倒闭。我国创业数据统计结果也显示：我国创业企业的失败率高达70%以上，七成企业活不过1年，平均企业寿命不足3年。

生存的压力迫使新创建企业更加注重行动而非战略思考，甚至许多人认为新企业和中小企业没有也不需要战略，因此，新企业成立之初，尤其是前两年，首要任务是在市场上找到立足点，千方百计使自己生存下来，不要被市场所“消灭”。在这一阶段，生存是第一位的，创新企业的基本目标是要想方设法把自己的产品或服务销售出去，“尽快实现盈亏平衡、争取正的现金流”。赚钱是新企业生存的唯一来源，在创业阶段，亏损，赚钱，又亏损，又赚钱，可能要反复经历多次，直到最终持续稳定地赚钱，才算是度过了创业的艰难时期。一切围绕生存运作，一切危及生存的做法都应避免，最忌讳的是在创业阶段提出不切实际的扩张目标，盲目铺摊子、上规模。

案例分享

惶者生存

1988年，44岁的任正非和5个志同道合的中年人合伙，在深圳龙岗区南油新村乱草堆中的一个居民楼里成立了深圳华为技术有限公司。那时租写字楼1个月至少好几千块钱，而居民楼则最多三四百元。创业初期的艰难清苦可见一斑。

创业之初，任正非就是为了“面包”、为了糊口、为了家人而奋斗！尽管如今华为已成为年销售额上千亿元的世界500强大公司，任正非也还是经常强调惶者生存，华为只是活下来了而已；无论华为已经多大、多成功，任正非天天还是想着“活着”二字。

创业之初的任正非面临的现实问题是公司如何生存。华为公司现在是他的孩子，他必须让它生存下去。华为虽然名为技术公司，但开始做的都是贸易，也没什么方向，什么赚钱做什么，据说华为在初创时甚至还卖过减肥药。一次，听说在深圳卖墓碑的生意很火，赚钱快，任正非还派人去调研过，但减肥药、墓碑也都不是长久之业。任正非为了使华为生存下去，尝试百术，绞尽脑汁。

创业从来不是一件浪漫的事。任正非人过中年，经历了从国有企业的干部到民营企业领头人的转变，人生充满了坎坷。起步阶段的华为更是一家只要有钱赚、能活下去就行的小铺子。一个偶然的机会，任正非通过辽宁省农话处一位处长的介绍，开始代理香港鸿年公司的用户交换机产品（单位里转分机的小交换机），算是走上了销售通信设备的道路。

当时全国人民对电话通信的需求巨大，使华为在短短的三四年间，就积累了几百万元的资金，并在全国建立起近10个销售办事处。华为从农村空隙市场起步，靠2万元注册资本起家通过代理香港鸿年公司的HAX交换机，获得了原始资本积累。而今，华为已经成长为一家业务遍及全球的企业。

——资料来源：虎嗅网

（二）新企业主要依靠自有资金创造自由现金流

现金对企业来说就像人的血液，企业可以承受暂时的亏损，但不能承受现金流的中断。

现金流是指一定时期企业的现金和现金等价物的流入和流出的数量，自由现金流是指不包括融资、不包括资本支出及不包括纳税和利息支出的经营活动净现金流。自由现金流一旦出现赤字，企业就将发生偿债危机，可能导致破产。对新企业而言，由于融资条件苛刻，很难从商业银行获得贷款，只能主要依靠自有资金运作来创造自由现金流。

正是由于创业初期企业的资金主要是自有资金，所以，“抠门”好像成了每个创业者的首要表现。曾有一份有意思的排名——“中国十大抠门富豪”，王永庆第一、李嘉诚第二、牛根生第三。牛根生可谓“大陆第一抠”，他甚至连生活支出都有预算，若超出就要查个明白，其实也正是这种节俭的作风渗透到了企业的各个方面，才使企业能赢得更多利润。牛根生认为，在创业初期，能省就省，千万别把浪费当大方。有时创业遇到瓶颈时不如换个角度思考，与其费尽心思地去挣那一块钱，倒不如在节约方面下功夫。牛根生说过：“企业家是社会财富的‘守门人’，该花的钱不花，那叫缺位；不该花的钱乱花，那叫越位；把钱花在刀刃上，那才叫责任。”可见，在自有资金有限的情况下，节约也不失为一个上策。

（三）新企业实行充分调动“所有的人做所有的事”的群体管理

新企业在初创时，尽管建立了正式的部门结构，但很少有按正式组织方式运作的。典型的情况是，虽然有名义上的分工，但运作起来是哪急、哪紧、哪需要，就都往哪里去。这看似“混乱”，实际是一种高度“有序”的状态。每个人都清楚组织的目标和自己应当如何为组织目标做贡献，没有人计较得失，没有人计较越权或越级，相互之间只有角色的划分，没有职位高低的区别，这才叫作团队。这种运作方式培养出团队精神、奉献精神和忠诚，即使将来事业发展了，组织规范化了，这种精神仍在，并成为企业文化的核心。在创业阶段，创业者必须尽力使新事业部门成为真正的团队，否则创业很难成功。这种在创业时期锻炼出来的团队领导能力，是创业者将来领导大企业高层管理班子的基础。

正如《西游记》中的“唐僧团队”，唐僧就是最好的创业团队的领导者，他虽然本人没有什么非凡的本领，但意志坚定，使命感很强，而其他成员能够优势互补、有统一的目标，并在唐僧的带领下，每个人都发挥自己的效用，最终取得辉煌的成就。

（四）新企业是“创业者亲自深入运作细节”的管理

经历过创业初期的创业者大都有过这样的体验：曾经直接向顾客推销产品；亲自与供应商谈判折扣，到车间里追踪顾客急需的订单；在库房里卸货、装车；跑银行、催账；策划新产品方案；制订工资计划；被经销商欺骗；遭受顾客当面训斥等。由于创业者对经营全过程的细节了如指掌，才使得生意越做越精。

当然，随着企业的逐步发展，创业者不可能再深入企业的各个角落，亲自参与企业运营的每个环节，授权和分权则成为必然。

案例分享

他只会做不会说，但他成了行业内的龙头

高中毕业，我在S市的一家废品公司工作。

老板姓张，我称他“师傅”。师傅有着非同一般的本事，只要和他合作过的人都会成为长期客户。

每个月，师傅都要到一个驼背老太太那里收废纸箱。路很远，货不多，没有利润，可他一直坚持去。我有些不解：“这样的生意为什么不推掉？”师傅摇摇头，微笑着说：“老太太信任我，虽然没有利润，可赚到了信任。她每天挨家挨户地收破烂，也不容易。”

一天，有个陌生男人打来电话，说有两百多千克废品铝。在泥泞的道路上颠簸了一个多小时后，我们来到了那个陌生人的家里。

他住的是两间小棚子，里面一片狼藉，中间堆着一小堆铝锭。我当时鼻子差点都气歪了，师傅低着头想了一会儿，叹了口气，叫我装车。没想到，男人竟要我们加钱。

他似乎吃透了我们不愿白跑一趟的心理，说每千克要加3角钱。我再也忍不住，吼道："无赖，我们没工夫伺候你。"

师傅却喝住我，耐心地给男人计算成本。哪知，男人根本不理会。

正争辩时，里屋传出婴儿清脆的啼哭声。男人赶紧抛下我们，钻进里屋，只听见他和一个女人说话。

等那男人再次出来，师傅改变了主意："好，就按你出的价格。我们之间第一次做生意，我亏些钱，就当交了个朋友。"男人很满意，帮忙把铝锭装上车。

一路上，我十分生气。师傅看出我的心思，说："每次出车都会赚，这次赚到一个朋友。那男人要养家糊口，还有个刚出生的小孩。如果他不说有两百多千克，我们不会跑这么远。要求加价，是因为他的孩子需要奶粉，妻子需要营养，这几十元钱对我们来说没什么，对他来说，能解燃眉之急。"

后来，公司规模扩大。很多时候，我都是独立接单。唯独驼背老太太那儿，他总是亲自去。老太太多疑，只信任师傅。

短短几年，公司利润成倍增长。后来，那个欺骗我们的男人，亲自找到公司，要卖一吨废品铝。这次是货真价实的，他还带来样品。后来，他成了我们最大的废品铝客户。

再后来，驼背老太太去世了，师傅说："以后没机会再往那儿跑了。"可是，几天之后，有电话打来，是驼背老太太家附近的机械厂："我们厂每年都有十几吨废铁要处理，你们要吗？"

原来，这客户竟然是驼背老太太给争取的。机械厂负责废品处理的人和老太太同村，老太太总对他说："为什么不把废品卖给老张呢？他是个实诚人。"他想起老太太说过多次的话，便联系到了师傅。

一年一度的S市财富人物大会隆重召开，师傅是唯一的废品公司的老板。坐在高高的主席台上，他念着我写的稿子："在我眼里，每个客户都可能成为长期的朋友。生意场上，信任和友谊带给你的财富，往往会比预期的多出许多倍。一个成功的商人用钱来做生意，但不要以每次赚钱多少来衡量生意的成败。后退一步，是为了把箭射得更远。"

只读过初中的师傅，额头上淌着汗水，稿子念得结结巴巴。原来，他只会做，不会说，但他成了行业内的龙头。

——资料来源：华声论坛

二、新企业成长管理的技巧和策略

（一）注重整合外部资源追求外部成长

创业活动往往是在资源不足的情况下把握商业机会，因此，要求创业者必须创造性地整合资源，尽量运用少量资源，控制更多资源，注重借助别人（既包括竞争对手又包括合作者）的力量，发展壮大自身，注重整合外部资源追求外部成长。

1. 尽可能多地寻找可供整合的外部资源提供者

要整合外部资源，就要寻找到可以提供资源的对象。对此，一种办法是找到少数拥有丰富资源的潜在资源提供者，如政府、银行、大公司等，但这方面创业者往往缺乏优势；另一种办法是尽量多找潜在的资源提供者，通过合作、“借鸡生蛋”或通过上市获得短缺资源并迅速扩大规模都是实现成长的捷径。

2. 分析并寻找到潜在资源提供者共同利益所在

商业活动强调利益，要做到资源整合，需要认真分析潜在资源提供者关心的利益所在。洛克菲勒有一句名言：“建立在商业基础上的友谊永远比建立在友谊基础上的商业更重要。”创业者要想成功地整合外部资源，必须要有创新的思维，寻找到潜在资源提供者共同利益所在，一旦不同诉求的组织或个人之间存在共同利益，或建立起紧密的利益联系，就成了利益相关者，兼顾各方面利益就可能达到多赢、共赢的境界。

3. 让对方先赢自己后赢的整合策略

外部资源能够整合并被创业者所用，需要合作，合作需要双赢甚至是共赢。合作总要有一个开始，在没有合作基础的前提下，一开始就双赢并不容易，不妨采取让对方先赢自己后赢的策略。

4. 强化沟通实现外部资源的有效整合

人与人之间最宝贵的是真诚、信任和尊重，而建立它们的桥梁就是沟通。创业企业整合外部资源，在很大程度上就是通过内外部密切沟通来实现的。与外部的沟通，主要包括与投资者、银行、政府部门、媒体、业界、客户、供应商等，主要目的是通过沟通建立联系、获得信任，与对方达成共识，争取对方的支持或帮助，取得双赢的结果；在企业内部，通过有效沟通，凝聚员工人心，降低内部冲突，扩大社会网络，提升整个企业的效率和业绩。

案例分享

打工妹创业成百万富翁

鲜花销路

丁世燕出生在河南省宜阳县的乡下农村。1998年初中毕业后，她在家里帮父母侍弄了一段时间的田地。单调的农村生活令丁世燕感到非常失望。那时候，中央电视台正在播放《红旗渠的故事》，看完电视剧，丁世燕突发奇想，到安阳去看看红旗渠，然后再到北京去打工。她怀揣着父母给她凑的800元，兴冲冲地赶到古城安阳。谁知乐极生悲，她来到安阳的第二天，钱包就被偷了。那一刻，年仅16岁的丁世燕眼泪“哗哗”地流了下来，要知道在安阳她可是举目无亲，连一个认识的人都没有啊！想打电话向家里求援，可爸妈当初就不同意她到处乱跑，现在还不知道会怎么训斥她呢。

回到10元一宿的旅馆，她一夜没睡，心里反复琢磨着下一步该怎么办。反正北京是去不成了，不如就先在安阳落个脚，找个包吃包住的地方。晨光大亮，丁世燕用仅剩的3元买了一份早点。吃饱了，人变得有精神了，就四处寻找哪里用人。

说来她的运气竟然出奇地好，当她找到一家叫溢香的鲜花店时，这家鲜花店正需要人手，于是女老板收留了她，管吃管住，而且还有500元工资。丁世燕心中说不出有多激动，从小就喜欢各种花花草草的她，如今终于能和花草打交道了。丁世燕不仅虚心向比她早来的姐妹们学习鲜花护理、插花艺术，而且还特别留心女老板的经营之道。

当时间进入2000年时，在安阳从事鲜花服务的店铺如雨后春笋般地在大街小巷冒出。各家鲜花店为了争取顾客竞相压价，曾经辉煌一时的溢香鲜花店举步维艰。

2000年8月，花店倒闭了。没有领到分文工资的丁世燕并不想为难老板，因为当初在她流落安阳、身无分文时是女老板收留了她。

当天晚上，丁世燕躺在床上久久不能入睡，她想不通一个曾经生意兴隆的鲜花店，怎么说倒闭就倒闭了呢？这到底是什么原因？她想，首先是市场饱和、供大于求，激烈竞争造成溢香鲜花店经营困难；其次是女老板摊子铺得过大，造成入不敷出。如果女老板能把花卉苗圃卖掉，直接去批发花木出售，最起码不至于亏损。如果再把鲜花店的8名服务员，换成钟点工，在生意忙时按点付酬，没有生意时放他们回家，岂不节约一大笔开支？如此一来，溢香鲜花店起死回生是不成问题的。想到这里，丁世燕感到非常兴奋。她当即找到女老板希望接手这个花店。女老板看丁世燕是个干事业的人，便对她说："我把店子转让给你，就等于给你付清了6个月拖欠的工资，祝愿你能成功。"

丁世燕接手鲜花店后，只留下了一个要好的姐妹给自己打工。她骑着一辆自行车，头顶烈日每天骑上百上千米，终于以较理想的价格与郊区的一些鲜花种植基地谈妥了合作事项。事实证明，溢香鲜花店的客户资源是一笔不菲的财产，转眼到了国庆节，安阳市各大单位庆贺节日都要摆放鲜花装饰，以前与溢香鲜花店建立合作关系的老客户，纷纷前来订货，丁世燕忙得不亦乐乎，她紧急招聘了10名钟点工，雇了6辆货车到市郊拉送鲜花。一个国庆节下来，她轻轻松松赚了1万多元。

2002年3月的一天，一位老顾客在买鲜花时抱怨说："唉，这花好看是好看，就是不好养，在你们这里这鲜花都水灵灵的，可一到家没几天就蔫了。"说者无意，听者有心。丁世燕想：是啊，许多人都不懂得如何养花护花，一些很名贵的花卉由于买花人不懂得养护知识，买回家没多久就死了。如此一来，许多买花者的积极性就受到挫伤。何不为顾客提供"免费花木护理服务"呢？这样既解决了养花的后顾之忧，又能提高自身的竞争力。

想到就做。丁世燕随即又聘请了一位有经验的养花工，每天义务为溢香鲜花店的客户提供免费花木护理。这一项措施推出后，受到养花客户的普遍欢迎，来她这儿买花的人一下子就多了起来，当月的营业额就翻了两番。

一年下来，她轻轻松松盈利7万多元。她私下算了一笔账：仅"溢香鲜花店"以前的客户资源就给她带来4万多元收益。看来她当初"借鸡生蛋"这一步棋真是走对了。

一举生财

丁世燕有收听收音机的习惯。2002年10月以来，一连1个多月，电台中午的保健节目都让沈阳一家钙厂给包了。这是个热线节目，可是没有听众打进电话来，任凭伶牙俐齿的主持人说破嘴皮也无济于事，热心肠的丁世燕着急了："这不是浪费吗？浪费了厂家的广告费，也浪费了电台的时间，我得跟他们谈谈。"

丁世燕打通了厂家驻安阳办事处的电话，跟女经理谈了自己的想法，"你们厂的产品适合中年人，但中年人中午在单位，老年人中午在午睡，他们都听不到你们的节目，因此没有人参与你们的节目……”

丁世燕的一席话让女经理茅塞顿开。女经理虚心请教，丁世燕帮她设计了几个广告方案。方案针对性强，效果非常好。事后，女经理执意把1 000元的广告费送给她做酬劳，丁世燕推辞不下，只好收了下来。她这样做是出于帮助人的善良动机，没想到这一善意之举会让她闯进广告领域，又赚来一笔令人眼馋的财富。

从那以后，半年多的时间里，丁世燕都在给一些厂家出主意，告诉他们去电台做广告如何才能既省钱又有好的效果。仅此一项，她每月的收入就高达3 000多元。这下一传十、十传百，许多厂家都知道溢香鲜花店的年轻女老板还是个很有实力的广告策划人，纷纷上门来请其出谋划策，丁世燕每月的广告收入以3 000元、4 000元、5 000元的速度递增，在安阳市广告界引起了巨大震荡。

致富有方

2003年初，受“非典”疫情的影响，丁世燕的鲜花店门庭冷清，2个多月分文未进，花店面临关门歇业的困境。

10多名服务员也不能干坐着呀，总要找点事做才行。心急如焚的丁世燕首先发现药店发财了，卖口罩的也脱销了，自己做什么才能赚钱呢？丁世燕发觉那几天，从她花店门前走过的人，许多人都戴着“出入证”。那时为了管理方便，安阳市几乎所有单位、企业、工厂、学校都要求职工佩戴出入证。一时间，各个制作胸卡的打印店门庭若市。了解到这一信息后，丁世燕暗自为没有及时捕捉到这条致富的商机而惋惜。

然而，就在她在痛惜不已时，一位从她身边走过的人佩戴的胸卡竟然掉在了她的面前，丁世燕叫住了那位行人将拾到的胸卡还给了她。那位行人道谢后说：“唉，这胸卡总夹不紧，如果能挂在脖子上该多方便啊。”说者无意，听者有心。丁世燕当时眼前一亮：对啊，安阳市这么多人戴胸卡，如果制作些胸卡套出售，一定是个不小的市场。

她立即赶到安阳市皮革厂联系制作胸卡套。经过半个多小时的洽谈，最终以一个胸卡套5角钱的价格谈成，她一下子定做了1万个；第二天下午，她带着花店的10多名员工来到安阳市最大的一家国有企业——安阳钢铁集团公司的门口出售胸卡套。下午3时正是该厂上下班的高峰期，丁世燕把12名员工分别安排在3个大门口出售胸卡套。也许是她的胸卡套正好解决了职工容易丢失胸卡的烦恼，职工们争相购买。一个胸卡套她卖4元钱，前后1个小时，丁世燕带去的1万个胸卡套所剩无几，从制卡到销售仅1天时间，一个小小的胸卡套让丁世燕赚了3万多元。

丁世燕并没有被转眼到手的巨大财富冲昏头脑，事不宜迟，她火速赶到了皮革厂又预订了10万个胸卡套。随后几天，她又紧急雇用了100名钟点工在安阳市各大厂矿、学校、小区门口摆摊销售胸卡套。1个星期后，她的10万个胸卡套销售一空。安阳市许多个体户见卖胸卡套市场火爆，纷纷定做销售，可惜偌大的市场几近饱和，他们定做的胸卡套大部分积压在了手中。这就是商业市场的游戏规则。

短短半个月的时间，一个小小的胸卡套，让丁世燕赚了30多万元，这简直就是一件不可思议的事情，可它却真实而又幸运地降临到了丁世燕的头上。她那善于捕捉商机的精明头脑，让我们在惊叹之余，怎不深受启发？

几年摸爬滚打下来，丁世燕从一个一贫如洗的打工妹，成为一个身家百万元的大富翁。但丁世燕并不满足于此，她准备上补习班，她说物质丰富了，头脑也不能贫困呀。她打算今后一边学习，一边捕捉商机做生意。将来条件成熟时，她还要自费进大学深造呢。

——资料来源：道客巴巴

（二）管理好保持企业持续成长的人力资本

人力资本是指通过投资于人力资源，而形成和凝结于人力资源体中，并能带来价值增值的智力、知识、技能及体能的总和。

创业者本人并不一定要受过高等教育，但他一定要雇用一大批有能力的下属，通过构建规模较大的管理团队让更多的优秀人才参与决策，以保持和增强企业持续成长的人力资源。

优秀人才是高质量的无形资产，对于进入成长阶段的企业来说，吸纳、培养和积累优秀人才就是积累企业人力资本，因此，新企业创立以后应该不断地致力于营造良好的人才成长环境，为优秀人才快速成长提供各种有利条件。人力资本的形成和积累主要靠教育，因此，企业必须高度重视员工培训和教育，加大教育培训的投入，拟订科学系统的培训开发计划，这是在开发和积累企业的无形资产。

为了激励人力资本和全体员工创造财富的潜能，利润、股权的分配不仅是在创建团队时就必须解决的问题，而且在企业发展过程中还需要及时调整，使新进入企业的主要技术骨干和高级管理人员也能合理得到股权。同时应当积极探索利润分享计划、员工持股等制度。

案例分享

联想的股权分享

1993 年，联想成立职工持股会，并在以后的日子中拥有联想控股 35%的股权，这被视作联想民营化的第一步。

1998 年，联想正式更名为联想集团（控股）公司，中国科学院和联想员工持股会正式确定，中国科学院拥有联想 65%的股权，管理层和员工自身占有其余 35%的股权。

按照 1994 年就已经确定的股权分配方案：第一部分是 1984 年、1985 年创业的员工，总共有 15 人，将获得其中的 35%，柳传志持股 3. 4%；第二部分是核心员工，约 160 人，他们主要是 1988 年以前的老员工，将获得其中的 20%；第三部分是未来的骨干员工，包括现在的联想员工，获得其余的 45%。

股权改革后，全体联想人焕发了极大的积极性，联想获得了更好、更快的发展。

2008 年联想以 167. 8 亿美元的年销售额排名第 499 位，首次进入全球 500 强企业，也成为中国上榜企业中唯一的民营企业。2010 年联想控股综合营业额 1 466 亿元人民币，总资产 1 121 亿元，员工总数近 4 万余人，在全国民企 500 强中排名第 3 位。2016 年 8 月，全国工商联发布“2016 中国民营企业 500 强”榜单，联想名列第四。2019 年 10 月，“2019 福布斯全球数字经济 100 强”榜中，联想名列第 89 位。现在，联想已经是一家年收入超过 3 500 亿元人民币的全球化高科技公司。在 180 个市场开展业务，拥有 5.7 万名员工。

——资料来源：MBA 智库文档

（三）及时实现从创造资源到管好用好资源的转变

根据资源基础理论，企业的竞争优势来源于企业拥有和控制的有价值的、稀缺的、难以模仿并不可替代的异质性资源，因此，新企业创立后需要及时实现从创造资源向注重管好用好已经创造出来的资源转变，加强对企业既有资源的科学管理和有效利用。

1. 节约资源、保护环境

企业成长是一个持续利用资源和环境，不断创造财富的过程。在这个过程中，浪费资源、破坏环境，企业将失去生存发展的基础，因此，企业不仅要创造财富，还要节约资源、保护环境；不仅对股东负责，还要对社会、对员工、对环境负责。

2. 管理好知识资源

企业的知识资源是指企业拥有的、可以反复利用的、建立在知识和信息技术基础之上的、能给企业带来财富增长的一类资源。知识经济时代，企业的主要资源不再是物质资产，而是如客户关系、品牌、知识产权等异质性知识资源。必须采取各种必要措施管好用好企业的知识资源，管理好有形、无形资产，以现有资源创造最大价值。

企业异质性知识资源通常包括三个方面：

（1）企业创造和拥有的无形资产。包括企业文化、品牌、信誉、渠道等市场方面的无形资产；专利、版权、技术诀窍、商业秘密等知识产权；技术流程、管理流程、管理模式与方法、信息网络等组织管理资产。

（2）信息资源。指通过信息网络可以收集到的与企业生产经营有关的各类信息。

（3）智力资源。指企业可以利用的、存在于企业人力资源中的各种知识和创造性地运用知识的能力。

3. 资源的开发、利用与整合并举

成长阶段是新企业的快速发展期，这时新企业需要筹措更多的资源来满足自身的发展，而充分利用既有的、十分有限的资源至关重要。这要求创业者一方面要节约使用资源；另一方面更要注重资源的开发、循环利用和资源整合。

节约资源包括降低原材料消耗、提高材料利用率、节能减排、提高设备利用率、管好用活资金等。资源利用是指企业将获取的资源优化配置，形成特定的企业能力并实施利用，从而实现企业的价值创造。资源利用过程中很重要的一点是资源的循环利用，企业只有实现对有限资源的循环利用，才能奠定未来发展的坚实基础，这也正是循环经济的基本理念。

在快速成长期，创业者资源整合的深度与广度将保障组织运作的持续性，影响创业资源的优化配置，包括资源之间的协调、互补与杠杆关系。创业资源整合不仅为创业活动的顺利开展提供支撑，还协调着组织内部资源与能力之间的关系，促进组织资源向企业能力的转化，使得新企业在快速成长期能够很好地应对外部环境的不确定性及组织内部所存在的管理问题，提高资源使用效能，最终提高创业绩效，支撑企业的快速成长。

（四）形成比较固定的企业价值观和文化氛围

企业文化被称作企业的灵魂和精神支柱，是企业发展的动力之源。没有真正深入人心的良

好企业文化，创业就是建立在沙滩之上，随时有可能出现严重风险事故，甚至是灭顶之灾。而企业文化精髓是创业者的创业精神，这是凝聚员工的一笔“不可复制”的财富，更是初创企业生存和发展的关键。华为总裁任正非说过：“资源是会枯竭的，只有文化才会生生不息。”自创业之初，任正非就亲手培育和创建了生生不息的华为文化，并以企业文化为先导来经营企业，这样才有了今天的华为。

1. 着力形成比较固定的企业价值观

价值观是企业文化的基石和核心。企业价值观是指企业及其员工的价值取向，是指企业在追求经营成功过程中所推崇的基本信念和奉行的目标，因此，企业价值观对企业员工有着巨大的内聚作用。大多数快速成长企业都有比较固定的企业价值观，创业者往往倾注全部心血使企业的价值观延续，用以支撑初创企业的生存和健康发展。

知识经济时代需要创业企业形成符合企业实际、独具特色、充满挑战性的理想与追求，并能为广大员工所接受的核心价值观。例如：

迪士尼——健康而富有创造力。

惠普——尊重个人。

苹果——非同凡想。

联想——成就客户、创业创新、精准求实、诚信正直。

万科——创造健康丰盛的人生。

阿里巴巴——客户第一、团队合作、拥抱变化、诚信、激情、敬业。

华为——以客户为中心，以奋斗者为本，长期艰苦奋斗，坚持自我批判。

2. 着力营造浓郁的企业文化氛围

企业文化是企业的无形资产，作为一种资源，是创业初期企业的第一桶金，创业者应当用心培育和塑造。企业文化的培育是个长期的过程，需要在企业内着力营造一个浓郁的文化氛围。个性鲜明、富有特色的企业文化，对内能使员工目标明确、行动统一、行为规范、积极奋进、创新创业、勇攀高峰，对外则能使社会加深对企业的了解和理解，树立企业良好形象，增加对企业的信任度和美誉度。

案例分享

“红蜻蜓”的企业文化建设

钱金波在创立红蜻蜓集团之初，就很注重企业文化的建设，而“红蜻蜓”的由来也正是钱金波本人童年的回忆：蓝天、白云、绿草地、儿时伙伴、荷花上面的红蜻蜓。这是企业文化渊源的第一个方面。

也正是由于钱金波对文化的执着，在初始阶段，他有过不切实际的想法，想把这个品牌塑造成文化，然而随着企业成长、品牌的逐渐形成，钱金波开始意识到，企业文化或品牌都有它要遵循的轨迹，需要一步步积累、树立自己的消费群，慢慢沉淀、传递自己的文化形象。

红蜻蜓集团企业文化渊源还有人文关怀、地域文化两个方面。从钱金波对企业初创时期文化的界定，可以感受到企业是轻松的、舒适的、欢快的、充满想象力的。他本人也多次表明，红蜻蜓就像他的孩子，要把它抚养长大。

从1995年创业至今，钱金波始终坚持“尊重每一位员工，支持爱护的团队精神，从距离中寻求接近”的企业文化，始终不渝地创建优秀且独具特色的企业文化，为企业发展提供动力保障。发展到今天，红蜻蜓集团的公司使命是传承鞋履文化，专注鞋业科技，创造顾客体验。公司愿景：成为现代、卓越、国际化的鞋服公司，打造备受尊敬的品牌。企业价值观：从距离中寻求接近，尊重关心每一位股东和员工，支持爱护的团队精神。

经过20多年的传承和发展，红蜻蜓的企业文化已经被大众广为传颂。据统计显示，截至2022年1月，红蜻蜓的市值已经超过35亿元。

——资料来源：MBA智库文档

（五）注重用成长的方式解决成长过程中出现的问题

根据企业生命周期理论，企业如同生物体会经历出生、成长、死亡的生命历程一样，有一个产生、成长、老化、消亡的过程。

拉里·格雷纳（1972）提出企业成长五阶段模型，即创业、聚合、规范化、成熟、再发展或衰退五个阶段。企业每个阶段都由前期演进和后期的变革或危机部分组成。每阶段的组织结构、领导方式、管理体制和员工心态都有其相应的特点，每个阶段的演进期都有其独特的管理方式，而变革时期由公司面临的居支配地位的管理问题所决定。企业组织体系随着生命周期不断演变，在迈向新生命阶段时，组织体系都将面临某种阵痛。此时，组织若能通过程序的制定及有效的决策来克服难关，促成转型的成功，则所面临的问题均属过渡性的正常现象。反之，如果组织只是一味地走老路，那么更多的异常问题将随之而来，而且会愈演愈烈，严重阻碍组织的发展。

可见，创业者在新企业成长阶段必须重视变革与创新，注重用成长的方式解决成长过程中出现的问题。不同的成长阶段需要不同的推动力。

1. 注重在成长阶段主动变革

这个阶段的创业者应该敏锐地觉察到组织成长迟缓、内部不良问题积弊、难以应对竞争环境变化等问题，以企业家的战略眼光和改革魄力及早主动变革，注重管理创新，将内部组织、工作流程及企业文化进行必要的调整与改善，以克服企业早期成长的“瓶颈”。

2. 善于把握变革的切入点

绝大多数企业变革失败的原因主要还是来自企业的内部阻力——员工抵制，因为变革肯定会改变惯例和秩序，影响一部分人的既得利益。为了解决员工的消极、抵触情绪，变革不可能一步到位，和风细雨的沟通方式及循序渐进地实施变革不失为较合适的方案。变革中要科学地把握切入点，由点到面，层层深入。

案例分享

快速成长中的组织变革

1984年联想创业起步。伴随着企业成长，联想的组织架构经历了从简单到复杂一系列渐进变革过程，每次变革都促进了企业的快速发展，成就了今天的世界500强企业。

"提篮小卖"

创业之初，11个人挤在20平方米的传达室工作，严重缺乏资金。为了积累资金，联想人开展各种业务，用知识换取财富。几个月后，他们靠装配和维修电脑赚到了70万元人民币和6万美元，为他们开发产品提供了必要的资金。这个阶段，联想人称为"提篮小卖"。

"平底快船"

联想开发汉卡，在技术上获得了成功，也填补了国内一个重要的空白，为联想的发展打下了基础。但柳传志认为这只是一个开始，联想还只是"一叶小舟"，经不起市场的大风大浪。1987年以前，联想为"小舟"设计了"平底快船"的模式。所谓"平底快船"，就是总经理直接指挥，权力高度集中，人员和部门一专多能，资金批量投放快速回笼。这种模式对创业初期的小企业十分有效。"平底快船"组织结构简单，适应了联想当时规模小、产品少、资金少、人员少和营业额小的特点，能保证各部门和员工彼此之间的沟通和信息反馈及时有效，领导也有能力和精力对为数不多的下级实施监督和控制，促进了联想的发展。

"大船结构"

通过几年的发展，联想规模不断扩大，积累了上千万元的自有资金和上亿元的营业额，人员和产品大幅增加，而它原来的"平底快船"模式已经不能适应企业的快速发展了，产生了很大的弊端。例如，当时联想在各地的子公司不听北京总公司的号令，放任自己"划小船"，个别子公司甚至出现了贪污腐败的行为。

柳传志深切地认识到，当今世界经济的发展趋于协作与大联合，没有一支组织严密、战斗力很强的队伍，企业就成不了气候，形不成产业，进军海外市场也就无从谈起。

在这样的背景下，联想自1988年开始提出将"平底快船"模式改为"大船结构"管理模式，将权力收归集团，企业成为一艘大船。大船由多个船舱组成，每个船舱是一个专业部，实行经济承包责任制，大船可以灵活地管理各个船舱，增强了整体实力。

目前，作为全球电脑市场的领导企业，联想从事开发、制造并销售可靠的、安全易用的技术产品及优质专业的服务，帮助全球客户和合作伙伴取得成功。联想公司主要生产台式电脑、服务器、笔记本电脑、智能电视、打印机、掌上电脑、主板、手机、一体机电脑、智能电视、智能投影等商品。2019年，联想年收入近3 900亿元，员工超5.5万人。

——资料来源：网易科技

3. 重视人力资源开发

变革的阻力主要来自员工，但若缺乏有效的变革管理手段和完善的人力资源管理，变革就难以推行下去。在变革的过程中，缺乏合适的人才来实施变革是新企业在成长过程中面临的最大困境。为此，企业首先要有自己的价值取向、目标定位和发展战略，并得到员工的理解、支持和信赖，这样才能吸引和留住企业想要的人才；其次，要聘用合乎企业价值观和战略目标的员工，并有计划地不断培训员工，给他们提供充分的提升与发展机会，注重从内部培养人才；最后，要营造一种宽松的工作环境，在可能的情况下尽力满足员工的兴趣、爱好和志向，自主择岗，心情舒畅，人尽其才，充分释放自身的潜能。这对于成功变革乃至企业可持续发展至关重要。

4. 加强系统建设

企业是一个复杂的系统，任何公司都存在一个事实上的管理系统，它涉及如何整合资源、如何营运、如何通过管理控制保证目标的有效实现。创业之初，创始人的角色是全权责任人和全面管理者，新企业创建后，创业者就不仅致力于打造一支优秀的高层管理团队，还要构建一个负责日常经营活动的管理系统。随着企业的成长和规模的扩大，日常生产经营活动越来越庞杂，创业者/团队承受的压力会越来越大，一个好的经营管理系统，是企业可持续发展的必要保证。

企业系统建设的核心是“四流”改造与“四化”建设。四流包括信息流、工作流、实物流、资金流；四化是指文档规范化、项目模板化、管理数据化、行为职业化。企业系统建设打造了不依赖个人作用而又让企业持续有序营运的机制和体系，是整合企业各要素协同运转的行动框架，因而是解决成长中企业管理问题快速有效的方法。

（六）从过分追求速度转到突出企业的价值增加

过分追求速度必然依靠拼资源、拼消耗、拼环境、拼廉价劳动力的粗放经济发展方式，急功近利、急于求成的企业往往事与愿违，曾经在国内辉煌一时的巨人集团、飞龙集团、亚细亚集团、秦池集团等如今都早已销声匿迹。

企业经营的真正目的在于为客户创造价值。当企业发展到一定程度时，就需要向价值增加快的方面转移和延展，以获得最大的价值创造，才能避开快速成长的风险，实现健康、可持续发展，因此，成长阶段企业管理的主要目标也不再是企业所有者利益最大化，而是追求企业价值最大化，这就要求企业不仅要关注企业所有者的利益，而且更要关注顾客、企业员工、企业债权人，甚至政府等，企业的发展和壮大与所有的利益相关者相关。

突出价值增加的一个重要方面就是企业的品牌打造。企业品牌是企业最重要的无形资产，甚至有学者认为企业品牌是继人、财、物、信息之后企业的“第五经营资源”，是企业竞争力的核心所在，是企业基业常青的重要保障。亨利·福特曾在其自传中说：“你可以没有资金、没有工厂、没有产品，但你不能没有品牌，有品牌就有市场，当然也会有其他。”可口可乐也曾夸下海口：即使全世界所有的可口可乐工厂都烧毁了，可口可乐品牌仍可以使公司在一夜之间重新站起来。可见，打造一个拥有广泛影响力的品牌，不仅可以带来顾客满意度和忠诚度，还可以通过品牌实现企业利润的增长、股东价值的提升、员工凝聚力的增强、企业商品和服务能力的提升，从而实现价值创造的良性循环。

案例分享

蒙牛成长的奥秘

1999年8月，内蒙古蒙牛乳业（集团）股份有限公司成立，总部设在中国乳都核心区——内蒙古和林格尔经济开发区。

本着“致力于人类健康的牛奶制造服务商”的企业定位，蒙牛乳业集团从创业初“零”

的开始，在短短20多年里，创造出了举世瞩目的“蒙牛速度”和“蒙牛奇迹”。2020年，公司营业收入760亿元，员工超过4万人。2020年8月28日，荷兰合作银行发布了2020年“全球乳业20强”榜单，蒙牛集团跻身八强阵营。

蒙牛之所以能在创业之后快速成长并取得今日的成就，其成功的奥秘主要有五点：

高超的资本运作与扩张

虚拟联合，资本运作第一步。1998年11月23日，牛根生从伊利集团生产经营副总裁位置上“退”了下来，在租来的一间不足40平方米的居民住宅里，开始了蒙牛的艰苦创业，在一无品牌、二无厂房、三无雄厚资金的情况下，通过输出人才、技术与管理的优势，以租赁、托管、合作的方式，与7个工厂建立了合作关系，盘活了近七八亿元资产，通过“虚拟联合”与“借鸡下蛋”，蒙牛完成了资本运作第一步。

全员参股，资本运作第二步。1999年下半年，蒙牛开始筹划集资入股，大到几百万的社会股，小到工厂内普通清洁工的几千股，包括自购车辆加盟车队的司机也配发了股份，全员参股，蒙牛完成了资本运作第二步。

企企合作，资本运作第三步。创业初期及中期，凭借牛根生个人魅力及蒙牛企业发展前景的昭示，供应设备的大连某工厂及利乐枕公司通过前期赊销、分期付款等多种方式，为蒙牛提供了急需的设备，通过企企合作，蒙牛完成了资本运作第三步。

品牌输出，资本扩张第四步。高速发展期的蒙牛，通过品牌与管理输出，收购、兼并、托管了省内外30多家工厂。一方面，有效缓解了企业运作成本；另一方面，通过低成本扩张，迅速壮大了资本力量，通过品牌输出，蒙牛完成了资本扩张第四步。

财团注资，资本运作第五步。2002年底，跨国财团摩根士丹利、鼎辉、英联通过谈判，一次性为蒙牛注资2.16亿美元，不仅为蒙牛飞速发展提供了资本动力，而且也带来跨国公司先进的管理经验。

集团上市，资本运作第六步。2004年6月，蒙牛在香港主板上市，募集的大批资金为公司的飞速与跨越式发展奠定了坚实的资金保障，也实现了资本运作的最成功的境界。

“严格”的企业管理与“温和”的企业文化

蒙牛的企业管理非常严格，推行的是半军事化管理，蒙牛企业管理中最突出的是其现场管理、目标责任制管理、全员质量管理三大体系管理。

与严格企业管理相对应的是蒙牛独特的企业文化，蒙牛给自身企业文化基因工程定位为经营人心，其核心有培训培育、理念教导、亲情关注、团队协作四大方面。

蒙牛“严格”的企业管理与“温和”的企业文化，是企业高速发展的有力后盾与保障。

杰出的品牌运作与策划

蒙牛在品牌运作方面善于“借势造势”。创业初期，蒙牛所有包装都印有“向伊利学习，为民族工业争气”的话语，将自己巧妙地定位为“争创内蒙乳业第二品牌”，避开正面与对手“硬碰硬”的竞争，以“谦虚的心态”向消费者展示自己对竞争对手的“尊重”与“敬佩”，确实高人一筹。

蒙牛品牌推广传播特别集中于娱乐营销与体育营销，“蒙牛酸酸乳与超级女声的经典娱乐营销”“蒙牛挑战主持人大赛”等曾引发营销界多少人赞叹；蒙牛的体育营销更是令人叫绝：“神六”上天，一夜间蒙牛的广告席卷全国；北京奥运会期间蒙牛推出的“奔向北京，与爱同行”“蒙牛城市之间”也举办得非常成功。

独特的市场策略

蒙牛独特的市场策略主要包括分品分销的市场运作策略、先建市场后建工厂的竞争导向营销策略、多种市场竞争营销组合策略、“双赢合作”的“三型”客户策略。

在市场投入方面，蒙牛倡导“$1+1\geqslant 2$”的市场“引导性”“相对论”投入的策略，即市场是双方的市场，厂商之间要对市场进行共同投入、共同负责。创业初期，蒙牛以给予经销商“一亩三分地”的“责任田”，来引导客户对市场的投入，并导入“谁投资，谁受益”的相对观点。

蒙牛认为，经销商在获取市场收益的同时，必须进行对市场的投入，并以此作为是否给予长久经销权的考核，蒙牛引导经销商的投入着重在配送与品牌建设方面，即经销商在做好区域内市场的同时，必须加强品牌建设，并必须具备强大的配送与分销能力。

优秀的渠道运营策略

1. 确定渠道伙伴。蒙牛的渠道关系，一种主要是松散型合同式，即通过合同契约约定来进行合作；另一种是紧密型所有权式，即通过给客户派股，组成紧密性合作伙伴。

2. 渠道体制。蒙牛选择渠道模式的主要考虑点是规模成长对渠道建设和辐射力要求，因此，蒙牛充分考虑渠道成本、产品特性、人员状况、市场投入、预期目标、竞争态势、储运成本、终端门槛等因素，因地制宜地运用A、B、C分类法则将全国划分为若干个渠道形态，制定了网络式、垂直式、直销式、平台式、辅助式等多种形态渠道的模式。

3. 渠道策略。蒙牛的渠道策略是“弱化一级，维护二级，决胜三级”。基于企业处于发展期，蒙牛曾将“弱化”变为“稳定”，后来在实际行动中仍是按“弱化一级”的策略来运作。蒙牛渠道策略还体现在遵循市场营销的三条原理，即顾客价值原理、竞争优势原理、集中优势原理，适应性地由传统营销的4P向4C转变与运用。

4. 渠道扩建。蒙牛渠道扩建方略是：一方面建设自有专业渠道，另一方面依靠经销商进行网络开发。创业初期，主要是依靠经销商进行渠道扩建，在固守本土、精耕细作的同时，广泛拓宽其他渠道。进入高速发展期，蒙牛进行多种渠道扩建与网络维护，如液态奶进入社区、中小型便利超市、大型超市、奶站、乡镇等五大渠道，实施产品渗透、顾客渗透，并派驻专业人员协助进行网络维护，通过多种方式协助支持经销商进行深度分销，以全面提高市场覆盖率为中心，通过强大的央视广告拉力，形成市场合力，以起到推拉结合的最佳效果。

通过多年深耕国内乳品市场，蒙牛已形成拥有液态奶、冰激凌、奶粉奶酪等多产品矩阵系列，其特仑苏、纯甄、优益C、未来星、冠益乳、酸酸乳等拳头产品，受到大批年轻消费者拥趸。截至2022年1月，蒙牛公司市值超过1 500亿元。

——资料来源：中华英才网

第二节　初创企业的风险管理

一、企业的生命周期

（一）企业的生命周期理论

企业的生命周期是指企业从诞生到消亡的时间过程。人的寿命由于受到自然生理因素的限制是有限的；而企业组织却不受这些限制，从理论上来说是可以无限延长的，但历史上长寿的企业却不多见。虽然北京的同仁堂有 300 多年历史，瑞士的劳力士公司和美国的杜邦公司年龄超过 200 岁，但绝大多数的企业寿命是短暂的。据美国《财富》杂志报道，美国大约 62% 的企业寿命不超过 5 年，只有 2% 的企业存活达到 50 年，中小企业平均寿命不到 7 年，大企业平均寿命不足 40 年；一般的跨国公司平均寿命为 10~12 年；世界 500 强企业平均寿命为 40~42 年。日本《日经实业》的调查显示，日本企业平均寿命为 30 年。据我国经济学家统计：中国私营企业的平均寿命只有 2. 9 年，大型企业（集团公司）的平均寿命约为 7~8 年，每年约有 100 万家私营企业破产倒闭，60% 的企业将在 5 年内破产，85% 的企业将在 10 年内消亡，能够生存 3 年以上的企业只有 10%，其中有 40% 的企业在创业阶段就宣告破产。

企业生命周期理论的研究目的就在于试图为处于不同生命周期阶段的企业找到能够与其特点相适应，并能不断促进其发展延续的特定组织结构形式，使得企业可以从内部管理方面找到一个相对较优的模式来保持企业的发展能力，在每个生命周期阶段内充分发挥特色优势，进而延长企业的生命周期，帮助企业实现自身的可持续发展，在激烈的竞争中立于不败之地。

不同学者对企业生命周期理论有不同的表述。目前较有代表性的企业生命周期模型是美国学者伊查克 · 爱迪思提出的模型。伊查克 · 爱迪思是美国最有影响力的管理学家之一，企业生命周期理论创立者。伊查克 · 爱迪思根据企业所具有的灵活性和可控性把企业生命周期分为成长和老化两个阶段，并根据风险偏好、期望值、资金、责权、主导部门、目标导向等因素把这两个阶段细分为 10 个阶段：孕育期、婴儿期、学步期、青春期、盛年期、稳定期、贵族期、官僚化早期、官僚期、死亡期。每个阶段的特点都非常鲜明，如图 9-1 所示。

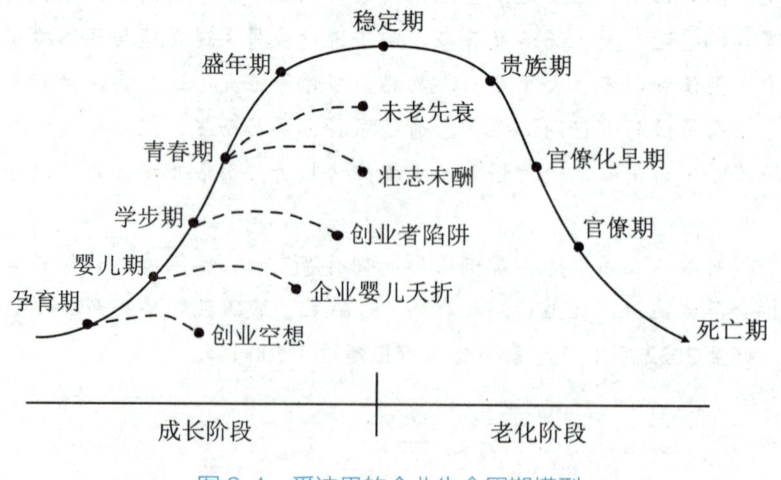

图 9-1　爱迪思的企业生命周期模型

（二）企业生命周期各阶段的特点

根据美国学者伊查克·爱迪思提出的企业生命周期理论，国内外不同学者对企业生命周期进行不同阶段的划分，从各阶段所面临的风险特征，将企业生命周期主要分为四个阶段：初创阶段、成长阶段、成熟阶段和衰退阶段。

1. 初创阶段

这是企业生命周期的第一个阶段，企业在刚起步阶段，最大的问题是资金不足，对于产品的生产需要投入成本，与其他老企业相比，新企业缺乏社会网络，为建立社会网络，获取社会资源，需要投入成本，这增加新企业的创业成本，企业会面临财务风险；由于企业刚成立，知名度不高，在拓展市场方面会有困难，同时在销售产品方面与其他竞争者相比，缺乏市场竞争力，因此企业面临较大的竞争风险；初创阶段的企业没有一套管理制度，企业会因管理上的失误而带来风险。同时初创阶段的企业容易遇到挫折，面对各种问题很难迅速做出决策，它不像老企业那样能制定解决问题的方法，一旦企业出现较大的失误，企业就会在初创阶段夭折。

但这个阶段的企业较有活力和创新精神，这是企业成长的主要动力。这个时期企业要解决的首要问题是生存问题，首先要在市场上站住脚跟。企业如果能顺利解决上述问题，那么就能进入下一阶段。

2. 成长阶段

企业在成长阶段如同一个青年，充满了生命力，对眼前的事物有着无限的热情。这个阶段的企业开始有了自信，对未来的发展也充满信心。处于成长期的企业可以在较短的时间内获得较高速度的成长，销售量增加，市场份额扩大，知名度提高，经济实力得到增强，因此抵御风险的能力也得到增强。但是成长阶段的企业会吸引竞争对手的眼球，竞争对手会利用各种手段阻碍企业的进一步发展，加剧企业的竞争风险。若经营战略等方面有重大失误，也会断送企业的前途。

3. 成熟阶段

成熟阶段是企业生命周期中最为理想的状态。成熟阶段的企业很清楚自己在做什么，将要向什么方向发展，如何发展。在这个阶段，企业的主要业务已经稳定下来，产品的销售量和销售额保持在较高和较稳定的水平，有一定的市场占有率，市场知名度得到提升，企业市场的竞争力进一步加强。现实中能进入成长阶段的企业不多，进入成熟阶段的企业就更少了。

成熟阶段的企业如同一个中年人，要处理家庭关系及社会关系，企业面临的主要风险是组织风险，其主要特征是，稳定的经营状态会使企业丧失进取心和创新精神，会降低企业满足顾客不断变化的需求能力。成熟后期的企业一般都开始考虑多元化经营，拓展新的利润增长点。

4. 衰退阶段

这个阶段的企业如同一个人的老年阶段，抵抗力开始下降。企业经营绩效迅速下降，在市场的表现为市场份额下降、销售锐减、费用紧张。从外部环境看，市场需求的变化或竞争的加剧给企业带来许多威胁，企业容易被行业淘汰。在宏观经济环境的变化和技术因素的变化下，衰退阶段的企业不能做出及时的反应，适应外部的环境能力下降。从内部环境看，企业管理效率日益低下，人心不稳，企业的优秀员工容易被竞争对手挖走，企业员工懒散、责任心不强，企业制度繁多却行之无效。企业应对风险的抵抗能力下降，日渐走向衰亡。

要避免企业衰退，保持企业持续成长的关键是要不断地创新，在产品、技术、管理、市场等方面需要不断革新和超越，甚至进行二次、三次创业。变革成功，企业会进入一个新的成长周期，否则就会进入衰退阶段。

案例分享

沙钢集团的发展与并购历程

沙钢是目前国内颇具竞争力的钢铁企业

沙钢集团总部位于江苏省张家港市，改革开放以来，沙钢坚持科技创新、管理创新和机制创新，实现了持续、高速、高效发展。目前沙钢拥有总资产 1 720 亿元，职工 4 万多人，年生产能力炼铁 2 900 万吨、炼钢 3 500 万吨、轧材 3 330 万吨。主要工艺设备达到国际先进水平，是目前国内最大电炉钢和优特钢生产基地。

改革开放发展壮大了沙钢

沙钢最早是张家港锦丰轧花剥绒厂于 1975 年用自筹资金 45 万元创办的一个小轧钢车间；第二年建成一个 3 吨小电炉炼钢。1984 年沈文荣接任张家港市钢铁厂党委书记、厂长，他带领沙钢一班人自力更生，艰苦奋斗，一直致力于谋求企业的发展壮大。1988 年建成 4 条品质优良的窗框钢专业生产线，钢产量达 13 万吨，窗框钢占国内市场的 60%，为沙钢积累了第一桶金 1 亿多元。有了这项资金基础，再加上国家改革开放政策，沙钢加快了发展步伐，于 1989 年购买了英国比兹顿钢厂一条 75 吨超高功率电炉炼钢、连铸、连轧短流程生产线，生产当时国内基建急需的螺纹钢，不到 3 年就赚回了这个项目的全部投资 3 亿元。1993 年沙钢再投资 13 亿元，从德国、美国、瑞士引进设备，兴建当时国际先进水平的亚洲第一座 90 吨超高功率竖式电炉炼钢、LF 精炼、连铸、连轧高速线材生产线；第二年就建成投产，使沙钢的电炉钢产量在 1991 年突破了 100 万吨。2001 年国内钢材滞销钢铁限产，沙钢看准时机，以低价整体买下德国蒂森克虏伯的霍施钢铁公司的 4 座工厂，2002 年将全套设备拆迁回国内，加上运输、建厂和技术改造费用，沙钢合计投入不到 200 亿元人民币，并只用 4 年时间就建成了年产 650 万吨的炼铁、炼钢、连铸、连轧项目。与新建相比，项目节省投资近 100 亿元，缩短建设周期 4 年。2005 年 6 月沙钢生产出首批板卷产品。该项目的建成使沙钢成为钢铁联合企业，从此不再依赖进口钢坯，并为沙钢带来巨大经济效益，当年沙钢人均产钢量达到 1 062 吨，位居全国钢铁业之首。

沙钢还积极引进外国合作伙伴，1996 年开始与韩国浦项合资成立专门生产不锈钢的张家港浦项不锈钢有限公司，2006 年项目全部建成，成为产能 100 万吨的不锈钢板联合生产企业。

沙钢积极开展并购联合重组

2005 年，国家发改委发布《钢铁产业政策》，要求不建新厂、不扩产能，但鼓励钢铁企业间联合重组，以提高集中度。沙钢认识到联合重组是提高竞争力做大做强的必要手段，遂将兼并重组作为沙钢发展的基本战略之一。从 2006 年起，沙钢在国内开始连环并购，实施沙钢的发展战略，使沙钢获得产能 1 400 多万吨，品种配套更加齐全，并为国内钢铁民营企业之间联合重组提供了示范。

2006年6月，沙钢集团出资20亿元收购江苏淮钢股权，12月正式成立江苏沙钢集团淮钢特钢有限公司。沙钢入主淮钢后投入30多亿元，通过1年半的建设，使淮钢的"十一五"技改转炉特钢棒材工程提前3年完成，形成了300万吨产能，比重组前的产能翻了一番。

2007年9月，沙钢出资20亿元整体收购了河南安阳永兴钢铁有限责任公司（80%的股权），更名为沙钢集团安阳永兴钢铁有限公司。2007年月，沙钢出资约10亿元，购买了创办于1984年的江苏永钢集团有限公司25%的股权。2008年1月，沙钢收购常州鑫瑞特钢51%的股权。这是沙钢第四次国内并购。2010年1月，沙钢与无锡锡兴钢铁签署联合重组协议，沙钢以超过50%的股权控股锡兴钢铁，成立江苏沙钢集团锡兴特钢有限公司。

在实施兼并重组的同时，沙钢特别注重高端的战略联盟，2010年2月23日与宝钢签订的战略协同合作意向协议，就是高端携手，强强联合。宝钢与沙钢战略协同合作是国内钢企前五强之间的一次规模、区域市场和产品、机制互补等优势的整合，是国有和民营不同所有制龙头企业的历史性合作。宏观上两大钢的合作代表着当前钢铁企业整合的大趋势，有利于共同打造中国钢铁企业的整体竞争力，有利于提升行业应对挑战的能力。

沙钢在外引内联、并购重组做大做强主业的同时，注意延伸产业链。沙钢启动原料供应全球战略，采用收购、参股、合资合作等形式，先后在巴西、澳大利亚等地收购矿山，储备了10亿吨矿石资源。与国内企业参股澳大利亚BHP铁矿山，合营西澳大利亚津布巴铁矿山，每年获得优价矿粉300万吨。在国内，沙钢与山东、山西等地建立了自己的焦炭和煤基地。近期又在河南洽谈钢铁、焦化等企业的兼并重组。

沙钢在对外积极推行兼并重组的同时，在内部对已经收购的企业也正在进行科学的整合，成立沙钢物贸公司，负责统一集团各企业的大宗原辅材料采购和大宗产品销售，转变增长方式，使企业由单一生产型向生产、贸易、金融的综合型企业转变。

沙钢要做"百年老厂"

沙钢规划目标用沙钢总裁沈文荣的话说就是，未来5年、10年甚至更长的时间里，沙钢重点是深耕主业，围绕主业拉长产业链，优化配套，打造一流钢铁物流平台，搞好收购兼并、联合重组。同时沙钢要把每一次危机当作机会，化危为机，壮大沙钢的核心竞争力。使沙钢在50年、100年以后依然屹立在扬子江畔，成为具有国际竞争力的百年老厂。

沙钢集团，这艘中国民族钢铁"航母"，正承载着沙钢人不懈追求的远大理想和永不满足的奋斗精神，在国际钢铁行业的激烈竞争中，劈波斩浪，奋勇前进。

——资料来源：百度百科

二、大学生面临的创业风险

（一）项目选择太盲目

大学生创业时如果缺乏前期市场调研和论证，只是凭自己的兴趣和想象来决定投资方向，甚至仅凭一时心血来潮做决定，一定会碰得头破血流。大学生创业者在创业初期一定要做好市场调研，在了解市场的基础上创业。一般来说，大学生创业者资金实力较弱，选择启动资金不多、人手配备要求不高的项目，从小本经营做起比较适宜。

（二）缺乏创业技能

很多大学生创业者眼高手低，当创业计划转变为实际操作时，才发现自己根本不具备解决问题的能力，这样的创业无异于纸上谈兵。一方面，大学生应先去企业打工或实习，积累相关的管理和营销经验；另一方面，积极参加创业培训，积累创业知识，接受专业指导，提高创业成功率。

（三）政策与市场风险

政策风险是指因国家宏观政策（如货币政策、财政政策、行业政策、地区发展政策等）发生变化，而给企业带来的风险。创业者要对国家政策有高度的敏感性，法律法规不允许做的不要做，宏观政策不提倡的不要做，要及时发现市场变化，规避政策风险。

案例分享

创业开网吧惨淡收场

南宁职业技术学院的杨飞于2005年7月毕业后，先打工半年多，最后，决定自主创业。在家人的支持下，经过3个月的筹备，投资6万元的网吧正式开业了。

刚开始，40平方米的网吧里，10台电脑前排满了人。特别是周末，来上网的学生更是络绎不绝。火爆的生意让杨飞看到了希望。2006年底，因资金回笼很快，杨飞决定追加投资，扩大经营。200平方米的新店宽敞明亮，30台新电脑一字排开。网吧24小时营业，杨飞还请了3名工作人员。

网吧这个“蛋糕”同样被别人看好。很快，距杨飞的网吧不远处，两家投资较大的网吧悄然出现，竞争在所难免。2007年，杨飞的网吧生意明显下滑。为了拉回客源，杨飞推出了不少针对学生的优惠，导致利润下滑。

这时，网吧对学生的不利影响引起社会的广泛关注。2008年后，国家出台了一系列网吧管理办法，加上家庭电脑的普及，杨飞的网吧生意每况愈下。2009年3月，杨飞只好将网吧关门。分析自己创业失败的原因，杨飞认为，主要是对国家政策反应不敏感，对市场不熟悉。另外，没有创业经验，不懂经营管理，没有稳定的人脉和客源等，这些无形中增加自主创业的成本。

——资料来源：开店之家

（四）资金风险

资金风险在创业初期会一直伴随在创业者的左右。是否有足够的资金创办企业是创业者遇到的第一个问题。企业创办起来后，就必须考虑是否有足够的资金支持企业的日常运作。对于初创企业来说，如果连续几个月入不敷出或者因为其他原因导致企业的现金流中断，都会给企业带来极大的威胁。相当多的企业会在创办初期因资金紧缺而严重影响业务的拓展，甚至错失商机而不得不关门大吉。

另外如果没有广阔的融资渠道，创业计划只能是一纸空谈。除了银行贷款、自筹资金、民间借贷等传统方式外，还可以充分利用风险投资、创业基金等融资渠道。

（五）社会资源贫乏

企业创建、市场开拓、产品推介等工作都需要调动社会资源，大学生在这方面会感到非常吃力。平时应多参加各种社会实践活动，扩大自己人际交往的范围。创业前，可以先到相关行业领域工作一段时间，通过这个平台，为自己日后的创业积累人脉。

（六）管理风险

一些大学生创业者虽然技术出类拔萃，但理财、营销、沟通、管理方面的能力普遍不足。要想创业成功，大学生创业者必须技术、经营两手抓，可从合伙创业、家庭创业或虚拟店铺开始，锻炼创业能力，也可以聘用职业经理人负责企业的日常运作。

创业失败者，基本上都是管理方面出了问题，其中包括决策随意、信息不通、理念不清、患得患失、用人不当、忽视创新、急功近利、盲目跟风、意志薄弱等。特别是大学生知识单一、经验不足、资金实力和心理素质明显不足，更会增加在管理上的风险。

（七）竞争风险

竞争是必然的，如何面对竞争是每个企业都要随时考虑的事，而对新创企业来说更是如此。如果创业者选择的行业是一个竞争非常激烈的领域，那么在创业之初极有可能受到同行的强烈排挤。一些大企业为了把小企业吞并或挤垮，常会采用低价销售的手段。对于大企业来说，由于规模效益或实力雄厚，短时间的降价并不会对它造成致命的伤害，而对初创企业则可能意味着彻底毁灭的危险。而且初创业者没有自己的核心竞争力，一个依赖别人的产品或市场来打天下的企业是永远不会成长为优秀企业的，因此，考虑好如何应对来自同行的残酷竞争是新创企业生存的必要准备。

（八）团队分歧的风险

现代企业越来越重视团队的力量。创业企业在诞生或成长过程中最主要的力量来源一般都是创业团队，一个优秀的创业团队能使创业企业迅速地发展起来。但与此同时，风险也蕴含在其中，团队的力量越大，产生的风险也就越大。一旦创业团队的核心成员在某些问题上产生分歧不能达到统一时，极有可能对企业造成强烈的冲击。事实上，做好团队的协作并非易事。特别是与股权、利益相关联时，很多初创时关系很好的伙伴都会闹得不欢而散。

案例分享

丑话说在前头

“80后”的董洁和几个朋友一起在萧山创办了一家文化创意公司。大家都是好朋友，董洁管理公司没有经验，因此操作中出现了公司管理混乱、工作效率不高等问题。最后，无奈中的她只好板起脸，将这些朋友“请出”了公司。

高薪聘请好友组团队

在创业初期，董洁认为组建一个专业技术一流的团队是公司成功的关键。初期的团队由10人组成，在招聘人员时基本上是靠朋友介绍，朋友的朋友也是朋友，大家在短期内就成了一起创业的战友。

这些队友之前大多在香港、上海等地有着较高的薪资待遇，董洁认为自己不能亏待大家，于是，她给出了比较高的薪酬，希望在创业初期能激励大家一起为公司努力。

队友们私自接单遭背叛

团队成员的专业技能还是不错的，但他们只会出一半的力气去工作，经常达不到客户的要求。一天，董洁发现公司一个客户在网络上发布的平面广告明显出自自己团队成员之手，这件事情引起了她的怀疑，客户也明确表示广告是出自她的公司。董洁便询问团队成员是否接过这个单子，却无人承认。这时，团队成员“接私单”的事情浮出水面，让她下定决心让创业元老离开。

在事情发生的第二天，董洁就开会宣布，除了行政部人员不用离职外，请其他部门的人员全部离职。这次的“撕破脸”让大部分创业元老与董洁的朋友关系破裂，他们认为董洁是一个冷血无情的人，只看得到金钱和效益而没有一点人情味。

现在，董洁的新员工都是面向社会招聘，经过面试进来的，薪资待遇也是从3 000元起，与员工相处对事不对人，公司也慢慢进入正轨。

工作就要抛开个人感情

面对如何与好友一起创业，董洁有了一些体会。与好朋友一起创业确实有好处，大家志同道合，沟通起来没有障碍，工作氛围也很融洽。但她的个人经历让她知道，与好友创业会出现问题。首先就是因为朋友关系而出现的越权行为，例如私自接单，出现这样的情况主要是因为没有制定好制度，因此，准备与好友创业的人必须要设立一定的制度，把丑话说在前头；其次，领导者工作时就应该抛开个人感情，只谈工作，否则就无法领导好一个团队。

——资料来源：网易新闻

（九）人力资源流失风险

一些研发、生产或经营性企业需要面向市场，大量的高素质专业人才或业务队伍是这类企业成长的重要基础。防止专业人才及业务骨干流失应当是创业者时刻注意的问题，在那些依靠某种技术或专利创业的企业中，拥有或掌握这一关键技术的业务骨干的流失是创业失败的最主要风险源。

大学生创业过程中所遇到的阻碍并不仅此几点，在企业发展过程中，随时都有“灭顶之灾”的风险。保持积极的心态，多学习，多汲取优秀经验，结合大学生既有的特长优势，创业的路才会越走越远，步伐才会越走越稳。

三、大学生创业初期风险控制

（一）培养企业家精神

企业家精神也是企业家这个特殊群体所具有的共同特征，是他们所具有的独特的个人素质、价值取向及思维模式的抽象表达，是对企业家理性和非理性逻辑结构的一种超越、升华。每个企业都有一种理念，有一种文化，企业家就朝着这个理念努力拼搏，时间久了就形成一种文化，企业家的成功就是靠他们这种精神的支持。

企业家精神的基本内容包括创新精神、创业精神、宽容精神和冒险精神。不管是创业初期还是后期，创业者，尤其是大学生创业者更需要培养企业家精神，企业家精神是企业核心竞争力的重要来源。

海尔集团创业 30 多年来，从一个资本亏空 147 万元的街道小厂，发展成为全球营业额上千亿元的跨国经营的大企业，30 年走过了世界同类企业一百年甚至更长时间走过的路。海尔创始人张瑞敏并没有很高的学历，却有很大的志向，他有企业报国的责任感和让海尔成为世界品牌的使命感。他把美国式的开放创新与日本的吃苦耐劳、团队精神和中国传统哲学思想创造性地结合，在企业实践中逐步形成了以创新为核心的海尔企业文化和管理思想体系，保证了海尔 30 多年来的高速发展。

（二）做好充分的准备

创业起步阶段，创业者要对创业构想进行可行性分析，考察创业的技术可行性和市场潜力。必要时要组建适合的创业团队，充分发挥各人的优势，为创业活动的开始打好基础。

要准备足够的资源，争取多方面的帮助。创业资源主要包括以下几个方面：业务资源——赚钱的模式；客户资源——谁来购买；技术资源——凭什么争取顾客；经营管理资源——经营能力如何；财务资源——是否有足够的启动资金；人力资源——是否有合适的专业人才；行业经验资源——对该行业知识的积累；行业准入条件——进入的资格条件等。创业资源不足是创业初期普遍遇到的问题，会直接导致创业的失败，但创业并非一定要等准备好完全充分的资源才去实施，具备了一些重要资源，其他一些欠缺的资源可以慢慢通过寻求帮助而获取。

（三）提高管理水平

1. 资金管理

合理使用资金，周期性地评估企业的财务能力，谨慎投资，防止资金链断裂。

2. 内部管理

选择和确立一个适合本企业的管理制度。由于自身资源及能力的不足，尽可能地建立策略联盟，通过合作、合资，共同分担成本及风险。

3. 营销管理

营销是重点，创业初期的销售有时是不赚钱的，但是为了打开市场，争取顾客，即使不赚钱也要销售，制定合理的价格，创建品牌。

4. 人力资源管理

创业之初，企业规模小，组织结构简单，决策权主要在团队手中，要加强团队的管理和沟通，相互信任、彼此合作、共渡难关。决策要公开征求大家意见，避免主观臆断。但是到了创业后期，情况会发生变化，管理思路也要相应调整，企业需要有主心骨，过分民主，往往会导致决策难定和效率低下。

 案例分享

管理能力要“与时俱进”

2014 年，吴先生和两位朋友一起投资 50 万元，创办了某电子有限公司，每人各占 1/3 的股份，由吴先生担任董事长兼总经理，负责市场营销、生产管理等；另外两位合伙人分别负责技术开发和原材料采购等。公司主要生产按摩靠垫和小型按摩器。虽然他们文化程度不高，但先前从事电机行业多年，积累了丰富的行业经验，分工明确，合作也很默契。因此在公司创业之初销售额就达到 200 万元，2015 年销售额达到 800 万元。然而随着公司的发展壮大，公司内部开始出现问题。以前所有重要决策都由 3 个人一起决定，在早期生产规模较小时，这种决策方式能够使管理者犯错的机会降到最小，但公司进入扩张期后，几位合伙人的意见常常不一致，导致企业运作效率低下。加之同行业的竞争，企业利润不断降低。2016 年，该公司就不得不宣告破产。

——资料来源：创业故事网

（四）提高危机意识，加强危机管理

企业危机的发生是随时的，是常态，要有随时应付危机的准备，要学会未雨绸缪。许多人把危机看作异常，缺少危机意识和准备，以致危机来临时束手无策。首先，要对团队成员、员工不断进行危机教育，让全体员工都明白危机管理的重要性和必要性，包括培训员工的生产和服务技能，保证企业产品或服务的质量，减少企业自身失误的机会。其次，培养员工合作和奉献的精神，减少内部矛盾和摩擦；与政府合作，减少企业违法违规行为；多为消费者考虑，减少消费者对产品或服务的不满和抱怨。最后，要尽企业的社会责任，不能光想着私利，要有奉献社会的精神。

危机是危险，也是机会，如果处理好往往能带来新的发展机遇。危机感是企业发展和创新的动力。

 案例分享

命丧单车：安全比扩张重要，信任用户不能逃避企业责任

2021 年 6 月，钟薛高创始人林盛在节目中的一句“它就那个价格，你爱要不要”引发热议。同时，钟薛高因发布虚假广告，两次被行政处罚的历史也被翻了出来。

天眼查显示，钟薛高曾因发布虚假广告被行政处罚两次，处罚总金额 9 000 元。涉及的虚假宣传主要有以下五个方面：

(1) 自 2019 年 3 月起，钟薛高在天猫网上销售的一款轻牛乳冰激凌产品网页宣传“不

加一滴水、纯纯牛乳香”等宣传内容。经核实，该款冰激凌产品配料表中明确含有饮用水成分，其宣传内容和实际情况不符，系引人误解的虚假宣传。

(2) 在钟薛高销售的一款名为“酿红提雪糕”的产品宣传中，其宣称该产品“只选用吐鲁番盆地核心葡萄种植区特级红提，零添加，清甜不腻”，但检验报告显示该红葡萄干规格等级为散装/一级，宣传特级红提构成虚假宣传。

(3) 在钟薛高销售产品老树北抹茶雪糕页面宣传“钟薛高荣誉原创只选用日本薮北茶，纯手工研磨，完全不同三种抹茶风味融于一体，零添加，不甜不齁不腻”的内容。而当事人提供的老树北抹茶雪糕原料供应商上海嵘耀食品配料有限公司的销售品说明书显示老树北抹茶雪糕原料抹茶粉采用鸠坑、龙井、薮北树等多种品种的茶树鲜叶制成，宣传只选用日本薮北茶构成虚假宣传。

(4) 在钟薛高销售产品爱尔兰陈年干酪雪糕页面宣传“钟薛高荣誉原创，中国首款顶级陈年干酪，鲜奶与陈酪的奇妙组合，独一无二，原产切达陈年干酪，陈放经年，色金黄，味甘浓香，零添加，营养健康”的内容。而在 2018 国际奶酪与乳制品大奖英国最佳的切达干酪奖中，钟薛高爱尔兰陈年干酪雪糕所使用的金凯利爱尔兰风味切达干酪未获任何奖项，宣传首款顶级陈年干酪构成虚假宣传。

(5) 钟薛高产品介绍页面中宣传“棒签采用 14 周可降解的天然秸秆原料，极为苛刻的婴儿级使用标准”的内容，而钟薛高的产品所使用的棒签是由义乌市康朔塑料制品有限公司生产，经检测该棒签仅符合《塑料一次性餐饮具通用技术要求》(GB/T 18006.1—2009)和《食品安全国家标准消毒餐(饮)具》(GB 14934—2016)的要求，钟薛高宣传婴儿级使用标准构成虚假宣传。

6 月 17 日晚，钟薛高官方微博发布致歉声明:“错可以改，但抹不去。再次致歉，警钟长鸣。”钟薛高还表示:“当时的钟薛高处在创业初期，因为经验不足，对相关条例了解不够清晰，更重要的是内部对于上游供应商和传播端的监管审查机制不完善，导致这样的错误出现，我们深感痛心。深刻意识到，要想不辜负消费者的信任，必须在原料、产品、传播各个端口投入更大的力量，努力做到尽善尽美。”

客户是一个不容欺骗的群体，虚假宣传就等同于欺骗。这一次的钟薛高遇到的“信任”危机，让它不论怎么道歉和解释，也回不到雪糕界“爱马仕”的地位了。

——资料来源：天天汇率网

参考文献

[1] 李时椿，常建坤. 创新创业管理[M]. 南京：南京大学出版社，2014.
[2] 黄海燕. 大学生创业教育[M]. 长沙：湖南师范大学出版社，2013.
[3] 刘金同，高慧婷. 就业与创业指导[M]. 北京：北京出版社，2014.
[4] 秦从英，李玉侠. 大学生创新能力教育教程[M]. 北京：现代教育出版社，2014.
[5] 庄文韬. 创新创业实用教程[M]. 厦门：厦门大学出版社，2016.
[6] 马雅红. 大学生创新创业教育基础与能力训练[M]. 北京：北京理工大学出版社，2016.
[7] 刘胜辉. 大学生创新创业基础[M]. 北京：北京理工大学出版社，2016.
[8] 史蒂夫·布兰克，鲍勃·多夫. 创业者手册：教你如何构建伟大的企业[M]. 新华都商学院，译. 北京：机械工业出版社，2013.
[9] 万炜. 创业案例集锦[M]. 北京：中国人民大学出版社，2013.
[10] 韩雪，周颂. 大学生创业宝典[M]. 北京：中国金融出版社，2013.
[11] 杨华东. 中国青年创业案例精选[M]. 北京：清华大学出版社，2012.
[12] 李肖鸣，朱建新. 大学生创业基础：第2版[M]. 北京：清华大学出版社，2013.
[13] 张兵仿. 大学生创业基础教程[M]. 北京：时事出版社，2016.
[14] 李爱卿，叶华. 大学生创业基础[M]. 北京：清华大学出版社，2015.
[15] 刘平. 大学生创业基础[M]. 北京：机械工业出版社，2013.
[16] 吴运迪. 大学生创业指导[M]. 北京：清华大学出版社，2012.
[17] 郭广生. 我和创业有个约会：大学生创业教育理论与实践[M]. 北京：中国轻工业出版社，2010.
[18] 石冬喜，宋晓玲，吴高潮. 创新创业指导[M]. 西安：西安交通大学出版社，2016.
[19] 徐振轩. 就业指导与创业教育[M]. 北京：电子工业出版社，2009.
[20] 徐小洲. 中国高校创业教育[M]. 杭州：浙江教育出版社，2010.